Karolin Nebermann

Hamburg vor der Haustür

JUNIUS

Inhalt

Legende

- HVV in der Nähe
- Hundeauslauffläche/ kein Leinenzwang
- Spielplatz
- Naturschutzgebiet/Park
- rollstuhlgerecht
- Highlight
- besonderer Ort
- Freibad/Badesee
- öffentliche Toilette
- Reitweg
- Basketball
- Volleyball
- Fußball
- Tischtennis
- Skateboard
- Fitnessbereich
- Rodelberg
- Grillbereich
- Wochenmarkt
- Büchertauschschrank

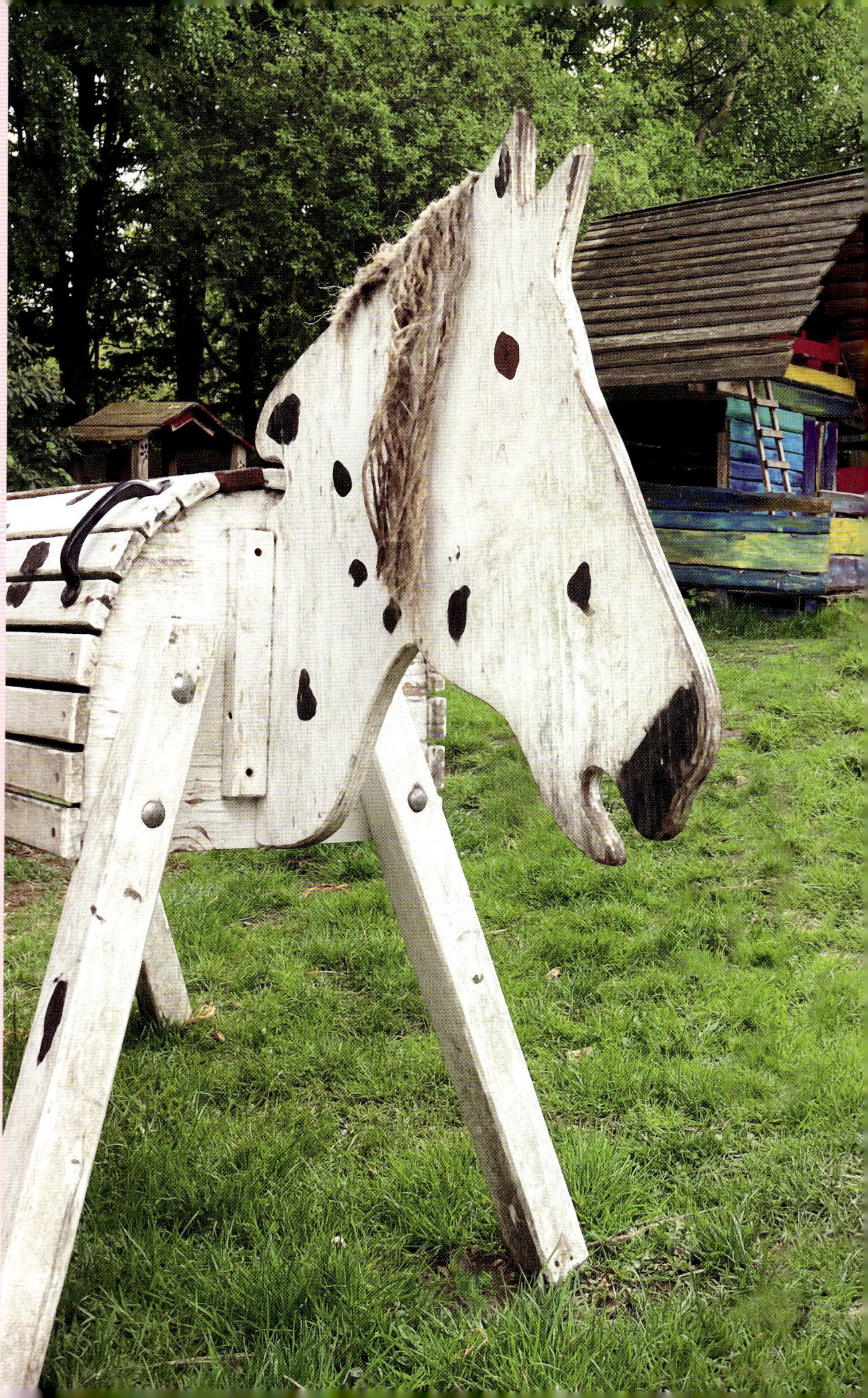

Hamburgs schöner Norden

Man kennt das doch: Suchen wir Erholung oder verbringen unsere Freizeit in der nächsten Nachbarschaft, dann suchen wir eigentlich immer die gleichen Orte auf. Dabei bietet Hamburg – und Hamburgs Norden mindestens ebenso wie die Gebiete in den anderen Himmelsrichtungen der Stadt – unendlich viele Möglichkeiten, auch mal was anderes zu unternehmen. Natürlich kann die Fülle des Angebots uns überwältigen. Aber letztlich lohnt es sich immer, neue Orte zu erkunden und auf unbekannten Wegen zu gehen. Dort finden wir Neues, schaffen neue Erfahrungen und neue Erinnerungen. Wir bleiben in Bewegung, bauen Stress ab und unterbrechen den Alltag. Sehen die Dinge neu und halten das Oberstübchen auf Trab. Eine kleine Erkundung oder ein Ausflug im Nahbereich ist also immer eine gute Idee.

Der Hamburger Norden ist ein Naturparadies und bietet uns Parks, Wälder, Wildgehege, Wanderwege, unzählige Gewässer und Bachläufe, einen Müllberg (mit fantastischem Ausblick über Hamburg) und die Alster (die sich ja fast nur durch den Hamburger Norden schlängelt). Aber auch Spielplätze, Museen und andere besondere Kulturorte sorgen für reichlich Abwechslung. Und egal, ob man sie allein erkundet, mit Kindern, der Familie, mit Freunden, dem Hund, im Rollstuhl oder vielleicht sogar zu Pferd. Der Hamburger Norden ist für immer neue Abenteuer gut, zu denen wir uns ganz stressfrei und ohne große Anfahrtswege aufmachen können: Hamburg – direkt vor der Haustür.

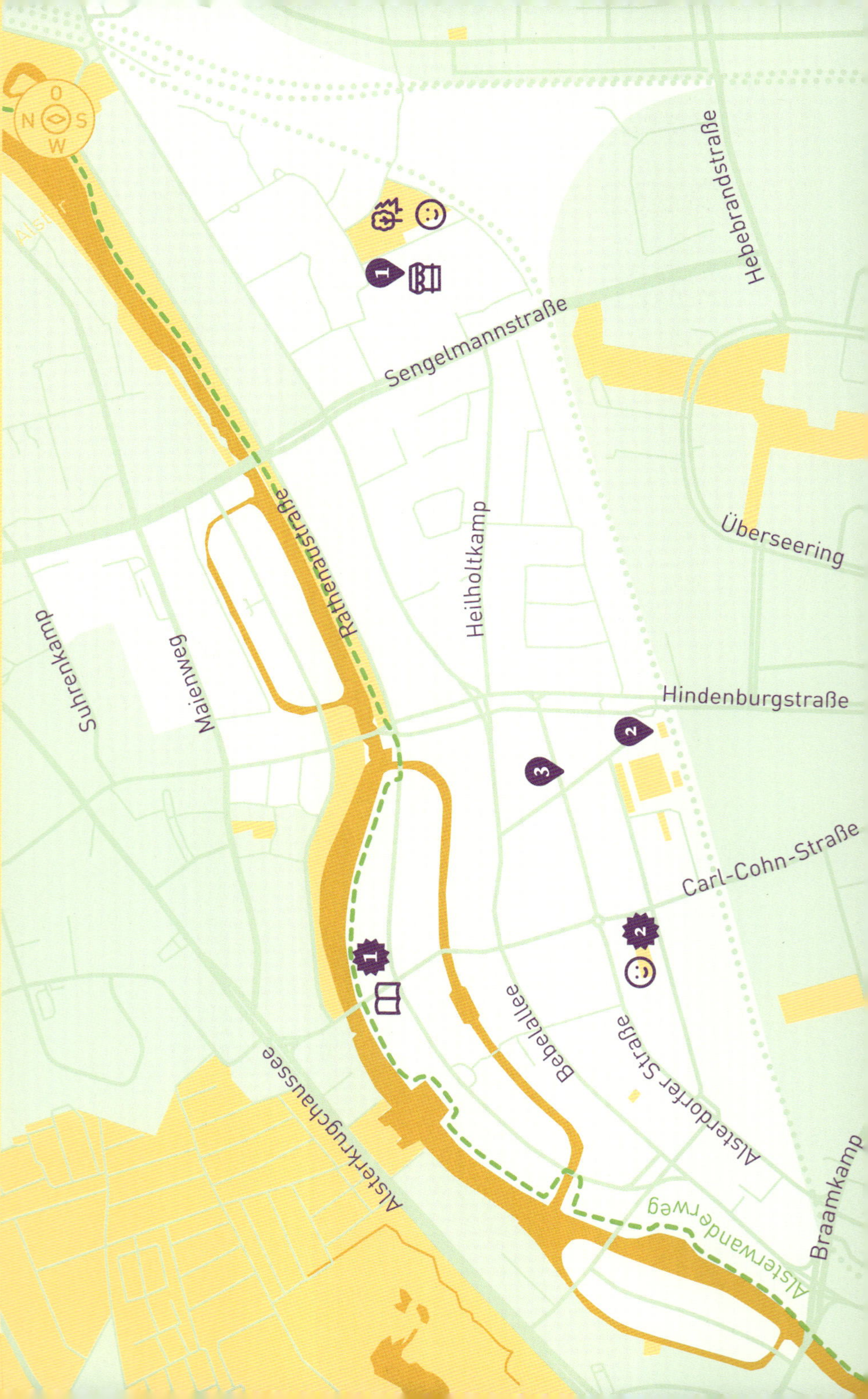
O
N
S
W
Sengelmannstraße
Hebebrandstraße
Überseering
Heilholtkamp
Rathenaustraße
Suhrenkamp
Maienweg
Hindenburgstraße
Carl-Cohn-Straße
Bebelallee
Alsterdorfer Straße
Alsterkrugchaussee
Alsterwanderweg
Braamkamp

Alsterdorf
Wo die Alster drei Inseln bildet

Neubauten, Stadtvillen und Fachwerkhäuser bestimmen die Straßenkulisse in Alsterdorf. Besonders grün ist es direkt am Alsterlauf, der für Sportler und Spaziergänger ein Magnet ist. Durch die Anlage des Brabandkanals, des Skagerrak-Kanals und des Inselkanals entstanden drei Alsterinseln, die heute bebaut sind und sich von der Wasserseite aus erkunden lassen.

„Alsterthorpe" wurde erstmals im Jahr 1219 urkundlich erwähnt. Es gehörte abwechselnd zum Kloster Herwardeshude und zum holsteinischen Amt Trittau. Im Jahre 1803 gelangte es durch einen Tausch endgültig in Hamburger Besitz, womit die Stadt die letzte Lücke ihres Alsterbesitzes schloss. Bis Mitte des 19. Jahrhunderts war Alsterdorf ein reines Bauern- und Handwerkerdorf. Um 1860 erwarb der Pastor Heinrich Matthias Sengelmann eine Kate und gründete dort die Alsterdorfer Anstalten für Menschen mit Behinderung. Bis zu 400 Heimbewohner konnten hier am Arbeitsleben teilnehmen und kümmerten sich um Gartenbau und Landwirtschaft. Unter dem Nazi-Regime wurde die Einrichtung dann allerdings zum Schauplatz zahlreicher Euthanasiemorde. Mittlerweile hat sich die Evangelische Stiftung Alsterdorf zu einem diakonischen Dienstleister für Menschen mit und ohne Behinderung entwickelt. Sie ist eine der ältesten Einrichtungen ihrer Art in Deutschland.

An Alsterdorf grenzen Ohlsdorf, Winterhude, Eppendorf, Groß Borstel und Fuhlsbüttel. Die U-Bahn-Stationen Sengelmannstraße und Alsterdorf sorgen für Mobilität.

Highlights

1

Alsterufer

Das Alsterufer ist die Lebensader des Stadtteils. Hier trifft man sich, geht mit dem Hund spazieren, joggt oder fährt mit dem Fahrrad nach Ohlsdorf bzw. in die Innenstadt. Das malerische Ufer bietet viele Ecken, wo man es gut aushalten kann, gerade im Sommer entwickelt es sich zu einem beliebten Hotspot. Angler, Kanufahrer und Stand-Up-Paddler zieht es dann direkt zum kühlen Nass. Der Alsterwanderweg schlängelt sich am Ufer entlang und sorgt mit seinen breiten und ebenen Wegen für reichlich Platz. Mit dem Rollstuhl muss man allerdings teilweise kleinere Umwege nehmen, da Treppen umfahren werden müssen.

↗ *zum Beispiel über Rathenaustraße, 22297 Hamburg*

2

Bilser Straße

Öffentliche Spielplätze sucht man in Alsterdorf vergebens. Ein sehr übersichtlicher Kleinkind-Spielplatz befindet sich allerdings in der Bilser Straße. Betreut wird er von der Aktion Kinderparadies, die für Kinder ab einem Jahr vormittags in der Woche auch eine Kinderbetreuung anbietet. In dieser Zeit steht der Spielplatz ausschließlich den betreuten Kindern zur Verfügung. Der große Spielplatz des Kinder- und Jugendzentrums Alsterdorf wird in der Betreuungszeit ebenfalls mitgenutzt.

↗ *Bilser Straße 35, 22765 Hamburg*
www.aktion-kinderparadies.de

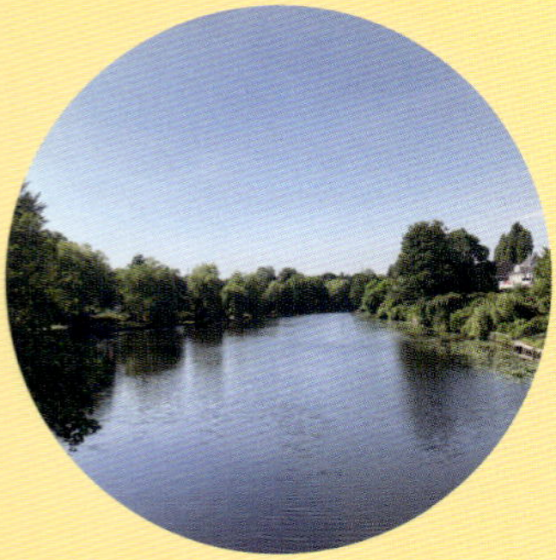

Alsterufer

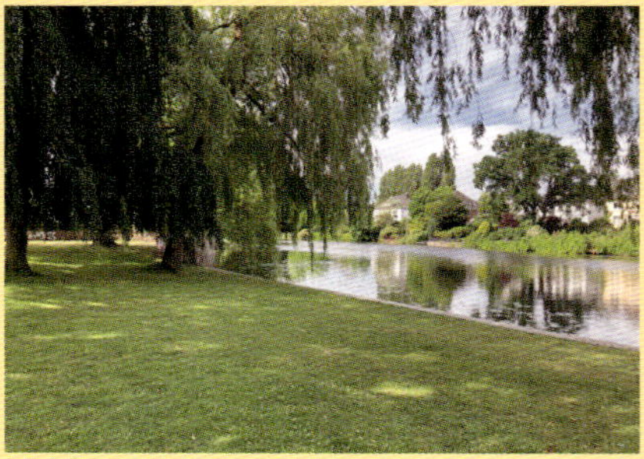

Wälder, Parks & Naturschutzgebiete

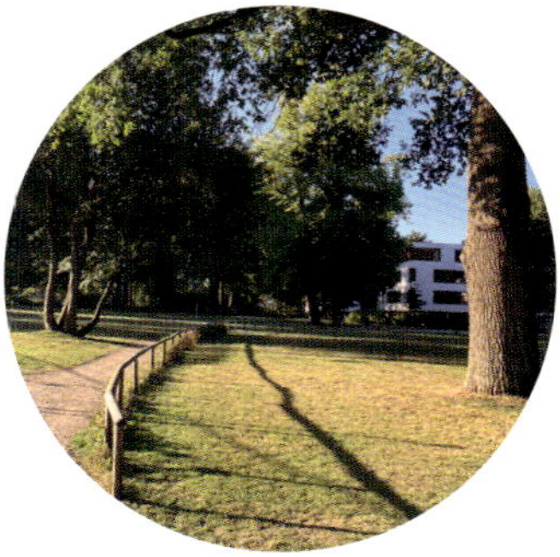

Grünanlage Alsterdorfer Markt

Eine weitere größere Wiese befindet sich direkt hinter dem Alsterdorfer Markt. Ein älterer Baumbestand sorgt dort für das eine oder andere schattige Plätzchen. Beliebt ist der Bereich bei Fans des Disc Golfens, ein kleiner Parcours sorgt für etwas Abwechslung. Fußballtore stehen ebenfalls in der Grünanlage.

↗ *Alsterdorfer Markt, 22297 Hamburg*

Spiel- & Sportplatz

Disc-Golf-Parcours in der Grünanlage Alsterdorfer Markt

Direkt hinter dem quirligen Alsterdorfer Markt befindet sich ein kleiner Disc-Golf-Parcours mitten im Grünen. Mit einem mitgebrachten Frisbee kann man an vier Körben seine Treffsicherheit trainieren. Die Grünanlage besitzt außerdem bewegliche Tore zum Fußballspielen.

↗ *Alsterdorfer Markt, 22297 Hamburg*

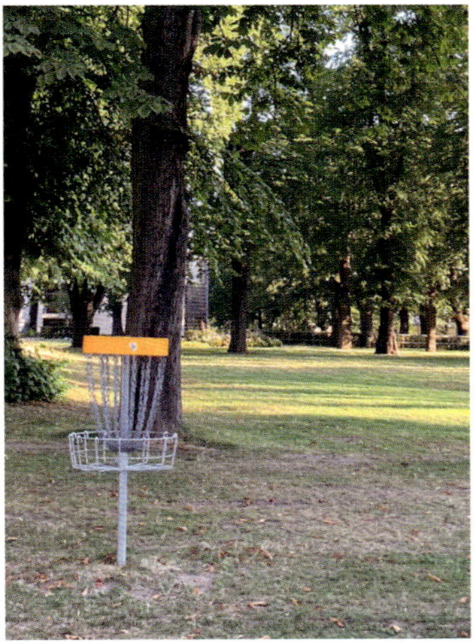

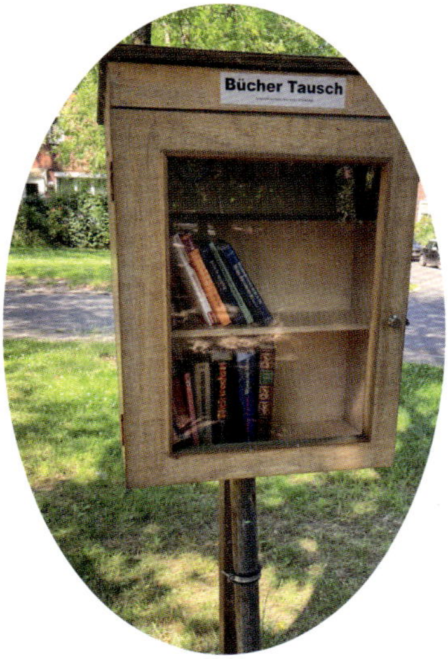

Büchertausch-schrank

Direkt am Alsterdorfer Damm sowie am Heilholtkamp/Ecke Frühlingsgarten stehen zwei kleine Büchertauschschränke.

Wochenmarkt

Alsterdorfer Marktplatz

Direkt auf dem Alsterdorfer Marktplatz findet jeden Freitag ganztägig der Alsterdorfer Markt statt. Bis zu 16 Stände laden zum Bummeln und Einkaufen ein.

Bauspielplatz/ Spielhaus

Kinder- und Jugendzentrum Alsterdorf

Das Kinder- und Jugendzentrum Alsterdorf ist für viele Kinder des Stadtteils eine zentrale Anlaufstelle. Neben dem bunten graffitibemalten Gebäude steht ein großer umzäunter Spielplatz allen Kindern zur Verfügung. Das vielfältige Angebot des Zentrums richtet sich hauptsächlich an die Altersgruppen von fünf bis zwanzig Jahren. Ob Basteln, Kochen, Spielen oder sportliche Aktivitäten – langweilig wird es im Kinder- und Jugendzentrum Alsterdorf so schnell nicht. Aber auch schulische Förderangebote und Bewerbungstrainings finden regelmäßig statt. Die Einrichtung steht allen Kindern nachmittags in der Woche kostenlos zur Verfügung, eine Anmeldung ist nicht erforderlich.

↗ *Alsterdorfer Markt, 22297 Hamburg*

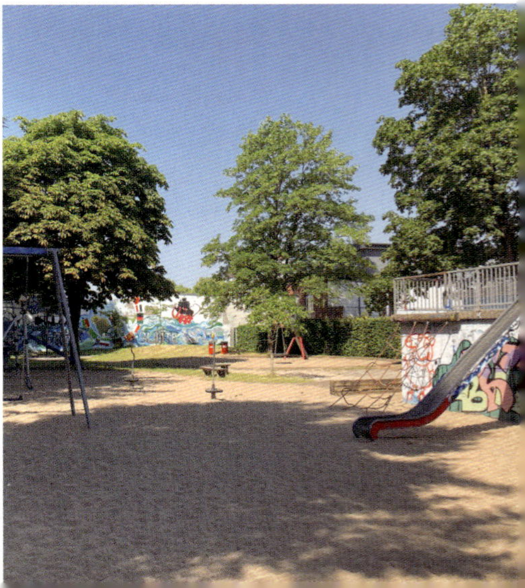

Besondere Orte

Alsterdorfer Kesselhaus 1

Ursprünglich versorgte das Kesselhaus die Gebäude auf dem Gelände der heutigen Stiftung Alsterdorf mit Dampf und Wärme. Mit der Neugestaltung des Alsterdorfer Markts eröffnete im Jahr 2003 erstmalig das Restaurant Alsterdorfer Kesselhaus. Menschen mit Assistenzbedarf arbeiten hier Hand in Hand mit den Servicekräften. Das Restaurant ist zurzeit nur in der Woche mittags geöffnet und serviert täglich einen abwechslungsreichen Mittagstisch. Um die Wartezeiten für Kinder zu verkürzen, stehen ausreichend Malutensilien zur Verfügung.

↗ *Alsterdorfer Markt 14, 22297 Hamburg*
www.alsterdorfer-kesselhaus.de

Roxie Hamburg 2

Das Roxie ist aus dem Stadtteil Alsterdorf kaum mehr wegzudenken und bietet als Bar, Café und Restaurant eine abwechslungsreiche Speisekarte an. Neben vielen Fußball-Events stehen den Besuchern auch Kicker, Dartscheibe und Billard zur Verfügung. Eine Sommerterrasse lädt zum Kaffee- oder Cocktailschlürfen ein.

↗ *Heubergredder 38, 22297 Hamburg*

Eis-Perle 3

Die Eis-Perle in der Alsterdorfer Straße bietet nicht nur traditionelles Eis, auch außergewöhnliche Sorten wie Schoko-Kirsch-Rosmarin oder Zitrone-Sesam-Krokant finden sich auf der täglich wechselnden Eiskarte. Für Feierlichkeiten kann man hier vorab auch eine Eistorte bestellen.

↗ *Alsterdorfer Straße 283, 22297 Hamburg*
www.eis-perle.de

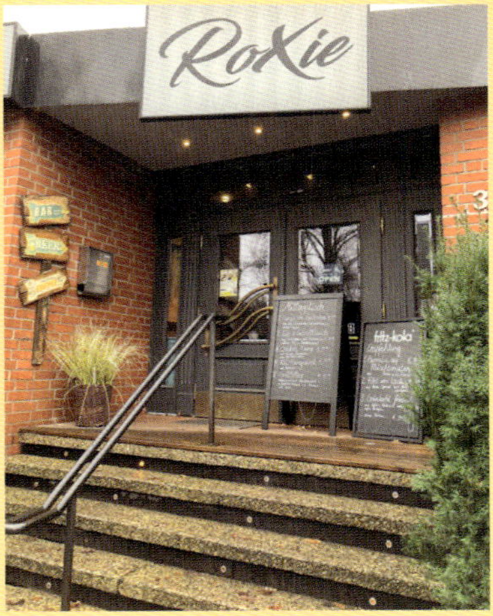

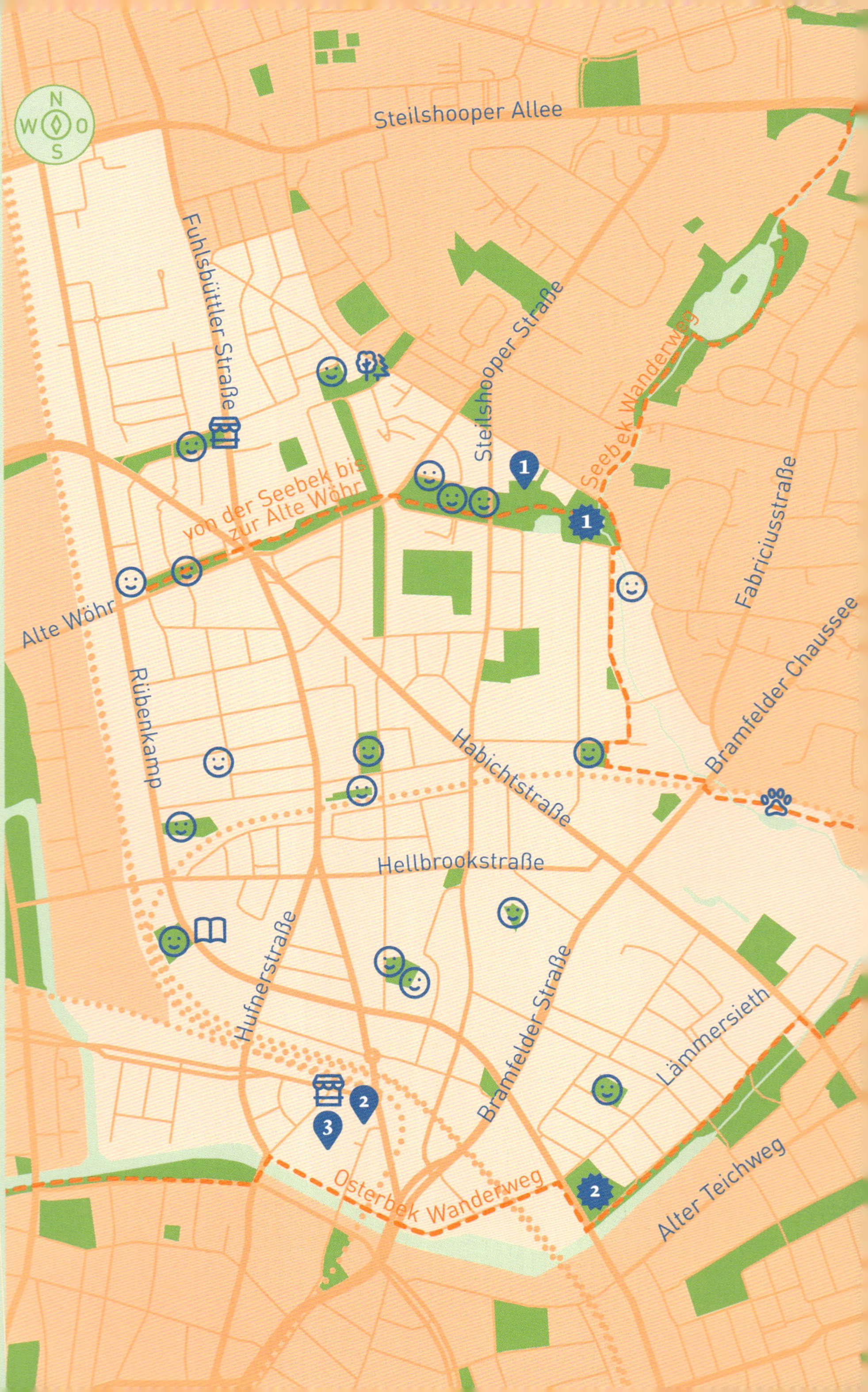

N
W
O
S
Steilshooper Allee
Fuhlsbüttler Straße
Steilshooper Straße
Seebek Wanderweg
von der Seebek bis zur Alte Wöhr
Fabriciusstraße
Alte Wöhr
Bramfelder Chaussee
Rübenkamp
Habichtstraße
Hellbrookstraße
Hufnerstraße
Bramfelder Straße
Lämmersieth
Osterbek Wanderweg
Alter Teichweg
1
1
2
3
2

Barmbek-Nord
Eine Gummi-Fabrik schreibt Geschichte

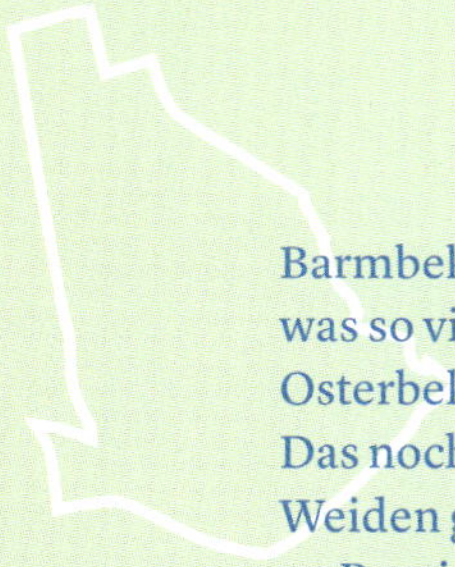

Barmbek wurde erstmals im Jahr 1271 als „Bernebeke“ erwähnt, was so viel wie „schmaler Bach“ bedeutet und auch die heutige Osterbek bezeichnete, die als natürliche Stadtteilgrenze dient. Das noch weitgehend unbesiedelte Gebiet war von Feldern und Weiden geprägt. Erst im Jahr 1800 begannen die Bauern, einzelne Bereiche als Wohn- und Gewerbeflächen zu verkaufen. 1937 bestand „Barmbeck“ (damals noch mit „ck“) aus den heutigen Stadtteilen Barmbek-Nord, Barmbek-Süd und Dulsberg. Die Osterbek bildete allerdings eine Zollgrenze, welche von Preußen verwaltet wurde. Da Hamburg dem Deutschen Zollverein zunächst nicht beitrat, musste alles verzollt werden, was über die Osterbek hierhergebracht wurde.

1870 wurde in Barmbek-Nord auf dem heutigen Gelände des Museums der Arbeit die New-York Hamburger Gummi-Waaren Compagnie (NYH) gegründet. Mehr als tausend Frauen und Männer waren dort beschäftigt. Nachdem der Stadtteil im Zweiten Weltkrieg fast vollständig zerstört wurde, nahm man die Produktion zwar wieder auf, verlagerte sie jedoch im Jahr 1954 nach Harburg. Es dauerte noch bis in die 1960er Jahre hinein, bis Barmbek-Nord wieder aufgebaut war.

Stadtteilnachbarn sind Barmbek-Süd, Dulsberg, Bramfeld, Steilshoop, Ohlsdorf und Winterhude. Im Stadtteil befinden sich die U-Bahn-Haltestellen Habichtstraße und Barmbek, die S-Bahn sorgt außerdem mit den Haltestellen Barmbek, Alte Wöhr (Stadtpark) und Rübenkamp (City Nord) für Mobilität.

Highlights

1

Grünzug Langenfort

Der Grünzug Langenfort schließt die grüne Lücke zwischen dem Stadtpark im Westen und der Seebek im Osten. Unter Beteiligung der Anwohner wurde das ehemalige Wendebecken der HSVA Hamburgische Schiffbau-Versuchsanstalt, wo für Werften aus aller Welt Schiffsrümpfe bzw. Schiffsmodelle erprobt wurden, zu einer Erholungsfläche umgebaut. In dem langgezogenen Grünstück befinden sich ein Teich, Spielplätze, ein Spielhaus und das Urban-Gardening-Projekt FuhlsGarden.

↗ *zum Beispiel über Langenfort/ Ecke Rümkerstraße, 22307 Hamburg*

2

Spielplatz Krausestraße

Einen tollen großen Spielplatz im Grünen findet man in der Krausestraße/Ecke Lämmersieth. Der weitläufige Spielbereich bietet für alle Altersstufen etwas. Ob mit der Seilbahn fahren, auf dem Pendelsitz-Karussell zusammen Kreise ziehen, auf der großen Kletterpyramide hochkraxeln oder im Sommer im Wasserspielbereich planschen – langweilig wird es hier so schnell nicht. Die vielen Bäume und Büsche sind ideale Verstecke. Ein kleiner Fußballplatz sowie ein größeres Basketball-Fußball-Kombifeld runden das vielfältige Angebot des Spielplatzes ab.

↗ *Krausestraße/Ecke Lämmersieth, 22305 Hamburg*

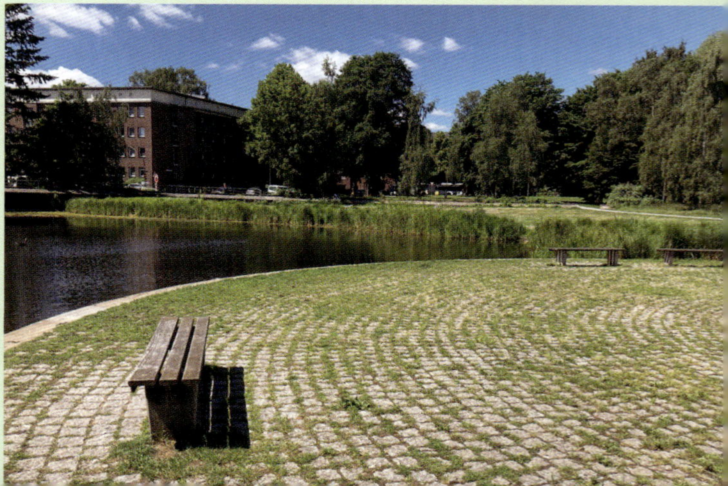

Wälder, Parks & Naturschutzgebiete

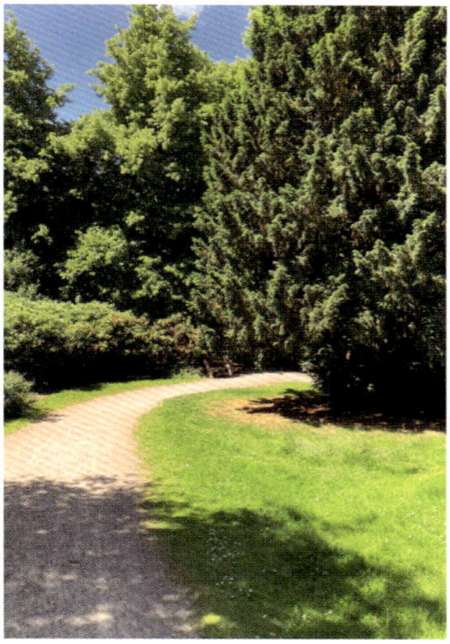

Grünanlage Hartzlohplatz

Direkt beim Bürgerhaus Barmbek befindet sich die Grünanlage Hartzlohplatz. Ähnlich wie der Grünzug Langenfort hat auch diese parkähnliche Anlage eine längliche Erstreckung und verbindet Steilshoop mit Barmbek. Viele Sitzgelegenheiten verschaffen im Sommer ein schattiges Plätzchen. In der Anlage befinden sich außerdem zwei Spielplätze. Die Grünanlage Hartzlohplatz und der Grünzug Langenfort werden durch ein grünes Band an der Otto-Speckter-Straße verbunden.

↗ *zum Beispiel über Rungestraße, 22307 Hamburg*

Hundewiese

↗ Direkt an den U-Bahn-Gleisen geht es über einen Wanderweg bei der Bramfelder Straße Richtung Osten zum Rückhaltebecken der Seebek. Dort befindet sich eine große offizielle Hundeauslaufzone. Von hier aus kann man der Seebek durch einen Kleingartenverein bis zur Osterbek folgen.

Wanderweg

Von der Seebek bis zur Alten Wöhr

Von der Heinrich-Helbing-Straße/Ecke Elligersweg folgen wir dem Wanderweg in den Grünzug Langenfort. Von hier aus geht es immer geradeaus. Nach Überquerung der Steilshooper Straße geht es weiter durch den Grünzug bis zur Rümkerstraße. Hier biegen wir links auf die Straße Langenfort ab und folgen auf der rechten Seite dem Wanderweg im Park am Langenfort bis zum Parkende. Danach steht eine weitere Straßenüberquerung auf die Alte Wöhr an. Auf der rechten Seite folgen wir anschließend dem Wanderweg durch den Wöhrpark und kommen an der Fraenkelstraße/Ecke Alte Wöhr heraus. Von hier ist es nicht weit zum Stadtpark, wo sich die Wanderung fortsetzen lässt.

Spiel- & Sportplätze

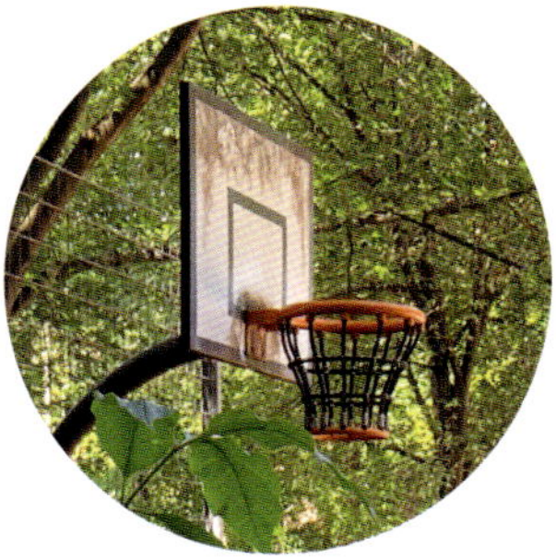

Spielplatz Hartzloh

Ein weiterer, noch recht neuer Spielplatz befindet sich im Grünbereich an der Straße Hartzloh. Ein Klettergerüst, Schaukeln, eine Drehscheibe, ein Kletter-Spinnennest und Wippen sind hier zu finden. Direkt daneben befindet sich ein Basketball-Fußball-Kombifeld. Der Wochenmarkt findet dreimal in der Woche in unmittelbarer Nähe des Spielplatzes statt.

↗ *Hartzloh, 22307 Hamburg*

Spielplatz Hartzlohplatz

Ein besonders großer Spielplatz befindet sich auf dem Hartzlohplatz direkt beim Bürgerhaus Barmbek. Der große Bereich hält für alle Altersklassen Spielgeräte bereit. Wippen, eine Drehscheibe, ein Karussell und ein großes Klettergerüst mit Rutsche lassen kaum Wünsche offen. Auf dem Spielplatz gibt es kaum Schutz gegen die Sonne, einige schattige Sitzgelegenheiten sind an den Seiten zu finden.

↗ *Hartzloh, 22307 Hamburg*

Bolzplatz Alte Wöhr

Direkt hinter den Glascontainern versteckt befindet sich ein großer Bolzplatz. Es gibt dort ein großes Fußballfeld und zwei einzelne Basketballkörbe.

↗ *Alte Wöhr/Ecke Fraenkelstraße, 22307 Hamburg*

Kleinkind-Spielplatz Wöhrpark

Ein umzäunter, sehr übersichtlicher Kleinkind-Spielplatz befindet sich direkt im Wöhrpark. Schaukeln, ein Wipptier und eine Sandkiste stehen dort für die Kleinsten bereit.

↗ *Neue Wöhr, 22307 Hamburg*

Spielplatz Hermann-Kauffmann-Straße

Der Spielplatz Hermann-Kauffmann-Straße/Ecke Oldachstraße ist mit einer Tischtennisplatte, einem Sandkasten, einer Rutsche, Schaukeln und Wipptieren recht überschaubar. Ab 2023 soll er unter aktiver Bürgerbeteiligung komplett saniert werden.

↗ *Hermann-Kauffmann-Straße/Ecke Oldachstraße, 22307 Hamburg*

Spielplatz Dohlenweg

Der weitläufige Spielplatz bietet reichlich Platz zum Toben und Spielen. Schaukeln, Wippen und ein Kletterhaus mit integrierter Rutsche und Sandspielgeräten warten auf Entdeckung durch kleine und große Kinder. Unter den Bäumen findet man genügend schattige Plätzchen. Eine Tischtennisplatte sowie ein Schachtisch komplettieren das Angebot.

↗ *Dohlenweg/Ecke Lämmersieth, 22305 Hamburg*

Spielplatz Heinrich-Helbing-Straße

Der übersichtliche eingezäunte Spielplatz (direkt an der Bushaltestelle Maybachstraße) ist vor allem für Kleinkinder interessant. Die Kletterburg mit Rollenrutsche und das kleine Kletterhäuschen sorgen für etwas Abwechslung. Ein Sandbereich und ein Tipi stehen den Kindern ebenfalls zur Verfügung.

↗ *Heinrich-Helbing-Straße/Ecke Maybachstraße, 22177 Hamburg*

Spielplatz Schlicksweg

Der Kleinkind-Spielplatz bietet neben einer großen Wiese zum Toben Schaukeln, ein Klettergerüst mit Rutsche, Wippen und Spielhäuser. Im Sandbereich kann ausgiebig gebuddelt werden. Direkt im grünen Bereich befinden sich auch ein Fußballfeld sowie ein Basketballkorb.

↗ *Schlicksweg/Ecke Dieselstraße, 22307 Hamburg*

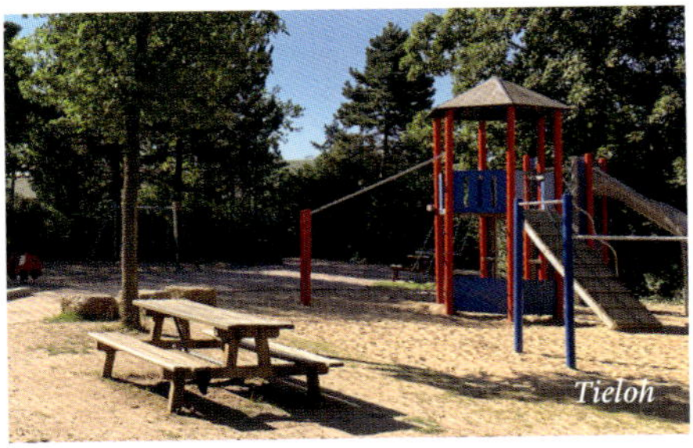

Tieloh

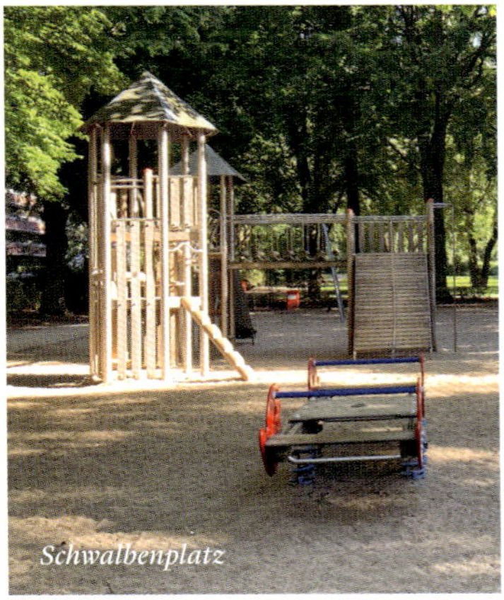

Schwalbenplatz

Spielplatz Schwalbenplatz

Ein weiterer umzäunter Spielplatz auf länglicher Fläche befindet sich in der Straße Heidhörn/Ecke Schwalbenplatz. Ein Wasserspielbereich, Spielhäuser, Schaukeln, Rutschen, Wipptiere und noch vieles mehr sind hier zu finden. Für größere Kinder gibt es eine Kletterburg mit Rutsche sowie eine Tischtennisplatte.

↗ *Straße Heidhörn/Ecke Schwalbenplatz, 22307 Hamburg*

Spielplatz Tieloh

Ganz versteckt, zwischen den Häusern bei der Kita Tieloh, befindet sich in einem Grünbereich der Spielplatz Tieloh. Eine große Kletterburg, eine Drehscheibe, Schaukeln und ein separater Kleinkindbereich mit Sandkasten sind auf der Fläche zu finden. Ebenso stehen eine Tischtennisplatte und ein Basketballkorb zur Verfügung.

↗ *Tieloh/Richtung Kita, 22305 Hamburg*

Sportanlage Langenfort

Direkt im Grünzug Langenfort befindet sich eine Sportanlage. Zum Angebot gehören eine Tischtennisplatte und ein Basketball-Fußball-Kombifeld. Eine Buckelpiste zum Skaten und Rollern führt einmal um die Sportanlage herum.

↗ *Steilshooper Straße/Ecke Langenfort, 22307 Hamburg*

Spielplatz Schwalbenstraße am Wanderweg

Ein kleiner Spielplatz liegt, neben den U-Bahn-Gleisen und zwischen der Fuhlsbüttler Straße und der Schwalbenstraße, direkt am Wanderweg. Im Spielbereich stehen ein Spielhäuschen, eine Kletterburg mit Rutsche, Wippen, Schaukeln und eine Tischtennisplatte.

↗ *Schwalbenstraße (Wanderweg bei den U-Bahn-Gleisen), 22307 Hamburg*

Spielplatz Langenfort

Ein weiterer großer eingezäunter Spielplatz befindet sich im Grünzug Langenfort, direkt beim Spielhaus Langenfort. Auf dem großzügigen Gelände findet sich für jede Altersgruppe etwas. Eine Besonderheit des separaten Kleinkind-Spielbereichs sind seine vielen Sandspielgeräte. Rutschen, Schaukeln, Wippen und eine Kletterkugel sind ebenfalls vorhanden. Ein großes Fußballfeld, eine Tischtennisplatte und ein Basketballkorb ergänzen das Angebot. Da sich das Spielhaus Langenfort mit auf dem Spielplatz befindet, werden zusätzlich für Kinder ab sechs Jahren unterschiedliche Aktivitäten angeboten. Die Aufsichtspflicht für kleinere Kinder liegt bei der erwachsenen Begleitperson.

↗ *Langenfort 69, 22307 Hamburg*

Spielplatz Schwalbenstraße

Ein weiterer toller Spielbereich mit Potenzial zum Lieblingsspielplatz ist der Spielplatz Schwalbenstraße neben der Neuapostolischen Kirche Hamburg-Barmbek. Der eingezäunte Bereich lässt für große Kinder kaum Wünsche offen. Unter anderem gibt es eine Kletterburg mit Tun-

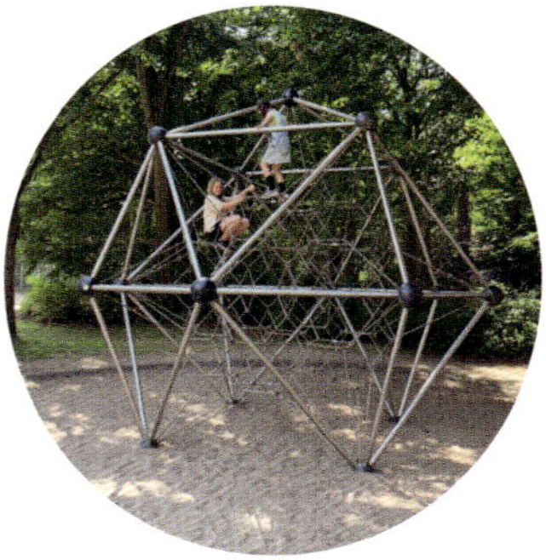

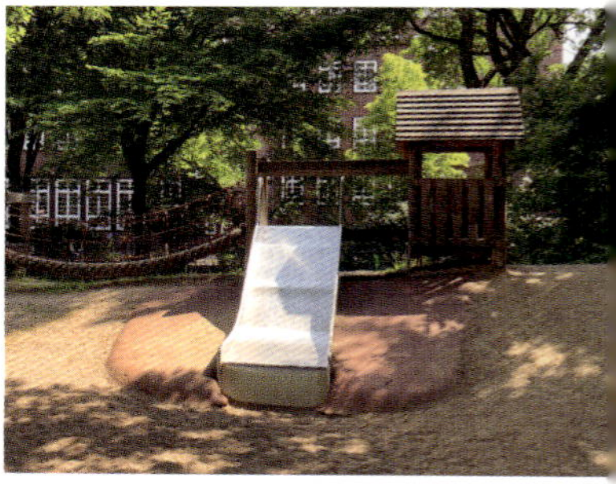

Spielplatz Langenfort

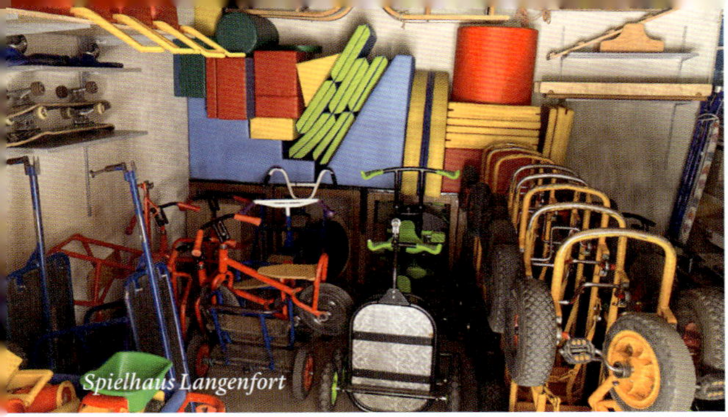

Spielhaus Langenfort

nelrutsche, eine Drehscheibe, Schaukeln, eine Kletterkugel und eine asphaltierte Rollerbahn. Direkt auf dem Spielplatzgelände befindet sich ein separater umzäunter Kleinkind-Spielplatz, der von der Aktion Kinderparadies e.V. betreut wird.

↗ *Schwalbenstraße, 22305 Hamburg*

Kleinkind-Spielplatz Schwalbenstraße

Direkt auf dem Gelände des Spielplatzes Schwalbenstraße gibt es einen separaten umzäunten Kleinkindbereich, der in der Woche vormittags von der Aktion Kinderparadies e.V. betreut wird. Eltern können ihre Kinder von eins bis sechs Jahren hier für einen sehr geringen Stundenpreis betreuen lassen. In dieser Zeit ist auch das kleine Wetterschutzhaus mit Toilette geöffnet. Der Spielplatz ist in der Betreuungszeit ausschließlich der Aktion Kinderparadies e.V. vorbehalten.

↗ *Schwalbenstraße, 22305 Hamburg*
www.aktion-kinderparadies.de

Spielplatz Wanderweg Rübenkamp

Ganz versteckt am Wanderweg neben den U-Bahn-Gleisen liegt dieser kleine Spielplatz mit Schaukeln, einer Wippe sowie einem Sandbereich mit Rutsche. Die Grünfläche bietet viel Platz zum Toben. Ein Bereich zum Fußballspielen befindet sich direkt daneben.

↗ *Rübenkamp/gegenüber der Bushaltestelle Genslerstraße, 22307 Hamburg*

Bauspielplatz/ Spielhaus

Spielhaus Langenfort

Das Spielhaus Langenfort ist eine kostenlose Freizeiteinrichtung für alle Kinder von sechs bis vierzehn Jahren, von Montag bis Freitag gibt es hier nachmittags ein buntes In- und Outdoor-Wochenprogramm. Ob Toben, kreative Beschäftigung, Spiele spielen, Medienarbeit oder ein Entspannungskurs – langweilig wird es nicht. Berühmt ist das Spielhaus Langenfort auch für seinen großen Fuhrpark. Für die ganz großen Fahrgeräte muss vorher allerdings ein „Führerschein“ gemacht werden. Der große eingezäunte Spielplatz vor dem Spielhaus ist für alle durchgehend zugänglich.

↗ *Langenfort 69, 22307 Hamburg*
www.spielhaus-langenfort.de

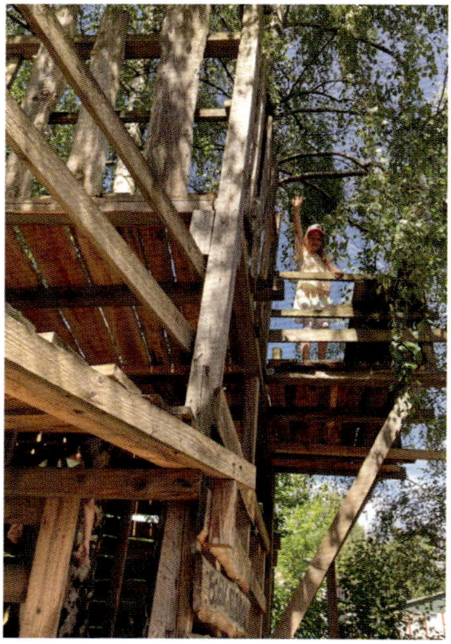

Bauspielplatz Rübezahl
Der Bauspielplatz Rübezahl, auch „Rübe“ genannt, liegt direkt am Rübenkamp. Der Baui ist etwas versteckt und leicht zu übersehen. Von den U-Bahn-Gleisen aus fallen aber seine bunten Graffitis sofort ins Auge. Auf dem sehr großen Gelände gibt es genügend Platz zum Toben, Klettern, Bauen und Spielen. Eine Besonderheit – neben den vielen Graffitis – ist der hohe Kletterturm. Regelmäßig findet eine Hausaufgabenhilfe auf dem Baui statt. Außerdem gibt es ein kostenloses Essensangebot für Kinder, das durch Spenden und die Hamburger Tafel finanziert wird. Von Dienstag bis Freitag ist der Baui für alle Kinder von sechs bis vierzehn Jahren geöffnet. Samstags ist Familientag, dann sind auch die jüngeren Kinder unter sechs Jahren in Begleitung eines Erwachsenen willkommen. Eine Anmeldung dafür ist nicht erforderlich, einfach vorbeikommen und Spaß haben. Alle Angebote sind kostenlos.

↗ *Rübenkamp 29, 22305 Hamburg*

Wochenmärkte

Hartzloh
Seit über fünfzig Jahren hält der Wochenmarkt Hartzloh, im Grünbereich an der Ecke zur Fuhlsbüttler Straße, ein reichhaltiges Angebot bereit. Marktzeiten sind immer dienstags, donnerstags und samstagvormittags. Ein großer Spielplatz befindet sich ebenso im Grünbereich.

Wiesendamm
Der Wochenmarkt auf dem Wiesendamm, direkt beim Museum der Arbeit, findet jeden Dienstag und freitagnachmittags statt. Im Durchschnitt 24 Stände laden zum Bummeln und Stöbern ein.

Büchertauschschrank

Eine Geschenkbox für Kinder befindet sich beim Bauspielplatz Rübezahl. Hier können Kinder intaktes Spielzeug und Bücher tauschen und verschenken.

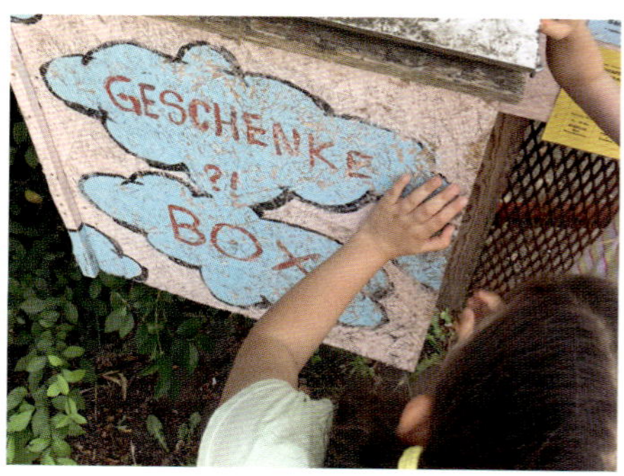

Besondere Orte

FuhlsGarden 1

Der FuhlsGarden ist ein ökologischer Gemeinschaftsgarten auf dem Grabeland im Grünzug Langenfort. In der kleinen grünen Oase können sich jederfrau und jedermann gärtnerisch betätigen und Interessenten jeden Sonntagnachmittag ohne Anmeldung im Garten mit anpacken. Etwas zu tun gibt es hier immer, der Spaß und der gegenseitige Austausch stehen dabei aber im Vordergrund. Ernteerträge werden unter allen Helfern aufgeteilt. In Kooperation mit dem Kinderwelt Hamburg e.V. wird der Gemeinschaftsgarten gepflegt, und es entstehen neue Projekte. Hunde sind im Garten nicht erwünscht.

↗ *Steilshooper Straße im Grünzug Langenfort Richtung Teich*
www.fuhlsgarden.de

Museum der Arbeit 2

Das Museum der Arbeit informiert über Arbeit und damit zusammenhängende Themen im Zeitraum der letzten 150 Jahre, wobei die Industrialisierung und die durch sie ausgelösten Veränderungen im Vordergrund stehen. Exemplarisch wird etwa ein typischer Arbeitsort in einem früheren Kleinbetrieb vorgestellt. Mündliche und schriftliche Erinnerungen sowie Fotografien erzählen von den Geschichten der Mitarbeiter. In der Druckerwerkstatt stehen neben historischen Geräten einige funktionsfähige Maschinen, die bei entsprechenden Veranstaltungen auch ausprobiert werden können. Kinder von sechs bis zwölf Jahren dürfen jeden Mittwochnachmittag an der Drahtstiftpresse Nägel herstellen oder einen Zinnelefanten schleudern. Viele weitere Veranstaltungen, Kurse und Flohmärkte finden regelmäßig im Museum der Arbeit statt. Kinder und Jugendliche bis 18 Jahre haben freien Eintritt. Auf dem Gelände der ehemaligen Fabrik der New-York Hamburger Gummi-Waaren Compagnie befinden sich Cafés und das Kulturzentrum Zinnschmelze sowie die Schildvortriebsmaschine TRUDE, die für die Erweiterung des neuen Elbtunnels zwischen 1997 und 2000 eingesetzt wurde.

↗ *Wiesendamm 3, 22305 Hamburg*
www.shmh.de/museum-der-arbeit

Zinnschmelze 3

Das in den 1980er Jahren entstandene Kulturzentrum direkt neben dem Museum der Arbeit bietet ein abwechslungsreiches Programm für Jung und Alt. Kurse, Workshops, Tanzveranstaltungen, Theatervorführungen und Kinderprojekte lassen kaum Wünsche offen. Das Theaterdeck und ein Restaurant befinden sich ebenfalls in dem denkmalgeschützten ehemaligen Fabrikgebäude. In der heutigen Zinnschmelze wurden vor dem Zweiten Weltkrieg hauptsächlich metallene Gussformen für Produkte aus Hartkautschuk hergestellt. Durch Bombenangriffe wurde die Fabrik zerstört und seit den späten 1980er Jahren wiederaufgebaut. Auch für private Feiern oder Hochzeitsfeste können die Räumlichkeiten gemietet werden.

↗ *Maurienstraße 19, 22305 Hamburg*
www.zinnschmelze.de

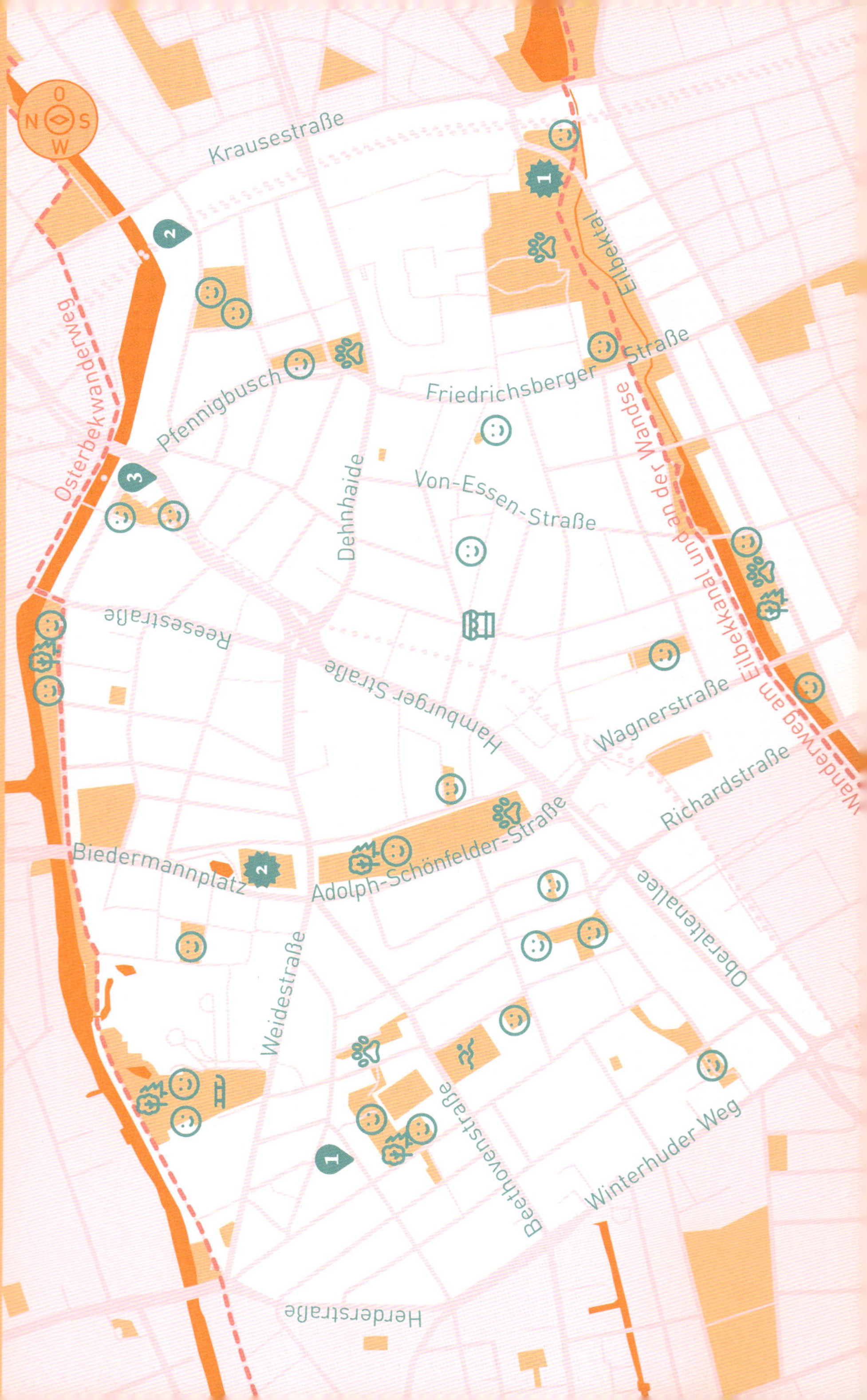
O
N
S
W
Krausestraße
Eilbektal
Osterbekwanderweg
Pfennigbusch
Friedrichsberger Straße
Dehnhaide
Von-Essen-Straße
Wandse
Eilbekkanal und an der Wandse
Reesestraße
Hamburger Straße
Wagnerstraße
Wanderweg am
Richardstraße
Biedermannplatz
Adolph-Schönfelder-Straße
Oberaltenallee
Weidestraße
Beethovenstraße
Winterhuder Weg
Herderstraße

Barmbek-Süd
Keimzelle von Barmbek

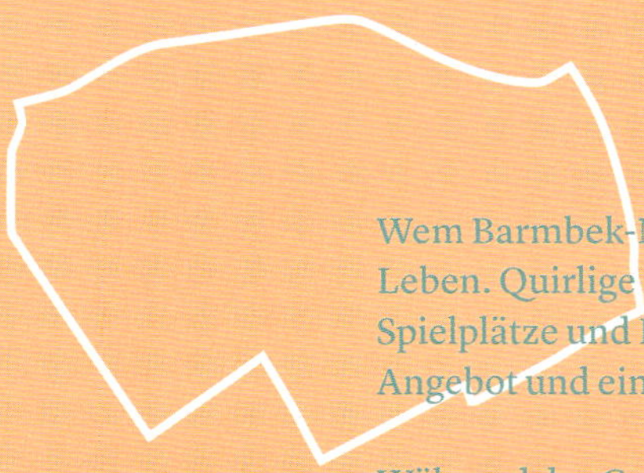

Wem Barmbek-Nord zu ruhig ist, der findet in Barmbek-Süd das Leben. Quirlige Einkaufsstraßen, kleine bunte Nebenstraßen, Spielplätze und Hundeauslaufzonen ergeben ein vielfältiges Angebot und eine gute Nachbarschaft.

Während das Gebiet von Barmbek-Nord in seinen Anfängen hauptsächlich aus Weide- und Feldgebieten bestand, lag das Zentrum des ursprünglichen Dorfes im heutigen Barmbek-Süd und unterlag der Herrschaft des Grafen von Holstein. Im Jahr 1355 verkaufte dieser das Dorf wegen finanzieller Nöte für 150 Silbermark an das Hospital zum Heiligen Geist, eine Armen- und Pilgerherberge, die bis ins 19. Jahrhundert zu den größten Grundbesitzern der Region zählte. Das Hospital behielt die Landesherrschaft über Barmbek bis 1830, dann ging diese auf die Stadt Hamburg über.

Seit dem Ende des 19. Jahrhunderts war Barmbek-Süd eine Arbeitervorstadt. 1923 kam es zum Hamburger Aufstand, auch „Barmbeker Aufstand" genannt, den die Kommunistische Partei Deutschlands (KPD) initiiert hatte. Ziel war ein bewaffneter Umsturz in Deutschland nach dem Vorbild der russischen Oktoberrevolution. Im Juli 1943 wurde Barmbek-Süd durch alliierte Bombenangriffe weitgehend zerstört.

Stadtteilnachbarn sind Eilbek, Uhlenhorst, Winterhude, Barmbek-Nord und Dulsberg. U-Bahn-Haltestellen in Barmbek-Süd sind die Stationen Dehnhaide und Hamburger Straße. Die S-Bahn-Haltestelle ist Friedrichsberg.

Highlights

1 Friedrichsberger Park

Im Jahr 1864 wurde dieser Park durch die frühere Staatskrankenanstalt Friedrichsberg gegründet. 2004 überplante man im Zuge von Privatisierungen das Gelände neu und gestaltete es um. Die Klinik wurde an die Schön-Klinikgruppe verkauft und der Park der Öffentlichkeit zugänglich gemacht. Von der S-Bahn-Haltestelle Friedrichsberg bis zur Friedrichsberger Straße erstreckt sich der Grünzug nun. Wegen seines breiten ausgebauten Wegs ist der Park auch für Inline-Skater interessant. Am markantesten ist die über einhundert Jahre alte Rotbuche, die im Park zu finden ist. Die großen Wiesen laden zum Entspannen und Picknicken ein. Eine Grillzone ist ebenfalls vorhanden. Außerdem gibt es einen Spielplatz und eine „Hamburg Active City Bewegungsinsel“. Alle, die es etwas ruhiger mögen, folgen dem Wanderweg durch das am Park gelegene Torhaus. Hier befinden sich eine kleine Hundeauslaufzone, Wiesen und ein kleines Wäldchen.

↗ *zum Beispiel Eilbektal, 22089 Hamburg*

2 Spielplatz Biedermannplatz

Der Spielplatz Biedermannplatz ist ein großer weitläufiger Spielplatz, auf dem sich alles um das Thema Wasser, Strand und Sand dreht. Er bietet für Kinder jeden Alters viele verschiedene Spielgeräte. Herzstück ist im Sommer das Planschbecken, das von Anwohnern ehrenamtlich gepflegt und mit Wasser befüllt wird. Ein Basketballkorb, eine Tischtennisplatte und ein Fußballtor ergänzen den Spielbereich. Der Spielplatz soll bald umgebaut und erneuert werden. Auch inklusive Spielgeräte soll es demnächst auf dem Spielgelände geben.

↗ *Weidestraße/Ecke Biedermannplatz, 22083 Hamburg*
Aktuelle Informationen über die Befüllung des Planschbeckens bekommt man über klabautermaedchen_hamburg

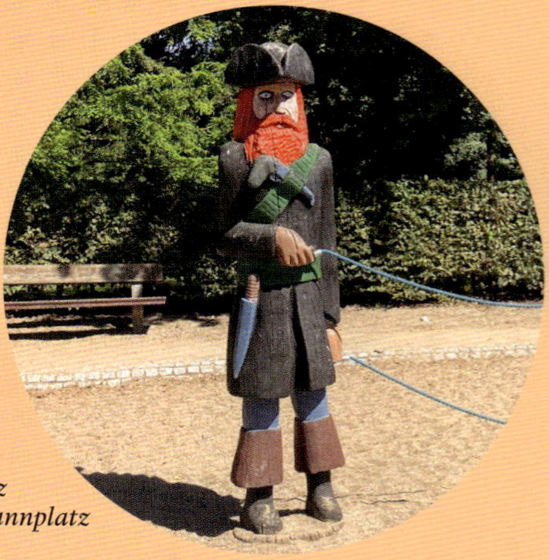

Spielplatz Biedermannplatz

Wälder, Parks & Naturschutzgebiete

Eilbekkanal Grünzug

Der Grünzug knüpft an den Friedrichsberger Park an und zieht sich weiter bis zur Richardstraße, immer am Eilbekkanal entlang. Viele Bänke (mit Wasserblick) laden zu einer Pause ein. Kleinere Spielplätze und eine Hundeauslaufzone säumen den Weg. Wenn wir im Anschluss der Uferstraße auf der anderen Uferseite folgen, gelangen wir bis zur Außenalster.

↗ *zum Beispiel Friedrichsberger Straße/ Ecke Eilbektal, 22089 Hamburg*

Biedermannplatz

Im Jahr 1903 wurde der Schleidenplatz, wie er damals noch hieß, als Grün-, Spiel- und Wasserfläche angelegt und setzte mit seinen außergewöhnlich vielen Spielbereichen den Grundstein der modernen Grüngestaltung in Hamburg. Eine Umbenennung erfolgte im Jahr 1947 in Erinnerung an den sozialdemokratischen Bürgerschafts- und Reichstagsabgeordneten Adolf Biedermann, der eine längere Zeit am Schleidenplatz lebte und bei seiner Rückkehr aus dem Rheinland unter mysteriösen Umständen den Tod fand. Der untere Parkbereich trägt offiziell keinen Namen, wird aber oft zum Biedermannplatz hinzugezählt oder auch Elsa Park (abgeleitet von der parallel verlaufenden Elsastraße) genannt. Der Park gehört zu den bedeutenden historischen Grünanlagen Hamburgs.

↗ *zum Beispiel Biedermannplatz/Ecke Elsastraße, 22083 Hamburg*

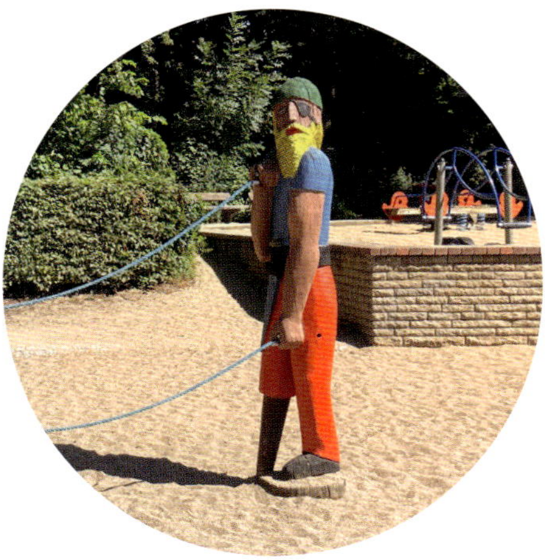

Johannes-Prassek-Park

Direkt am Osterbekkanal liegt dieser noch recht neue Park, der erst im Jahr 2011 eingeweiht wurde. Namensgeber ist der katholische Priester Johannes Prassek, der im Jahr 1943 wegen seines Widerstands gegen die Nationalsozialisten in Hamburg hingerichtet wurde. Entstanden auf dem Gelände eines ehemaligen Gaswerks, bietet der Park ein großes Angebot an Spielflächen, Sportbereichen und Erholungsmöglichkeiten. Die Wege sind breit und eben angelegt und auch für Inline-Skater interessant.

↗ *zum Beispiel Weidenstraße/ bei der Bushaltestelle Flotowstraße, 22083 Hamburg*

Hundewiesen

Osterbek-Park

Ein weiterer kleiner Grünverlauf säumt das Ufer des Osterbekkanals. Von den vielen Sitzmöglichkeiten aus lässt sich im Sommer hervorragend das bunte Treiben auf dem Wasser beobachten. Ein kleiner Spielplatz sowie eine Tischtennisplatte und ein Basketballkorb bringen etwas Abwechslung. Vom Park aus führt die Fußgängerbrücke Käthnerort nach Barmbek-Nord. Flussabwärts geht es zum Johannes-Prassek-Park.

↗ *zum Beispiel Osterbekstraße/Ecke Käthnerort, 22083 Hamburg*

Bachpark

Der Bachpark ist ein sehr kleiner grüner Park direkt im Komponistenviertel. Rasenflächen und Spielplätze dienen als Naherholungsbereich. Ganz in der Nähe (in der Döscherstraße) befindet sich eine Hundeauslaufzone.

↗ *zum Beispiel Bachstraße/ Ecke Mozartstraße, 22083 Hamburg*

↗ Eine große Hundeauslaufzone befindet sich im Grünbereich der Straße Dehnhaide/Ecke Friedrichsberger Straße. Direkt daneben liegt der Spielplatz Langermannsweg.

↗ Eine Hundeauslaufzone auf länglicher Fläche befindet sich ebenso im Grünstreifen der Döscherstraße.

↗ Versteckt im Eilbekpark, beim Elfriede-Lohse-Wächtler-Weg, gibt es eine überschaubare Hundeauslaufzone, direkt im Grünen.

↗ Und eine weitere schöne Hundeauslaufzone mit Zugang zum Eilbekkanal hat ihren Platz auf dem Grünstreifen bei der Straße Eilenau.

↗ Im Grünbereich der Adolph-Schönfelder-Straße (im unteren Parkbereich des Biedermannplatzes) ist eine neue Hundeauslaufzone entstanden.

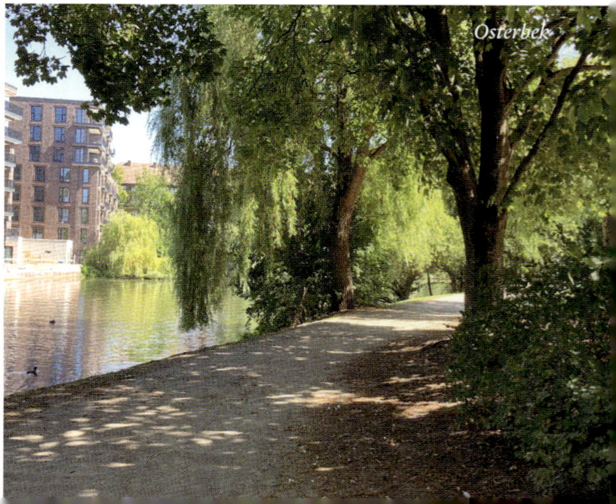
Osterbek

Spiel- & Sportplätze

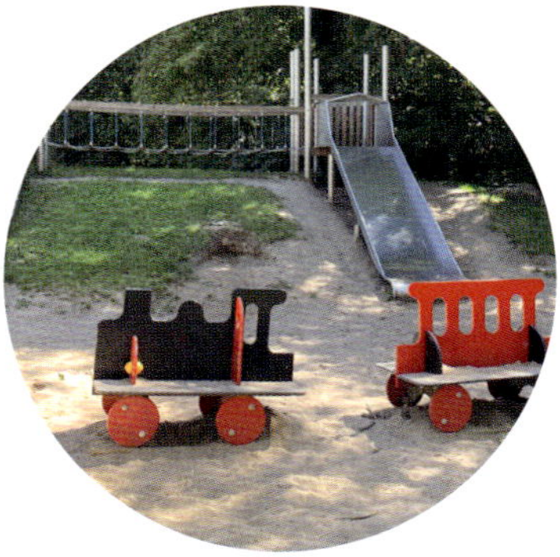

Bolzplatz im Elsa Park/ Biedermannplatz

Inmitten des langen Parkverlaufs finden sich eine Tischtennisplatte, ein Basketballkorb und ein großes Fußballfeld – mitten im Grünen. Auch einzelne Trainingsgeräte stehen zur Verfügung.

↗ *Weidestraße/Ecke Elsastraße, 22083 Hamburg*

Spielplatz Weberstraße

Dieser weitläufige Kleinkinder-Spielplatz befindet sich direkt auf einer langen, schmalen Fläche an der Volkmannstraße/ Ecke Weberstraße. Im großen Sandbereich stehen Spielhäuser, Wippen und ein Klettergerüst. Ein Kletterhaus mit Rutsche ist ebenso Bestandteil des Spielbereichs. Das sehr großzügige hügelige eingezäunte Gelände bietet vor allem Platz zum Toben und Picknicken.

↗ *Volkmannstraße/Ecke Weberstraße, 22083 Hamburg*

Spielplatz Von-Essen-Straße

Dieser umzäunte Kleinkind-Spielplatz bietet ein Klettergerüst mit Rutsche, Wippen, ein kleines Labyrinth und Schaukeln. Er liegt direkt im Grünzug am Eilbekkanal, eine Hundeauslaufzone befindet sich in unmittelbarer Nähe.

↗ *Von-Essen-Straße/Ecke Eilenau, 22089 Hamburg*

Spielplatz Maurienstraße

Der kleine grüne Spielplatz umfasst einen Fußballplatz, eine Tischtennisplatte, Schaukeln, Wippen und eine Kletterburg mit Rutsche. Die U-Bahn-Gleise führen direkt am Spielplatz entlang.

↗ *Maurienstraße/Ecke Flachsland, 22083 Hamburg*

Spielplatz Langermannsweg

Ein sehr beliebtes Ausflugsziel bei Kitas ist der Spielplatz Langermannsweg. Neben einem separaten Sportbereich mit großem Fußballfeld, Basketballkorb und Tischtennisplatte befindet sich ein eingezäuntes Spielgelände mit langer Erstreckung. Verschiedene Klettermöglichkeiten, Wippen, eine Drehscheibe und ein etwas separat gelegener Kleinkindbereich bieten eine Vielzahl an alternativen Spielmöglichkeiten. Herzstück ist im Sommer der Wasser- und Matschspielbereich. Eine Hundeauslaufzone liegt in unmittelbarer Nähe.

↗ *Langermannsweg/Ecke Kraepelinweg, 22081 Hamburg*

Spielplatz Johannes-Prassek-Park

Der offene Spielbereich ist vor allem für größere Kinder interessant. Viele verschiedene Klettermöglichkeiten und eine Drehscheibe werden ergänzt durch eine runde Tischtennisplatte für mehrere Spieler, ein Fußballfeld, einen Basketballkorb und eine asphaltierte Bahn zum Rollern und Skaten.

↗ *zum Beispiel Weidenstraße/ bei der Bus-Haltestelle Flotowstraße, 22083 Hamburg*

Kleinkindspielplatz Johannes-Prassek-Park

Dieser tolle eingezäunte Spielplatz für Kleinkinder konzentriert sich auf das Thema Klettern und Balancieren. Ein langer Kletterparcours führt über Spinnennetze und Schwingbrücken zu einer kleinen Rutsche. Wippen, ein Spielhaus und eine Rundschaukel gibt es außerdem.

↗ *zum Beispiel Weidenstraße/ bei der Bus-Haltestelle Flotowstraße, 22083 Hamburg*

Spielplatz im Osterbek-Park

Der Spielbereich befindet sich etwas versteckt an der Osterbek – im Osterbek-Park. Eine Reifenschaukel, eine Drehscheibe, ein Basketballkorb sowie eine Tischtennisplatte bilden die Attraktionen dieses übersichtlichen Spielplatzes.

↗ *zum Beispiel Osterbekstraße/ Ecke Käthnerort, 22083 Hamburg*

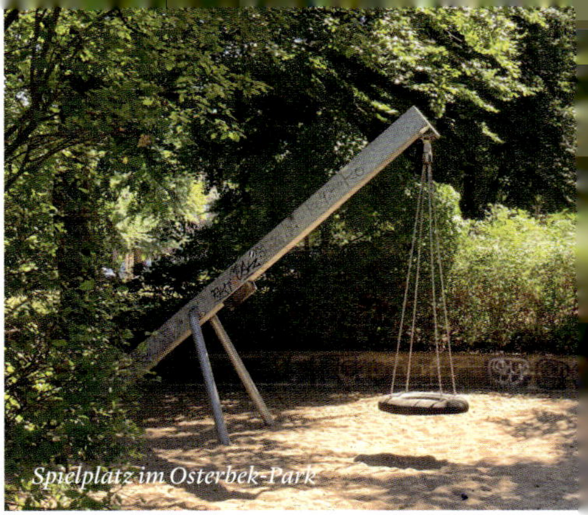

Spielplatz im Osterbek-Park

Kleinkind-Spielplatz im Osterbek-Park

Ein weiterer Spielbereich befindet sich etwas versteckt in einer Wanderweg-Sackgasse beim Osterbek-Park. Der eingezäunte Spielplatz bietet vor allem für Kleinkinder einen großen Sandbereich zum Buddeln und Spielen. Eine Kletterburg mit Rutsche und Sandspielelementen sowie mehrere Wipptiere und Schaukeln sind ebenso Bestandteil des Spielbereichs.

↗ *zum Beispiel Osterbekstraße/ Ecke Käthnerort, 22083 Hamburg*

Spielplatz Humboldtstraße

Direkt hinter dem Mundsburg Center befindet sich am Wanderweg der eingezäunte Kleinkinder-Spielplatz Humboldtstraße. In dem sich lang über das Grundstück erstreckenden Spielbereich gibt es Schaukeln, Wippen, eine große Drehscheibe, Einzel-Drehgeräte und eine Rutsche.

↗ *Wanderweg an der Humboldtstraße/ Richtung Winterhuder Weg, 22083 Hamburg*

Spielplatz Heitmannstraße

Etwas versteckt zwischen den Häusern befindet sich dieser eingezäunte Kleinkindbereich. Neben einer Rutsche, Wipptieren und Schaukeln gibt es einen großen Sandkasten zum ausgiebigen Buddeln. Ein Stückchen entfernt vom Spielplatz gibt es am Weg ein Fußballtor und zwei größere Schaukeln.

↗ *Wanderweg bei der Heitmannstraße, Höhe Hausnummer 10, 22083 Hamburg*

Spielplatz Hansdorfer Straße

Direkt im Grünen befindet sich dieser eingezäunte Spielbereich. Herzstück ist die Kletterburg – mit integriertem Tunnel. Weitere Kletterbereiche, eine Nestschaukel und eine Kleinkindrutsche ergänzen das Angebot.

↗ *Hansdorfer Straße vor der Fußgängerzone, 22081 Hamburg*

Spielplatz Friedrichsberger Park

Dieser eingezäunte Spielplatz befindet sich im Friedrichsberger Park. Der Spielbereich ist recht großzügig angelegt und bietet viel Platz zum Toben. Zum vielfältigen Angebot gehören eine hohe Rutsche, Wippen, Schaukeln, Spielhäuser und eine Kletterpyramide. Eine asphaltierte Bahn, die um die Spielelemente herumführt, lädt zum Rollern ein. Außerdem stehen für die Besucher mehrere Picknicktische bereit.

↗ *Friedrichsberger Straße/Ecke Elfriede-Lohse-Wächter-Weg, 22081 Hamburg*

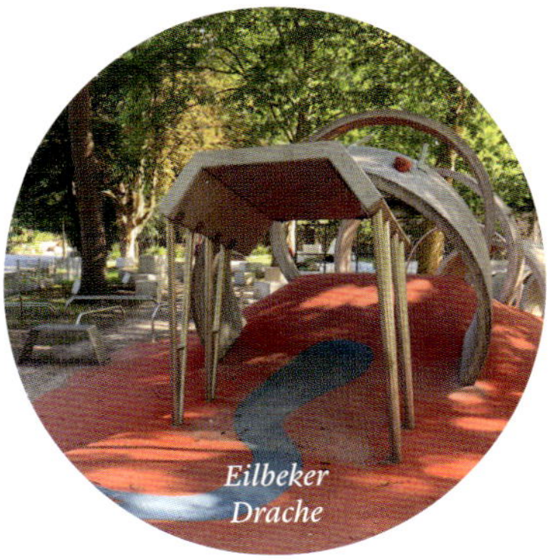
Eilbeker Drache

Spielplatz Eilenau

Es scheint ein wenig, als würde sich dieser Spielbereich in einem verwunschenen Garten befinden. Die parkähnliche Anlage, direkt am Eilbekkanal, ist ein ideales Plätzchen, um sich ein wenig länger im Grünen aufzuhalten. Verschiedene kleinere Spielangebote sind hier verstreut und manchmal etwas versteckt. Einzeldrehgeräte, eine große silberne Halbkugel, eine Tischtennisplatte, Wipptiere und ein Sandkasten bringen aber Leben in die eher ruhige Anlage.

↗ *Wagnerstraße/Ecke Eilenau, 22089 Hamburg*

Parcoursspielplatz Eilbeker Drache

Mit einer Größe von mehr als 3000 Quadratmetern richtet sich das Angebot dieses Parcoursspielplatzes an Kinder, Jugendliche und jung Gebliebene ab acht Jahren. Bei der Absolvierung eines Parcours mit verschiedenen Elementen kann ein riesiger Drache bezwungen werden. Aber auch verschiedene Trainingsbereiche für Sportler sind dazwischen angelegt. Zu der Anlage gehören ebenso Schaukeln, ein Fußballfeld und ein Basketballkorb. Und viele Sitzmöglichkeiten für Besucher und Sportler gibt es außerdem.

↗ *Eilbektal 82, 22089 Hamburg*

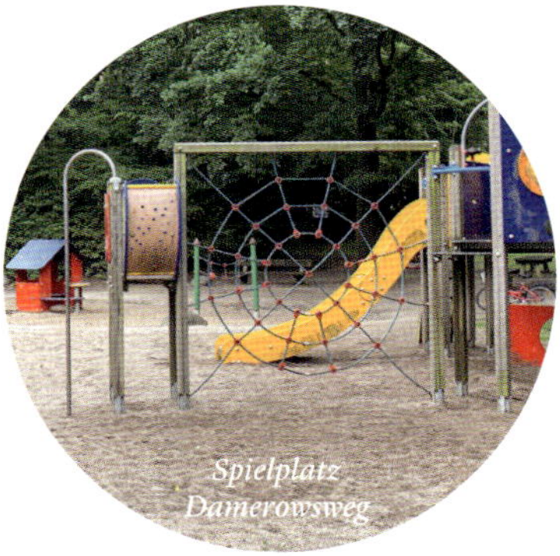

Spielplatz Damerowsweg

Spielplatz Damerowsweg

Direkt neben dem Bauspielplatz Damerowsweg befindet sich dieser große weitläufige Spielplatz. Mit zahlreichen Angeboten für große und kleine Besucher sowie viel Platz zum Toben lässt der Spielplatz kaum Wünsche offen. Herzstück sind die sehr lange Seilbahn, die Kletterelemente und die versteckte Rutsche zwischen den Hecken. Durch die vielen Büsche und die große separate Wiese bietet sich viel Platz zum Verstecken, Spielen und Picknicken. Einen Basketballkorb und ein großes Fußballfeld gibt es auch.

↗ *Damerowsweg/Ecke Alter Teichweg, 22081 Hamburg*

Skatepark Bramfelder Straße

Neben dem Hamburger Puppentheater liegt ein kleiner Skatepark. Der mit bunten Graffitis besprühte Platz bietet neben kleineren Rampen auch einen Basketballkorb.

↗ *Bramfelder Straße/Ecke Maurienstraße, 22305 Hamburg*

Kleinkind-Spielplatz Feßlerstraße

Bei der Feßlerstraße findet sich dieser eingezäunte Spielbereich für Kleinkinder. Schaukeln, Wippen, ein separater Sandbereich mit Spielhaus und eine Kletterburg mit Rutsche gehören zum Spielangebot.

↗ *Feßlerstraße, 22083 Hamburg*

Bolzplatz Bartholomäusstraße

Der Bolzplatz ist für größere Kinder ausgelegt und bietet ein vielfältiges Angebot. Neben Schaukeln, einer Drehscheibe und einer langen Rutsche gibt es eine Kletterpyramide zum Kraxeln. Ein großes Fußballfeld, eine Tischtennisplatte und ein Basketballkorb ergänzen das Spielangebot.

↗ *Bartholomäusstraße/Ecke Bostelreihe, 22083 Hamburg*

Spielplatz Eichhörnchen

Dieser im Grünen liegende Spielbereich richtet sich in erster Linie an die jüngeren Besucher. Im eingezäunten Bereich findet man Schaukeln, Rutschen und ein Klettergerüst. Highlights sind der Sandbereich mit einigen Sandspielgeräten und ein steinernes großes Eichhörnchen.

↗ *am Wanderweg Beim Alten Schützenhof/Ecke Heitmannstraße, 22083 Hamburg*

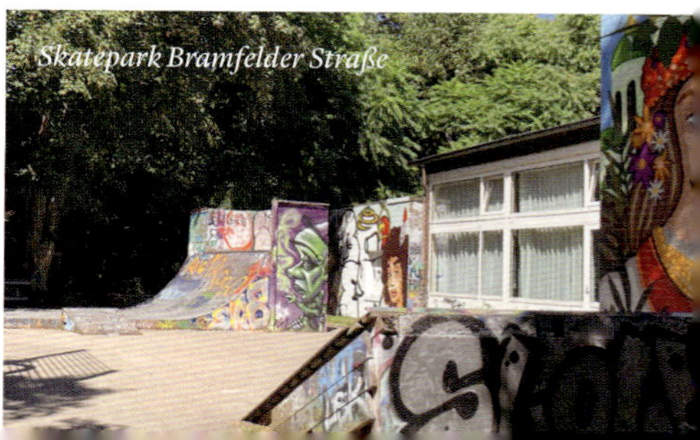

Skatepark Bramfelder Straße

Bolzplatz Amselstraße

In der Amselstraße im Grünstreifen befindet sich ein kleiner Bolzplatz mit einem Fußball-Basketball-Kombifeld sowie einer Tischtennisplatte.

↗ *Amselstraße, 22081 Hamburg*

Spielplatz Gluckstraße

Ein weiterer weitläufiger und umzäunter Spielplatz befindet sich in der Gluckstraße/Ecke Marschnerstraße. Ob Schaukeln, Klettern, Rutschen oder aufregende Seilbahnfahrten, langweilig wird es hier so schnell nicht. Herzstück ist im Sommer der Wasser-Matsch-Spielbereich, außerdem führt eine asphaltierte Rollerbahn über das Gelände. Da sich der Spielplatz fast ausschließlich in der Sonne befindet, ist es ratsam, einen Sonnenschutz mitzubringen. Der Spielplatz ist bei Kitas und Schulen sehr beliebt. Im Sommer hält ein Eiswagen davor.

↗ *Gluckstraße/Ecke Marschnerstraße, 22081 Hamburg*

Spielplatz Bartholomäusstraße

Der beliebte Spielplatz bietet einen übersichtlichen umzäunten Spielbereich mit Schaukeln, Wipptieren, Karussell, verschiedenen Kletterangeboten, Spielhäusern sowie einem Kletterturm mit Tunnelrutsche. Eine Tischtennisplatte und ein Basketballkorb gehören ebenso zum Spielplatz.

↗ *Bartholomäusstraße/Ecke Beim Alten Schützenhof, 22083 Hamburg*

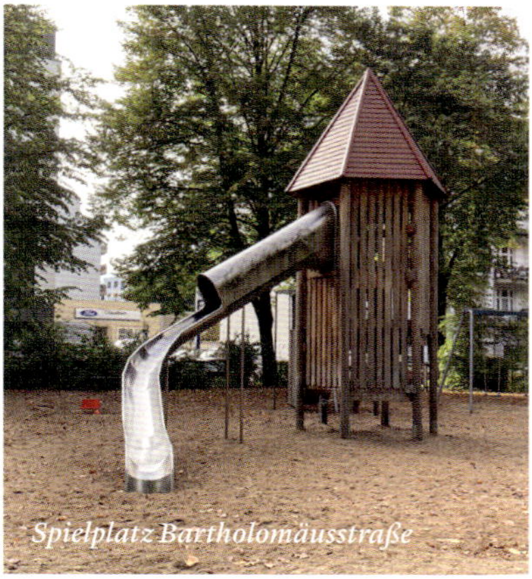

Spielplatz Bartholomäusstraße

Spielplatz Bachpark

Direkt im Bachpark befindet sich dieser offene Spielbereich. Neben Schaukeln, einem Kletterhaus mit Rutsche, einer Drehscheibe, Wippen und einer Seilbahn gibt es einen Sandspielbereich mit einem Sandbau-Spielgerüst.

↗ *Bachstraße/Ecke Mozartstraße, 22083 Hamburg*

Spielplatz an der Bachstraße

Der eingezäunte Spielplatz lässt für Kleinkinder kaum Wünsche offen und bietet reichlich Platz zum Toben und Spielen. In der Woche wird der Spielplatz vormittags von der Aktion Kinderparadies e.V. genutzt. Eltern können hier für einen sehr geringen Stundenpreis ihre Kinder von ein bis sechs Jahren betreuen lassen. In dieser Zeit ist auch das kleine Wetterschutzhaus mit Toilette geöffnet. Der Spielplatz ist in der Betreuungszeit ausschließlich der Aktion Kinderparadies e.V. vorbehalten.

↗ *Bachstraße/Ecke Mozartstraße, 22083 Hamburg*
www.aktion-kinderparadies.de

Bauspielplatz

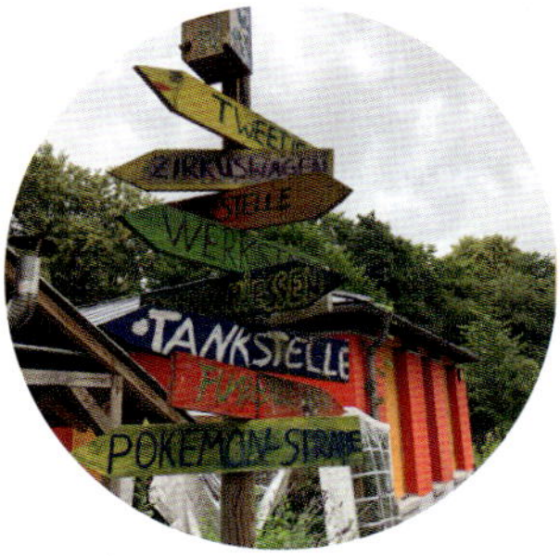

Bauspielplatz Damerowsweg

Direkt in der Nähe des Alten Teichwegs befindet sich der Bauspielplatz Damerowsweg. Auf einem tollen waldähnlichen und hügeligen Gelände lässt sich hier nicht nur wunderbar spielen, bauen und toben, auch eine perfekte Strecke zum Gokart-Fahren ist vorhanden. Außerdem gibt es auf dem Außengelände unter anderem einen Garten, einen Schießstand für das Training mit Pfeil und Bogen sowie einen Lehmbackofen. Highlight im Spielhaus sind die Holzwerkstatt, der Töpferraum (mit eigenem Brennofen) und der Musikkeller, der neben zahlreichen anderen Instrumenten über ein großes Schlagzeug verfügt. Das kostenlose Angebot des Bauis richtet sich an alle Kinder von 6 bis 14 Jahren. Jüngere Kinder sind auf dem Außengelände willkommen, benötigen aber eine erwachsene Begleitung (bitte an die Aufsichtspflicht denken). Die Öffnungszeiten wechseln in den Winter- und Sommermonaten. Im Winter hat der Baui von Montag bis Samstag geöffnet und im Sommer von Montag bis Donnerstag. Direkt daneben liegt der große Spielplatz Damerowsweg.

↗ *Damerowsweg 20, 22081 Hamburg*

Schwimmbad

Bäderland Bartholomäus-Therme

Das Thermalbad Bäderland Bartholomäus-Therme bietet einen entspannten Rückzugsort zum Abschalten. Neben zwei Dampfbädern ist auch eine Saunalandschaft mit Wintergarten und Terrasse vorhanden. Eine gesonderte Trainingsschwimmhalle mit 25-Meter-Bahnen steht ebenso zur Verfügung. Aqua-Fitnesskurse und besondere Themenabende runden das Angebot ab. Kinder haben in der gesamten Therme keinen Zutritt.

↗ *Bartholomäusstraße 95, 22083 Hamburg*
www.baederland.de/baeder/standorte/bartholomaeus-therme

Wochenmarkt

Ein kleiner Wochenmarkt findet immer freitagnachmittags in der Fußgängerzone Vogelweide/Ecke Volksdorfer Straße statt.

Besondere Orte

Klabautermädchen 1

Das Klabautermädchen ist ein Family Concept Store im Herzen des Komponistenviertels. Ob bunte Kinderkleidung, Kinderbücher (englisch und deutsch), ausgesuchtes Spielzeug, Schuhe, Accessoires und Tüdelkram für Groß und Klein – man findet immer etwas Außergewöhnliches zum Verschenken oder Selbstbehalten. Als besonderes Highlight werden auch Lesungen, Bastelnachmittage, Musikevents und Veranstaltungen zu Themen rund ums Kind angeboten. In familiärer Atmosphäre bleibt immer Zeit für einen Espresso mit Klönschnack, während die Kleinen den Kassenbereich verschönern dürfen.

↗ *Mozartstraße 43, 22083 Hamburg*
klabautermaedchen_hamburg

Kanufreizeitstätte 2

Über die Kanufreizeitstätte des Jugendclubs Barmbek beim Alten Teichweg können von Anfang Mai bis Ende September kostenlos Kanus, Kajaks und Stand-Up-Boards ausgeliehen werden. Das Angebot gilt für alle Kinder und Jugendliche bis 21 Jahre sowie für Familien mit Kindern oder Großeltern mit ihren Enkeln. Eine schöne Paddelroute führt am ruhigen Osterbekkanal entlang durch den Barmbeker Stichkanal und vom Goldbekkanal zum Stadtparksee. Alternativ können auch die vielen kleinen Kanäle drum herum erkundet werden. Hamburg vom Wasser aus ist wirklich etwas Besonderes, und für Leute, die sich mit den Wassersportaktivitäten vertraut machen wollen, ist der Osterbekkanal sehr zu empfehlen. Boote können von montags bis samstags ausgeliehen werden.

↗ *Alter Teichweg 43, 22081 Hamburg*
www.hdj-barmbek.de/index.php/kanuf-reizeitstaette

Hamburger Puppentheater 3

Das Hamburger Puppentheater im Haus Flachsland ist Hamburgs einzige Bühne, die sich auf die spezielle Theaterform des Figurentheaters spezialisiert hat. Viele Gastspiele bereichern das kunterbunte Programm. Es besteht nicht nur aus Stücken für Kinder, sondern auch Vorstellungen für Erwachsene finden regelmäßig statt. Zum Angebot gehören daneben Workshops in der offenen Puppen- und Figurenwerkstatt, verschiedene Kurse für Kitas und Schulen, auch Kindergeburtstage können hier gefeiert werden.

↗ *Bramfelder Straße 9, 22305 Hamburg*
www.hamburgerpuppentheater.de

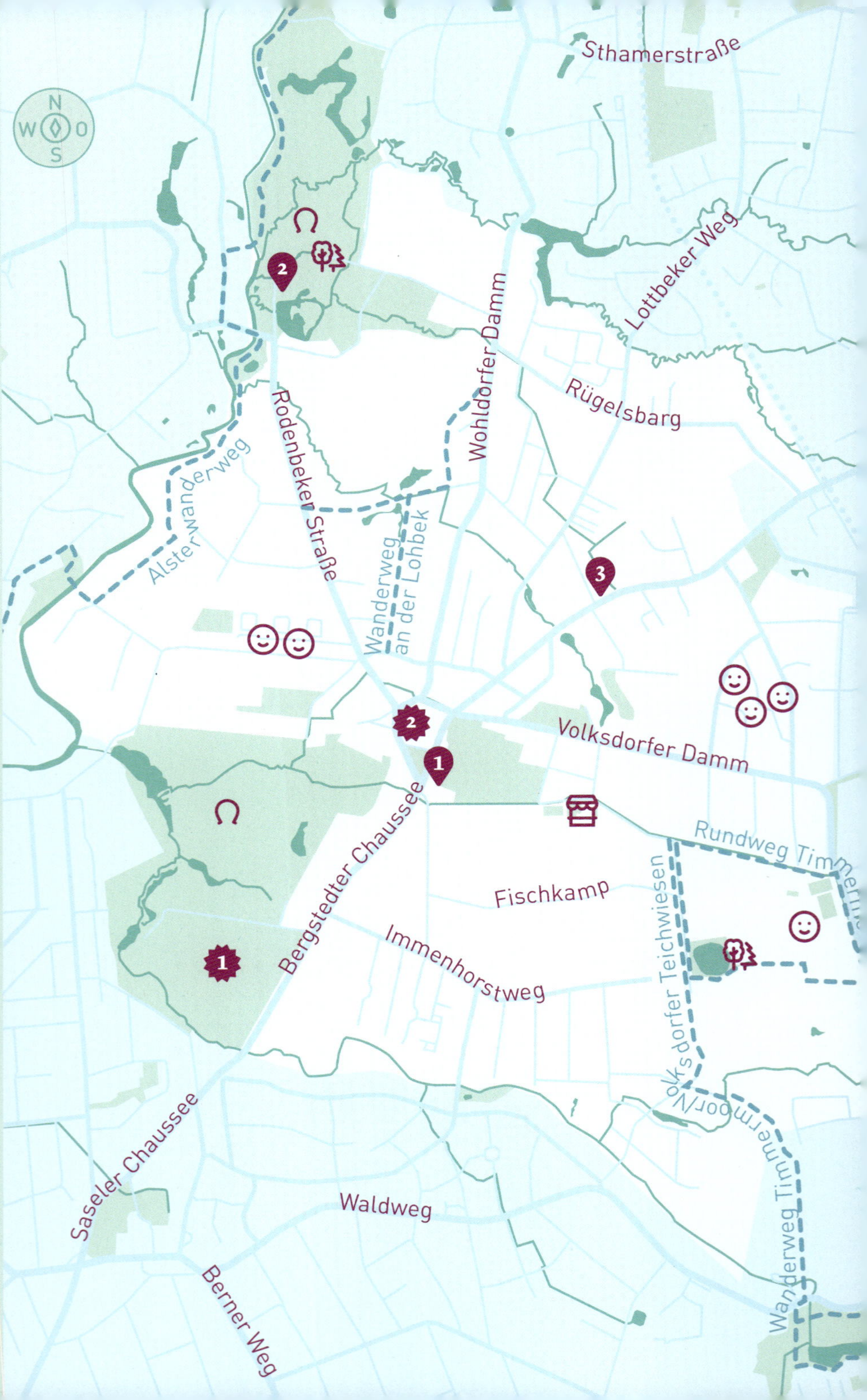
N
W
O
S
Sthamerstraße
Lottbeker Weg
Wohldorfer Damm
Rügelsbarg
Rodenbeker Straße
Alster-wanderweg
Wanderweg an der Lohbek
Volksdorfer Damm
Bergstedter Chaussee
Rundweg Timmerhorn
Fischkamp
Immenhorstweg
Volksdorfer Teichwiesen
Volksdorfer Timmermoor/Wanderweg Timmerhorn
Saseler Chaussee
Waldweg
Berner Weg
1
2
3

Bergstedt
Ruhige Oase in der Großstadt

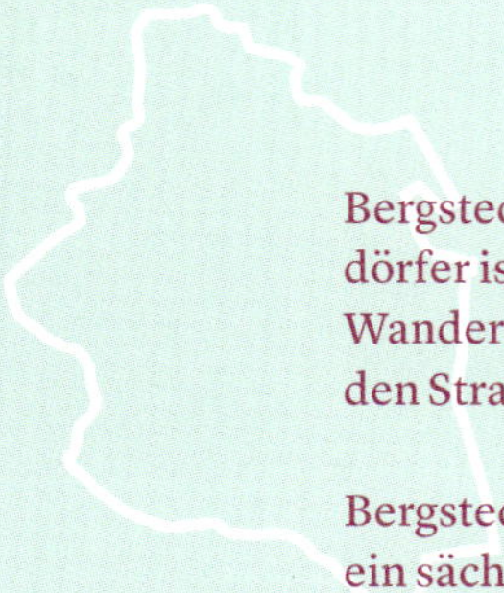

Bergstedt ist eine ruhige Oase Hamburgs. Als Teil der Walddörfer ist dieser Stadtteil von der Natur geprägt. Viele kleine Wanderwege verlaufen hier und bilden Verbindungen zwischen den Straßen.

Bergstedt wurde erstmals im Jahr 1248 erwähnt. Es war damals ein sächsisches Runddorf und trug den Namen „Bericstede", der auf den sächsischen Ortsgründer Beric zurückgeht. Das Dorf wurde in seiner Geschichte mehrere Male verpfändet, 1937 kam es durch das Groß-Hamburg-Gesetz, durch das die Stadt um zahlreiche Gebiete erweitert wurde, zu Hamburg. Bis 2007 gehörte Bergstedt zum Ortsamtsgebiet Walddörfer, seitdem ist es ein eigener Stadtteil.

Die Bergstedter Kirche ist eines der ältesten Kirchengebäude im Raum Hamburg. Im Jahr 1248 wurde sie wie das Dorf zum ersten Mal urkundlich erwähnt. Durch Bau und Weiterbau in verschiedenen Perioden beherbergt die Kirche sehenswerte Kunstwerke aus verschiedenen Epochen. Wegen ihres mittelalterlichen dorfkirchlichen Charakters gehört sie zu den beliebtesten Hochzeitskirchen in Hamburg.

Im Jahresverlauf finden in Bergstedt zahlreiche Veranstaltungen und Feste statt. Im Advent zum Beispiel sorgt der „Bergstedter Sternenglanz" für sehr viele funkelnde Sterne an den Häusern. Die Stadtteilnachbarn sind Lemsahl-Mellingstedt, Wohldorf-Ohlstedt, Volksdorf und Sasel.

Highlights

1

Naturschutzgebiet Hainesch-Iland

Das über siebzig Hektar große Naturschutzgebiet Hainesch-Iland ist mit seinen bewaldeten, zerklüfteten Steilhängen, den vielen Hügeln und den großen Weiden schon ein fast märchenhaft anmutender Ort. Es handelt sich dabei um eine früher bäuerlich geprägte Kulturlandschaft, deren Ursprung auf die Bronzezeit zurückgeht. Die Saselbek schlängelt sich durch die Schluchten, und mit Glück kann man Graureiher, Eisvögel oder sogar Rehe beobachten. Direkt am Mühlenteich befindet sich das kleine urige Restaurant Alte Mühle Bergstedt. Hier gibt es einen schönen Außenbereich direkt am Mühlenteich. Das Naturschutzgebiet verfügt über einen kleinen Waldspielplatz, dieser befindet sich auf der im Stadtteil Sasel gelegenen Seite. Hunde müssen ganzjährig an der Leine geführt werden.

↗ *zum Beispiel über Bergstedter Chaussee*

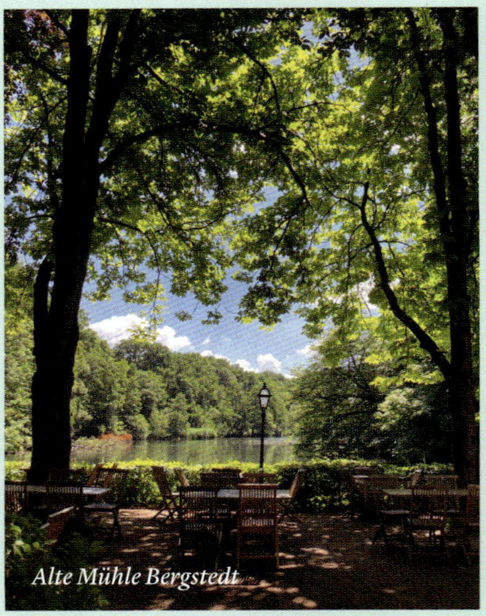

Alte Mühle Bergstedt

2

Spielplatz Bergstedt

In Bergstedt gibt es nur wenige Spielplätze und zumeist bestehen sie nur aus sehr kleinen Spielbereichen. Der Spielplatz Bergstedt bietet auf einem größeren Sandbereich eine Kletterpyramide, eine Rutsche, Wipptiere sowie eine Nestschaukel. Interessant ist die Lage, der Spielplatz ist vollständig von Hecken umgeben und befindet sich neben der Grünanlage Woold, die auch oft als Festplatz genutzt wird. Eine Holländische Linde, die sogenannte Kaiser-Friedrich-Linde, wurde dort um das Jahr 1855 in Erinnerung an den deutschen Kaiser Friedrich III. und seine nur hunderttägige Regierungszeit gepflanzt.

↗ *Woold, 22395 Hamburg*

Wälder, Parks & Naturschutzgebiete

Naturschutzgebiet Rodenbeker Quellental

Das Naturschutzgebiet Rodenbeker Quellental wurde zur Zeit der Weichseleiszeit geformt. Das abschmelzende Eis ließ Täler, Hügel, Wälder und Wiesen zurück, heute ist es von imposanten Buchenwäldern mit bis zu 300 Jahre alten Bäumen geprägt. Das Quellental bietet vielen seltenen Lebewesen ein Zuhause, z.B. der Wasserfledermaus, den Eisvögeln und den Teichmolchen. Seinen Namen hat es von den vielen kleinen Quellen, die hier entspringen. Viele davon sind stark eisenhaltig, weshalb auf den Rändern der Quellmulden häufig kleine orangegelbe Eisenflocken zu entdecken sind. Das Gasthaus Quellenhof befindet sich direkt am Rodenbeker Teich. Im gesamten Naturschutzgebiet gilt für Hunde eine Leinenpflicht. Auf der zum Stadtteil Wohldorf-Ohlstedt gehörigen Seite befindet sich der Haselknick. Hier gibt es einen Spielplatz mit Grillbereich, wo kein Leinenzwang für von der Leinenpflicht befreite Hunde besteht. Der Alsterwanderweg führt durch das Rodenbeker Quellental hindurch.

↗ *zum Beispiel über Rodenbeker Straße, 22395 Hamburg*

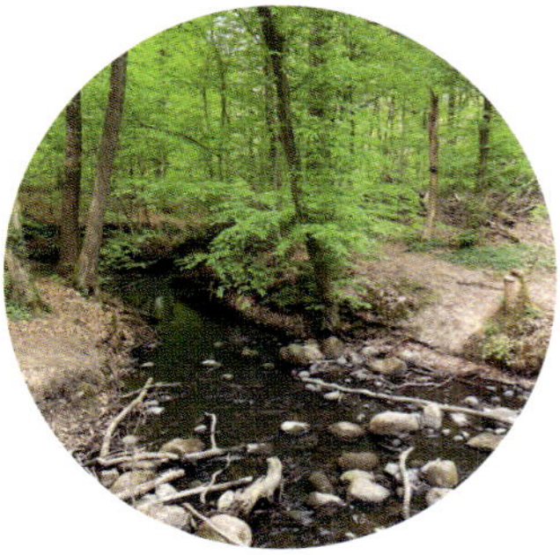

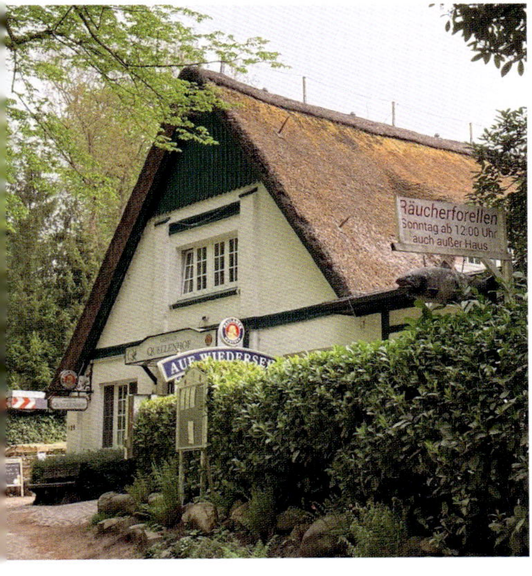

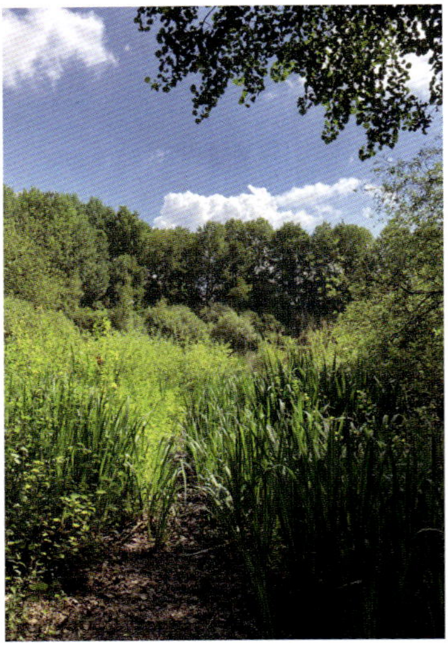

Wanderwege

Naturdenkmal Timmermoor

Das etwa vier Hektar große Naturdenkmal wurde im Jahr 1985 unter Schutz gestellt. Es handelt sich um eine eiszeitliche Senke, die vor rund 20 000 Jahren entstand. Zurückgeblieben sind ein Moorgebiet und ein Buchenwald. Das Timmermoor beheimatet seltene trittempfindliche Moorpflanzen, die auf einen nährstoffarmen Boden angewiesen sind. Deshalb besteht ein vollständiges Betretungsverbot. Ein Wanderweg führt unmittelbar an dem Gebiet vorbei. Betreut wird das Naturdenkmal durch den NABU Hamburg, wobei die Grundschule Buckhorn in die Betreuung eingebunden ist. Hunde sind ganzjährig an der Leine zu führen.

↗ *zum Beispiel über Hamraakoppel, 22395 Hamburg*

Einmal um das Timmermoor herum

Dieser Wanderweg führt einmal um das Timmermoor herum und durch den Buchenwald hindurch. Für die Umrundung kann man etwa sechzig Minuten einplanen. Direkt auf dem Wanderweg neben dem Volksdorfer Damm biegen wir auf den Pfad Timmermoor ab. Von hier führt nun ein langes Wegstück durch die Natur bis zum Naturdenkmal Timmermoor. Achtung: Im Sommer hüpfen viele Kröten auf dem Weg herum. Am Ende des Pfades folgen wir der Straße Hamraakoppel in nördlicher Richtung. Am Straßenende geht es dann auf dem Wanderweg Stüffel in östlicher Richtung zurück zum Volksdorfer Damm. Hunde müssen ganzjährig an der Leine geführt werden.

Wanderweg an der Lohbek

Direkt an der Lohbek geht es durch ein ruhiges Waldgebiet und am Heiddiek-Teich vorbei. Der Wanderweg verbindet die Rodenbeker Straße, den Wohldorfer Damm und die Bergstedter Kirchenstraße miteinander.

Spiel- und Sportplätze

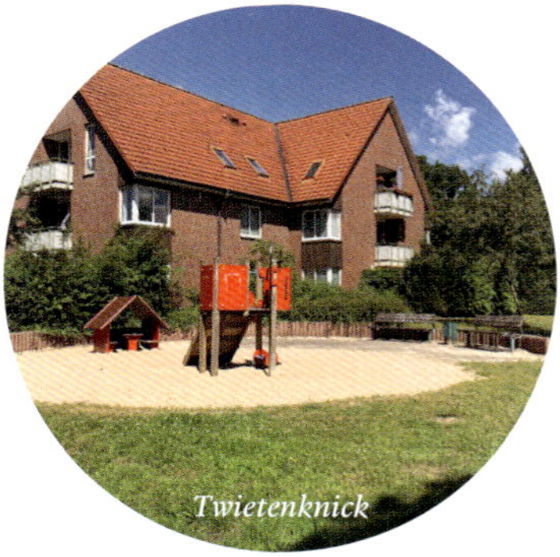

Twietenknick

Spielplätze Klabundeweg

Der Kleinkind-Spielplatz bietet einen Sandbereich, Wipptiere und ein Spielhäuschen. Er ist direkt von der Straße aus einsehbar. Auf der gegenüberliegenden Straßenseite befindet sich zwischen den Häusern ein weiterer Kleinkind-Spielplatz mit weiteren Wipptieren, Schaukeln und einem großen Sandkasten.

↗ *Klabundeweg, Höhe Hausnummer 12, 22359 Hamburg*

Spielplätze Twietenknick

Zwischen den Wohnhäusern im Twietenknick befinden sich einige separate kleinere Spielinseln für Kinder. Für größere Kinder gibt es ein Kletterhaus mit Rutsche und Schaukeln. Kleinere Kinder können Spielhäuser und Rutschen erkunden. Die Sandbereiche bieten viel Platz zum Buddeln.

↗ *Twietenknick, 22395 Hamburg*

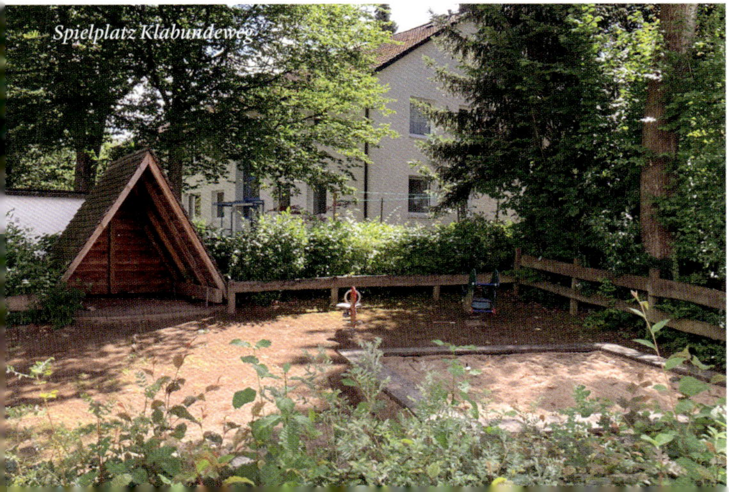

Spielplatz Klabundeweg

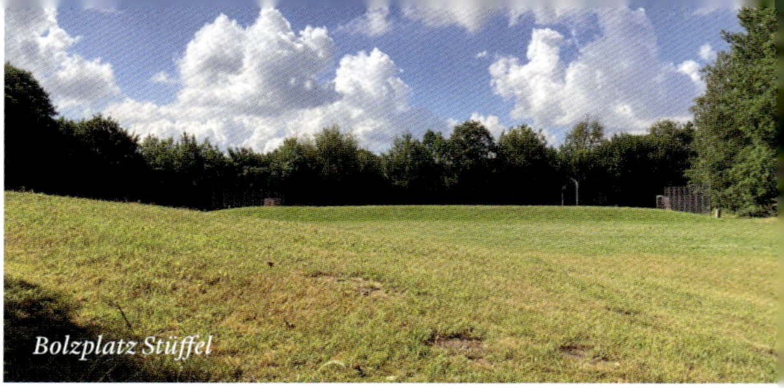

Bolzplatz Stüffel

Bolzplatz Stüffel

Neben dem Sportplatz und der Hockeyanlage befinden sich auf dem hügeligen, umzäunten Gelände ein Fußballfeld sowie ein integriertes Basketballfeld.

↗ *über den Wanderweg Stüffel/Ecke Volksdorfer Damm, 22359 Hamburg*

Spielplatz Stüffeleck

Etwas versteckt in der Wohnanlage befindet sich ein Spielbereich auf schmalem Grundstück. Ein kleiner Hügel dient als Kletterbereich mit integrierter Rutsche. Wackelplatten, Schaukeln und Drehscheiben sind hier ebenso zu finden. Ein besonderer Hingucker sind die Steinfiguren Bär und Pferd, die im Spielbereich stehen und ebenfalls gern zum Klettern verwendet werden.

↗ *zwischen Stüffeleck und Klabundeweg, 22359 Hamburg*

Wochenmarkt

In Bergstedt gibt es keinen eigenen Wochenmarkt. Wer auf frisches Gemüse, Obst, Brot, Eier und Blumen aus Bergstedt nicht verzichten möchte, kann all dies direkt im Demeter-Gärtnerhof am Stüffel erwerben. Der Gärtnerhof arbeitet mit Menschen, die Förderbedarf haben. Seit 1993 ist der gemeinnützige Verein ein anerkannter Demeter-Betrieb.

↗ *www.stueffel.de*

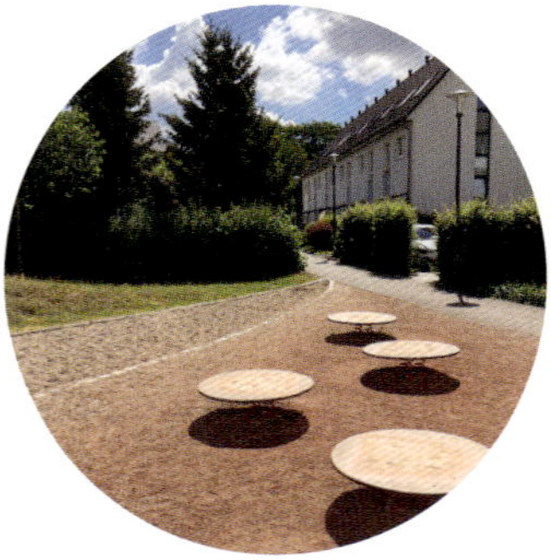

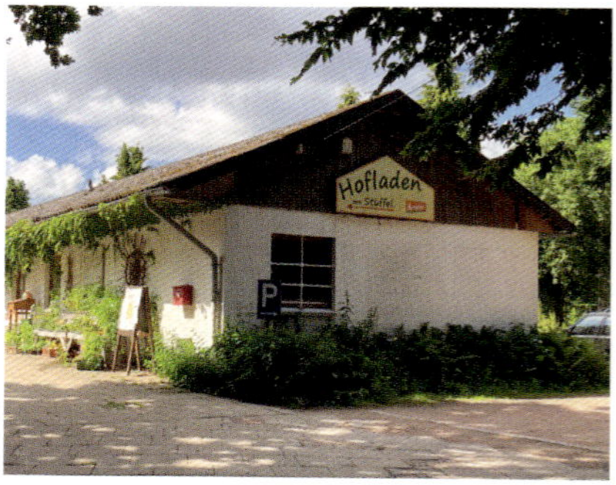

Spielplatz Stüffeleck (links) und Demeter-Gärtnerhof

Besondere Orte

Keramikkiste 1

Für eine kreative Auszeit gibt es die Keramikkiste. Lieblingsstücke können aus einer großen Rohkeramik-Auswahl ausgesucht und anschließend bemalt werden, die benötigten Utensilien und das anschließende Ausbrennen sind im Preis inbegriffen. Eine Anmeldung ist nicht immer zwingend notwendig, einfach vorbeikommen und loslegen. Ebenso erhältlich sind ein Keramikkisten-Korb-to-go sowie eine Geschenkbox. So lässt sich das Lieblingsstück inklusive Materialien mit nach Hause nehmen, bevor es zum Brennen zurückgebracht wird. Nach drei bis fünf Tagen sind die Unikate abholbereit. In der Keramikkiste können auch Geburtstage und Junggesellenabschiede ausgerichtet werden. Getränke und Heißgetränke gibt es für kleines Geld. Im Sommer ist es angenehm kühl in den Räumlichkeiten.

↗ *Bergstedter Chaussee 120,*
22395 Hamburg
www.keramik-kiste.de

Gasthaus Quellenhof 2

Das seit 1920 bestehende Restaurant bietet gutbürgerliche saisonale Küche. Unter dem historischen Reetdach befinden sich moderne Räumlichkeiten und eine Räucherkate, zum Haus gehört auch eine Sonnenterasse mit Biergarten. Jeden Sonntagmorgen werden hier traditionell schmackhafte Fische geräuchert und noch lauwarm zum Mittag serviert bzw. außer Haus verkauft. Am Wochenende bietet der Außer-Haus-Marktstand für Wanderer und Radfahrer kleine Leckereien zum Mitnehmen an. Ein kleiner Kinderspielplatz mit einem Hasengehege gehört ebenso zum Gasthaus.

↗ *Rodenbeker Straße 126, 22395 Hamburg*
www.quellenhof.hamburg

Begegnungsstätte Bergstedt 3

Das Stadtteilkulturzentrum ist seit über 14 Jahren im denkmalgeschützten ehemaligen Bergstedter Armenhaus beheimatet. Ein großes Angebot an unterschiedlichen Kultur-, Bildungs- und Freizeitangeboten für Jung und Alt sorgt für reichlich Abwechslung, wobei die Palette von Theateraufführungen bis hin zum Flohmarkt reicht. Auch Whisky-Tastings, Ausflüge und ein kostenfreies 60plus-Programm finden regelmäßig statt. Die „Alsterminis", eine Kinderspielgruppe, in der sich Kinder losgelöst vom familiären Zusammenhang ausprobieren können, und der Jugendtreff sind hier ebenso beheimatet. Die Räumlichkeiten können für private Feiern gemietet werden.

↗ *Bergstedter Chaussee 203,*
22395 Hamburg
www.kultberg.de

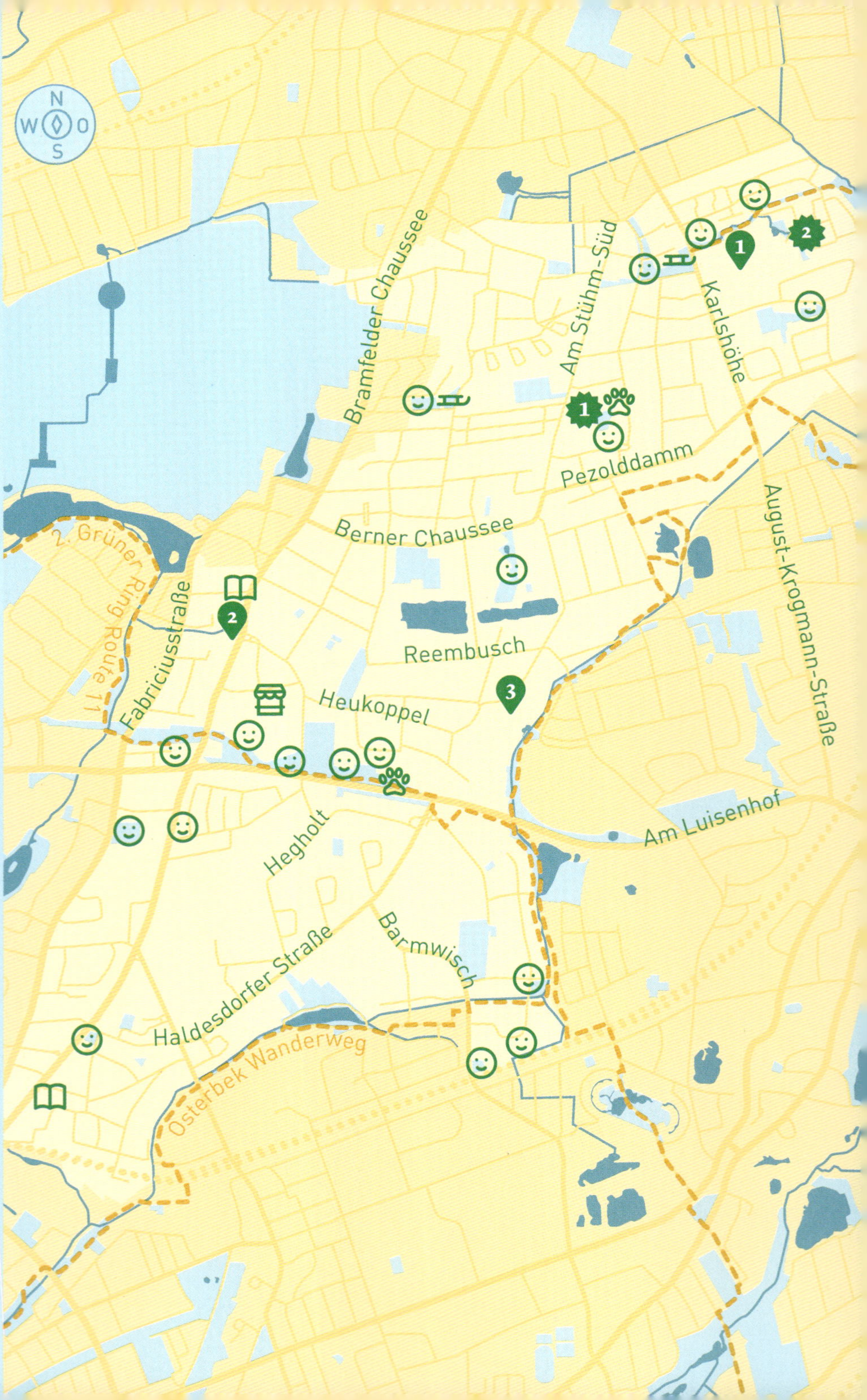
N
W
O
S
Bramfelder Chaussee
Am Stühm-Süd
Karlshöhe
Pezolddamm
Berner Chaussee
2. Grüner Ring Route 11
Fabriciusstraße
Reembusch
Heukoppel
August-Krogmann-Straße
Am Luisenhof
Hegholt
Barmwisch
Haldesdorfer Straße
Osterbek Wanderweg

Bramfeld
Heimat von Kohl und Rhabarber

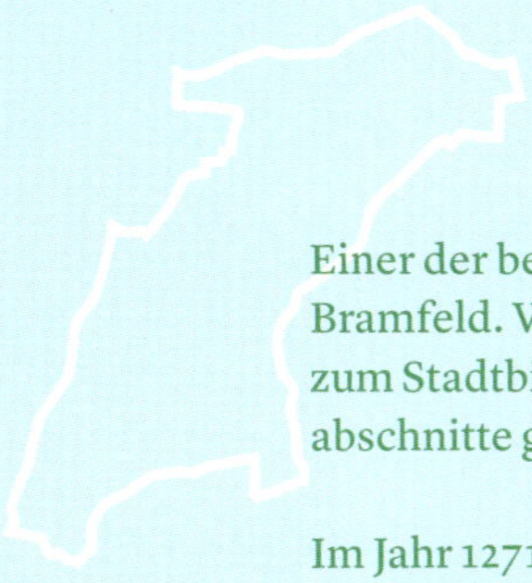

Einer der bevölkerungsreichsten Stadtteile in Hamburg ist Bramfeld. Vor allem Wohn- und Gewerbegebiete gehören hier zum Stadtbild. Kleine grüne Nischen und ruhige kurze Wanderabschnitte gibt es inmitten des Trubels aber auch.

Im Jahr 1271 wurde Bramfeld erstmals erwähnt. Der Name leitet sich von „Bra(a)mbusch" ab und bezog sich auf die vielen Ginsterbüsche, die mit ihren gelben Blüten das gesamte Gebiet prägten. Im 17. Jahrhundert entstand in dem kleinen Bauerndorf in Holstein zusätzlich zur Landwirtschaft handwerkliches Gewerbe. Als zweitgrößtes Gemüseanbaugebiet im Umkreis von Hamburg wurde Bramfeld zu einem wichtigen Gemüselieferanten der Stadt. Nach dem Ersten Weltkrieg war es das zweitgrößte Gemüseanbaugebiet Deutschlands gleich nach den Vier- und Marschlanden. Vor allem Kohl und Rhabarber wurden hier gezogen und waren Bramfelder Markenzeichen.

Im 19. Jahrhundert war Hamburg bereits bis an die Stadtgrenzen Bramfelds herangewachsen, Preußen ließ jedoch eine Eingemeindung nicht zu. Erst im Jahr 1937 fiel Bramfeld im Zuge des Groß-Hamburg-Gesetzes an die Stadt Hamburg. Der Preis dafür war hoch, Gärtnereien mussten Wohnsiedlungen Platz machen, Höfe wurden zugunsten größerer Neubauten abgerissen, kulturelle Einrichtungen schlossen, und der Verkehr nahm rasant zu.

Stadtteilnachbarn von Bramfeld sind Steilshoop, Ohlsdorf, Wellingsbüttel, Sasel, Farmsen-Berne, Wandsbek und Barmbek-Nord.

Highlights

1

Am Stühm-Süd

Angesichts der dichten Bebauung Bramfelds erwartet man hier nicht unbedingt ein größeres Waldgebiet, aber am Stühm-Süd, auch Nickwald genannt, findet man doch ein grünes Naherholungsgebiet von einiger Erstreckung, wo man einen ruhigen Spaziergang unternehmen und den Vögeln beim Zwitschern zuhören kann. Im Herzen des Waldes gibt es einen kleinen Spielplatz mit Rutsche, Spielhaus, Wipptieren, Schaukeln – und einem Fußballtor. Für Hundebesitzer ist das Waldgebiet auf jeden Fall interessant, denn für alle Hunde, die von der Anleinpflicht befreit sind, besteht kein Leinenzwang. Außerdem gibt es hier eine große Hundeauslaufzone. Die Hauptwege sind eben, also auch für Rollstuhlfahrer attraktiv.

↗ *zum Beispiel Am Stühm-Süd/Ecke Sootweg, 22175 Hamburg*

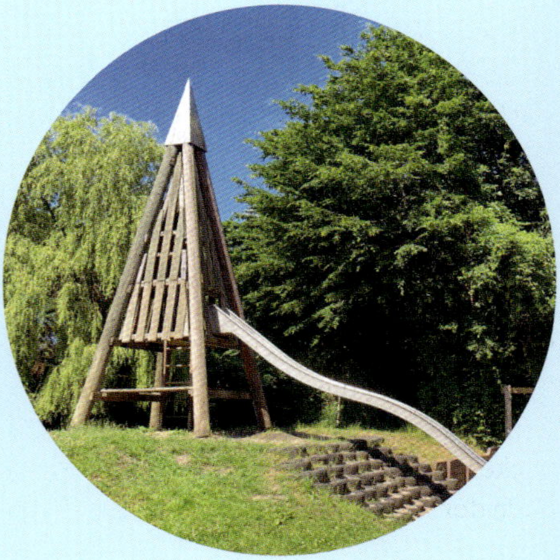

2

Raketen-Spielplatz

Ganz versteckt in der Grünanlage am Carsten-Reimers-Ring und hinter dem Gut Karlshöhe befindet sich der Raketen-Spielplatz. Neben einer großen Kletterburg mit Hängebrücke steht die Raketen-Rutsche. Aber auch Schaukeln, Wipptiere, Drehscheiben, ein Spielhaus, ein Kriechtunnel und eine Sandspiel-Station sind dort zu finden. Da der Spielplatz direkt in der Grünanlage liegt, kann man den Aufenthalt auch gut mit einem Spaziergang verbinden.

↗ *Carsten-Reimers-Ring, Wanderweg am Bach Richtung Teich folgen, 22175 Hamburg*

Wanderweg

Vom Umweltzentrum Gut Karlshöhe zum Rückhaltebecken der Berner Au

Ein schöner Wanderweg führt direkt am Umweltzentrum Gut Karlshöhe vorbei. Wir folgen zunächst dem schmalen Weg neben dem kleinen Sportplatz. Dieser führt an einem Bach entlang, der den Teich des Gutes speist. Unser Weg quert den Carsten-Reimers-Ring und führt dann weiter durch den Grünzug geradeaus bis zum Rückhaltebecken. Von hier aus kann schließlich noch der Weiher umrundet werden.

Hundewiesen

↗ Eine schöne große Hundeauslaufzone befindet sich im Waldgebiet Am Stühm-Süd.

↗ Eine weitere Hundeauslaufzone liegt auf der Wiese im Grünzug Steilshooper Allee/Ecke Ellernreihe.

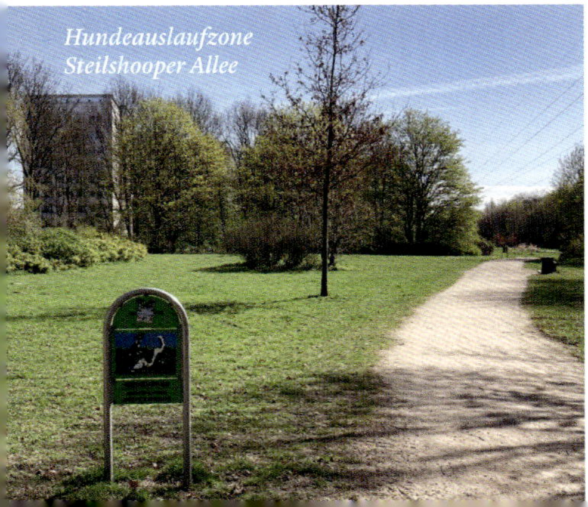

Hundeauslaufzone Steilshooper Allee

Spiel- & Sportplätze

Waldspielplatz Am Stühm-Süd

Der kleine offene Waldspielplatz lässt viel Platz zum Toben und Spielen. Schaukeln, Wippen, ein Spielhaus, eine Rutsche und ein Fußballtor gibt es hier. Eine Hundeauslaufzone befindet sich in unmittelbarer Nähe. Das Wäldchen ist vor allem bei Hundebesitzern beliebt.

↗ *zum Beispiel Am Stühm-Süd/Ecke Sootweg, 22175 Hamburg*

Sportplatz Karlshöhe

Direkt neben dem Umweltzentrum Gut Karlshöhe liegt ein kleiner Sportbereich mit einem Basketballkorb und einem Fußballtor. Außerdem befindet sich hier ein überdachtes offenes Häuschen.

↗ *Karlshöhe, im Grünbereich neben dem Gut Karlshöhe, 22175 Hamburg*

Spielplatz Königsberger Straße

Der Spielplatz Königsberger Straße ist sehr weitläufig und bietet viel Platz zum Toben und Spielen. Ob auf Wipptieren um die Wette reiten, das Holzschiff entern oder die Kletterburg erobern – langweilig wird es hier bestimmt nicht. Für die kleineren Kinder stehen ein kleines Rutschhäuschen und ein Sandbereich zur Verfügung. Außerdem befinden sich auf dem Spielplatz auch eine Rundschaukel und ein kleiner Mini-Rodelberg. Der Spielplatz wird gern von Schulen und Kitas besucht.

↗ *Königsberger Straße, 22175 Hamburg*

Kleinkind-Spielplatz im Grünstreifen Osterkirchstieg

Dieser Kleinkindspielplatz besitzt ein Klettergerüst mit Rutsche und Schaukeln, ein Wipptier und ein Spielhäuschen. Der Spielbereich befindet sich im Grünzug beim Osterkirchstieg und ist nur halb umzäunt.

↗ *im Grünzug beim Osterkirchstieg, 22177 Hamburg*

Spielplatz Thomas-Mann-Straße

Der private Spielplatz in der Thomas-Mann-Straße darf nur in der Zeit von acht Uhr morgens bis acht Uhr abends benutzt werden. Viele Spielangebote für kleine und große Kinder sind hier zu finden, darunter ein Karussell und ein Kletterbereich mit Kettensteg und Rutsche. Wenn wir von hier aus dem Grünzug folgen, kommen wir zum Aktivplatz Karlshöhe, einem öffentlichen Sportplatz.

↗ *Thomas-Mann-Straße, bei der Ecke Werfelring, 22175 Hamburg*

Spielplatz Heidstückenkehre

Direkt in der Heidstückenkehre, etwas versteckt im Grünen, befindet sich dieser Kleinkind-Spielplatz mit Rutschen, Schaukeln, Wippen und einer kleinen Kletterburg. Ein schöner Sandbereich lädt zum Buddeln ein, es sind zahlreiche Sitzmöglichkeiten für große und kleine Besucher vorhanden.

↗ *Heidstückenkehre, 22179 Hamburg*

Spielplatz Haselnußweg

Mitten im Grünen liegt der Spielplatz Haselnußweg. Neben reichlich Platz zum Verstecken, Toben und Spielen findet man hier Wippen, Schaukeln, einen Kleinkind-Kletterbereich mit Kriechtunnel, eine Rutsche, Balanciermöglichkeiten, ein Tor und eine Tischtennisplatte. Der kleine Berg wird vor allem im Winter zum Schlittenfahren gern genutzt.

↗ *Haselnußweg/Ecke Aprikosenweg, 22179 Hamburg*

Spielplatz Haldesdorfer Straße

Dieser Spielplatz verfügt nur über wenige Spielgeräte, bietet aber dennoch viel Platz zum Toben. Ein Karussell, Wippen, Schaukeln, ein Basketballkorb und zwei Tischtennisplatten gehören zum Angebot. Der Spielplatz ist nicht komplett umzäunt, der Eingangsbereich offen gehalten.

↗ *Haldesdorfer Straße/Ecke Hülsdornweg, 22179 Hamburg*

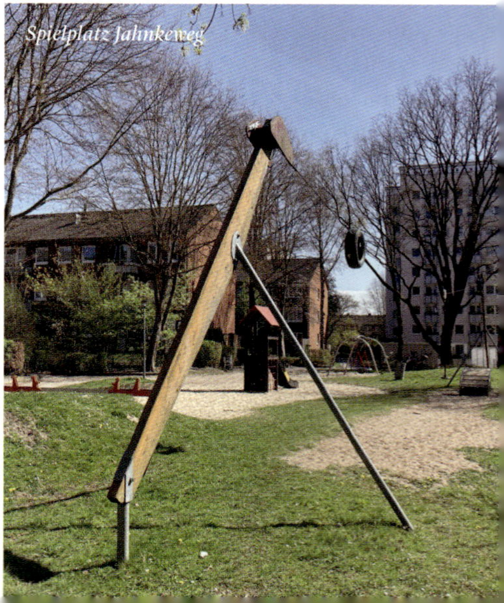

Spielplatz Jahnkeweg

Spielplatz Erntingweg

Ein noch recht neuer Spielbereich befindet sich beim Wendekreis des Erntingwegs. Das Angebot besteht aus einer Kletterburg mit Kettensteg und Rutsche sowie einer separaten Rutsche, einem Wipptier und einer Nestschaukel.

↗ *Erntingweg beim Wendekreis, 22179 Hamburg*

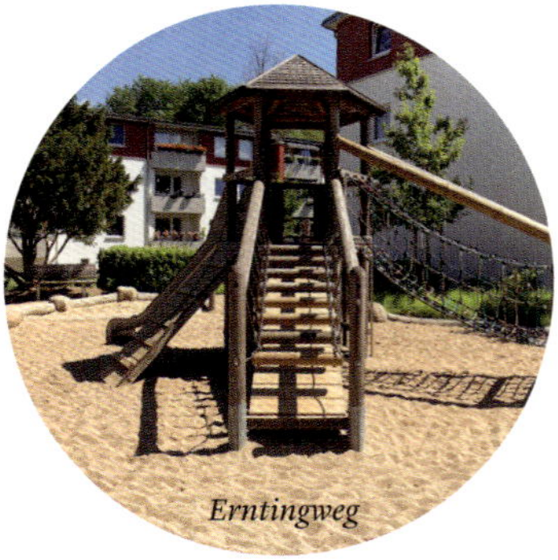

Erntingweg

Spielplatz Jahnkeweg

Direkt zwischen den Wohnhäusern und einem Wanderweg (in der Nähe der Hundeauslaufzone Steilshooper Allee) befindet sich dieser größere Spielplatz, auf dem es eine Seilbahn, Wippen und Schaukeln gibt. Direkt daneben liegt ein eingezäunter Kleinkindbereich mit einem Klettergerüst und Schaukeln.

↗ *hinter der Hundeauslaufzone Steilshooper Allee, 22179 Hamburg*

Bolzplatz Bengelsdorfstraße

Der Bolzplatz direkt an der Osterbek liegt mitten im Grünen an Wanderwegen. Kuhlen zum Skaten sind eine Besonderheit, außerdem gibt es einen Basketballkorb und ein Fußballfeld.

↗ *Turnierstieg/Ecke Bengelsdorfstraße, 22179 Hamburg*

Spielplatz Bengelsdorfstraße

Ein kleiner umzäunter Kleinkind-Spielplatz befindet sich hinter den Wohnhäusern direkt beim Wanderweg. Ein kleines Kletterhaus mit Kriechtunnel und Rutsche sowie Wippen und eine Nestschaukel gehören zum Spielangebot.

↗ *Bengelsdorfstraße, Höhe Hausnummer 30, 22179 Hamburg*

Spielplatz an der Schikane

Auf dem großen weitläufigen Spielplatz direkt am Wanderweg finden Kinder aller Altersstufen das Richtige. Unter anderem gibt es viele verschiedene Kletterangebote, eine Seilbahn, ein Sandspiel-Baugerüst, eine Drehscheibe und Schaukeln. Ein Basketballkorb und eine Tischtennisplatte sind ebenfalls vorhanden.

↗ *Barmwisch, Höhe Bushaltestelle Barmwisch, 22179 Hamburg*

Kleinkind-Spielplatz im Grünstreifen Carsten-Reimers-Ring

Im Grünstreifen am Carsten-Reimers-Ring befindet sich ein übersichtlicher Spielbereich für Kleinstkinder. Ein Sandbereich lädt zum Buddeln ein, darin befinden sich ein Spielhaus und ein Wippmotorrad. Schaukeln und eine Tischtennisplatte gehören außerdem zum Spielbereich.

↗ *Grünstreifen im Carsten-Reimers-Ring, 22175 Hamburg*

Fußballfeld an der Bramfelder Chaussee

Direkt an der Bramfelder Chaussee liegt in einem großen Rasenbereich ein Fußballfeld. Im Sommer wachsen oft Brennnesseln ums offene Tor herum, welche die Fangbereitschaft des Torwarts deutlich erhöhen.

↗ *Bramfelder Chaussee/Ecke Maimoorweg, 22177 Hamburg*

Spielplatz Ellernreihe (Mitte)

Der übersichtliche offene Kleinkind-Spielplatz verfügt über Schaukeln, eine Rutsche und Wipptiere. Er liegt direkt im Grünen.

↗ *Ellernreihe/Ecke Steilshooper Allee, 22179 Hamburg*

Spielplatz Steilshooper Allee

Mitten im Grünzug hinter der Osterkirche ist ein weiterer übersichtlicher Spielbereich zu finden. Viele Klettermöglichkeiten, Schaukeln und Trampoline gehören zum Angebot. Neben dem Spielplatz gastieren oft kleinere Theater- und Zirkuszelte.

↗ *Steilshooper Allee/Ecke Bramfelder Chaussee, 22177 Hamburg*

Bolzplatz Fabriciusstraße

Ein weiterer Bolzplatz befindet sich in der Fabriciusstraße bei der Bushaltestelle Owiesenstraße. Es gibt hier ein großes Fußballfeld und einen Basketballkorb.

↗ *Fabriciusstraße/Bushaltestelle Owiesenstraße, 22177 Hamburg*

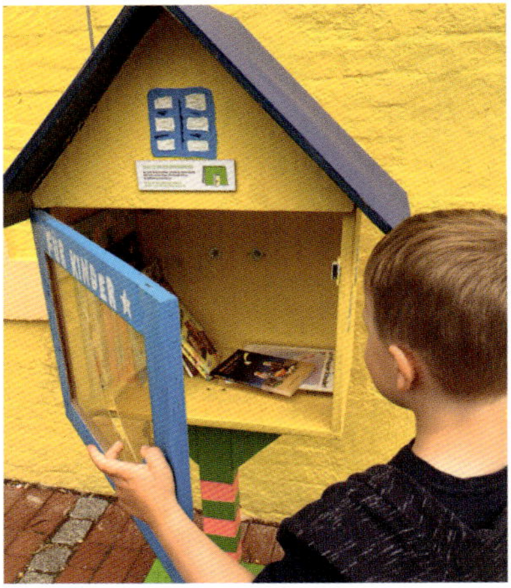

Büchertauschschränke

Ein Büchertauschschrank steht an der Bramfelder Chaussee/Ecke Harmsweg.

Ein Büchertauschschrank nur für Kinder steht während den Öffnungszeiten beim Brakula an der Bramfelder Chaussee 265 zur Verfügung.

Im Umweltzentrum Gut Karlshöhe befindet sich im Eingangsbereich des Stallgebäudes ein kleines Büchertauschregal.

Wochenmarkt

Immer dienstag- und freitagvormittags findet in der Herthastraße direkt beim Bramfelder Einkaufszentrum der Wochenmarkt statt. Der bis zu fünfzig Stände große Markt gehört zu den modernsten Märkten im Bezirk Wandsbek.

Besondere Orte

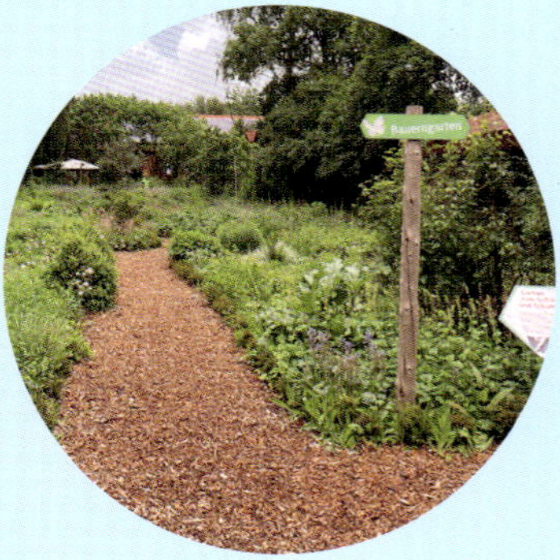

Umweltzentrum Gut Karlshöhe 1

Auf dem rund neun Hektar großen Gelände des Umweltzentrums Gut Karlshöhe kann man nicht nur wunderbar spazieren gehen (Eintritt frei), es wird auch gezeigt, was man tun muss, um nachhaltig und ressourcenschonend zu leben. Ein kleiner Entdeckerrundweg führt durch das Gut und an vielen Infotafeln und Erlebnisstationen vorbei. Zum Toben steht ein kleiner Spielplatz bereit, und die Markthalle sowie das Restaurant Hobenköök sorgen für das leibliche Wohl. Im Innenbereich ist eine kleine Erlebnisausstellung (Extra-Eintritt!) zu finden. Alle Wege sind eben und mit dem Rollstuhl gut befahrbar. Hunde dürfen an der Leine mitgebracht werden. Auf dem Gut können auch Kindergeburtstage und private Feiern ausgerichtet werden. Übers Jahr finden viele regelmäßige Veranstaltungen statt.

↗ *Karlshöhe 60 D, 22175 Hamburg*
www.gut-karlshoehe.de

Brakula e.V. 2

Hinter dem Namen „Brakula" versteckt sich der Bramfelder Kulturladen e.V., der direkt an der Bramfelder Chaussee liegt. In dem 140 Jahre alten gelben Bauernhaus finden viele Veranstaltungen, Kurse und Flohmärkte statt. Ob ein liebevoll gestaltetes Puppentheater für die Kleinsten oder ein schwungvoller Jazzabend für die Großen, hier wird jeder und jedem etwas geboten. Ein regelmäßiger Blick in das aktuelle Programm ist unbedingt zu empfehlen, die Mitarbeiter sind sehr freundlich und hilfsbereit, die Eintrittspreise absolut fair. Vor dem Eingang steht ein kleiner Büchertauschkasten für Kinder.

↗ *Bramfelder Chaussee 265, 22177 Hamburg*
www.brakula.de

Restaurant Zum Hufschlag 3

Wer Pferde mag, wird dieses Restaurant lieben, denn es liegt nicht nur direkt auf einem Reiterhof, sondern ein großes Fenster im Innenbereich bietet auch einen tollen Blick in die Trainingshalle. Mit Glück kann man beim Essen den Reitern also beim Trainieren zu sehen. Die Küche hat eine leicht mediterrane Note, aber sehr Herzhaftes steht ebenfalls auf der Speisekarte. Auch für private Veranstaltungen kann das Restaurant gebucht werden.

↗ *Fahrenkrön 56, 22179 Hamburg*
www.zumhufschlag.com

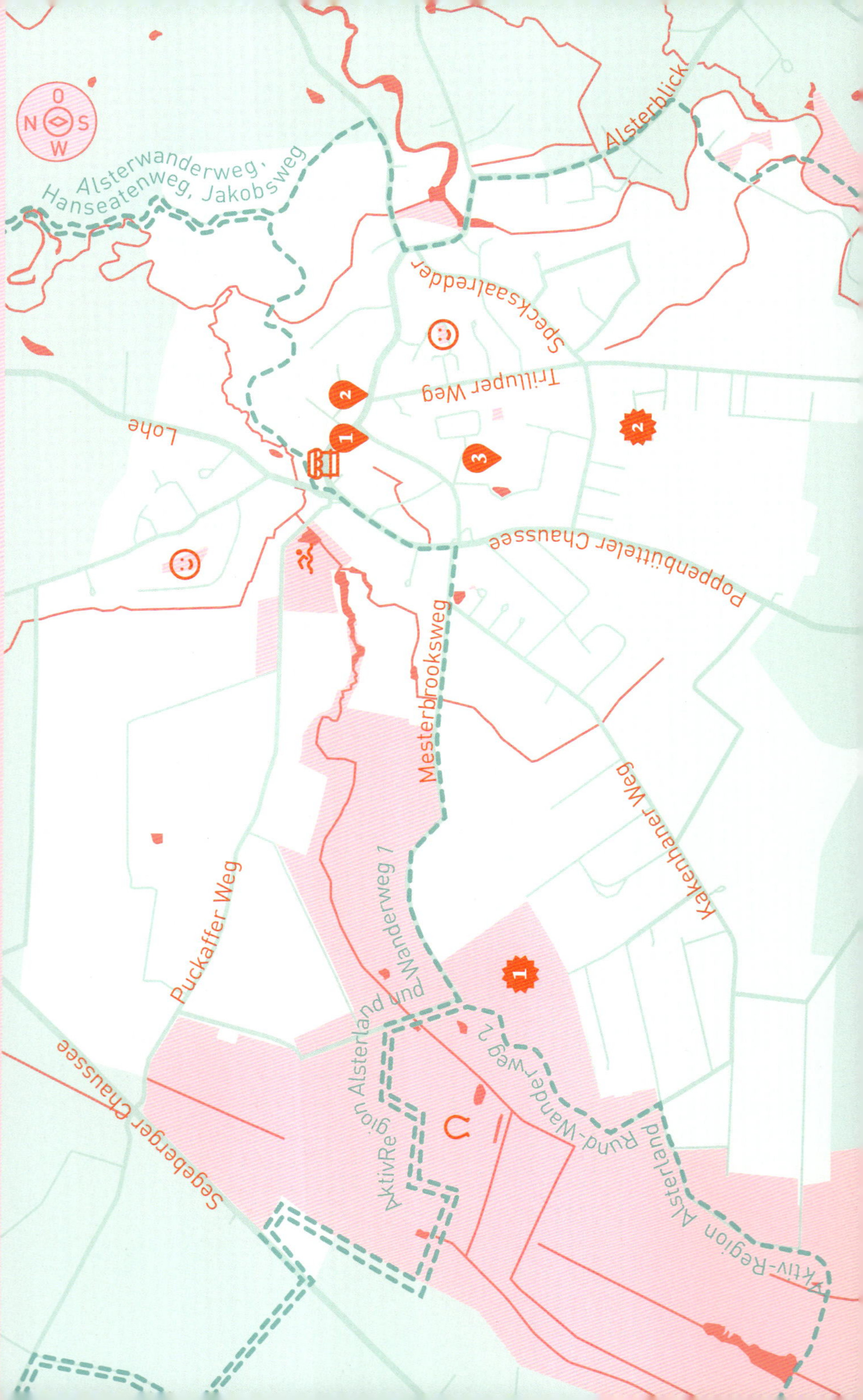
O
N
S
W
Alsterwanderweg, Hanseatenweg, Jakobsweg
Alsterblick
Specksaalredder
Trilluper Weg
Lohe
Poppenbütteler Chaussee
Mesterbrooksweg
Kakenhaner Weg
Puckaffer Weg
AktivRegion Alsterland und Wanderweg 1
Rund-Wanderweg 2
Aktiv-Region Alsterland
Segeberger Chaussee

Duvenstedt *Wanderwege treffen Hansestadt*

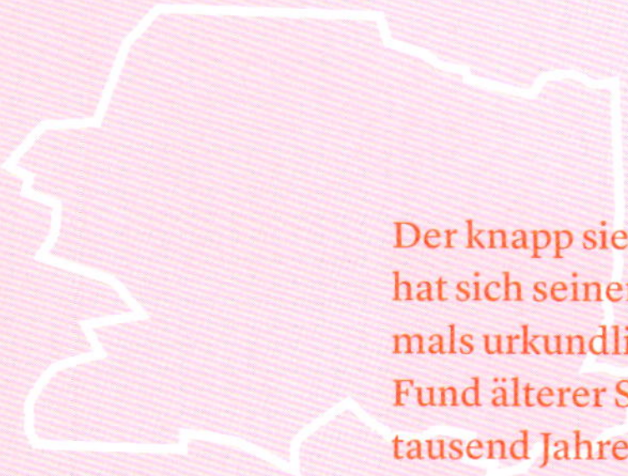

Der knapp sieben Quadratkilometer große Stadtteil Duvenstedt hat sich seinen dörflichen Charakter bis heute bewahrt. Erstmals urkundlich erwähnt wurde Duvenstedt im Jahr 1261, der Fund älterer Siedlungsreste belegt aber, dass bereits vor zweitausend Jahren Menschen im Raum Duvenstedt gelebt haben. Die Fundstücke können im Museum für Hamburgische Geschichte besichtigt werden. Wahrscheinlich wurde der Ort von Mitgliedern eines sächsischen Volksstamms – unter der Führung eines gewissen Duvos – gegründet. Ursprünglich gehörte Duvenstedt zu Schleswig-Holstein. Erst im Jahr 1937 wurde das Dorf den Hamburger Walddörfern angegliedert – als Folge des Groß-Hamburg-Gesetzes.

Schleswig-Holstein erreicht man in nur wenigen Gehminuten, die benachbarten Stadtteile sind Lemsahl-Mellingstedt und Wohldorf-Ohlstedt. Westlich grenzt das große Naturschutzgebiet Wittmoor an Duvenstedt. Im Norden plätschert die noch nicht sehr mächtige Alster, die hier Hamburger Stadtgebiet erreicht. Gleich drei große Wanderwege führen an ihr entlang: der knapp 37 Kilometer lange Alsterwanderweg, der in Schleswig-Holstein bei Kayhude beginnt und bis zur Elbe führt; der Hanseatenweg, ein Wander- und Radweg, der auf einer Gesamterstreckung von 550 Kilometern die alten Hansestädte Hamburg und Stettin verbindet; und der Jakobsweg Via Baltica, auch Baltisch-Westfälischer Weg genannt, die nördlichste Ost-West-Verbindung im deutschen Jakobswegnetz.

Highlights

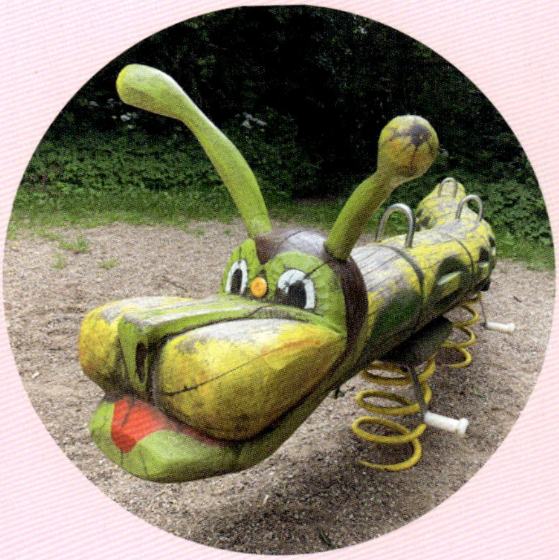

1

Streuobstwiese Himmelsmoor

Auf einem ehemaligen Intensivacker wurden im Jahr 1989 Streuobstwiesen angelegt. Betreut wird die Wiese, die als Lebensraum für viele verschiedene Tier- und Pflanzenarten dient, durch die NABU-Gruppe Walddörfer. Auf der Streuobstwiese besteht absolutes Betretungsverbot, aber drum herum verlaufen viele Wander- und Reitwege, die das Gebiet zu einem attraktiven Ausflugsziel machen. Von hier aus gelangt man schnell in das Naturschutzgebiet Wittmoor oder in den Tangstedter Forst in Schleswig-Holstein.

↗ *Himmelsmoor, 22397 Hamburg*

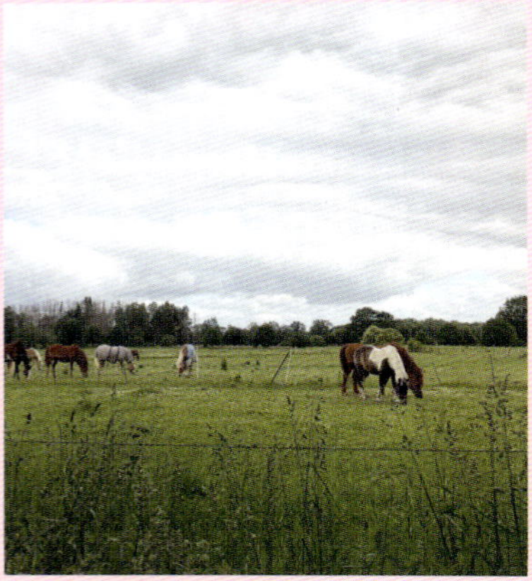

2

Spielplatz Hinkelstein

Duvenstedt besitzt kaum Spielplätze, dafür lässt der Spielplatz Hinkelstein kaum Wünsche offen. Ganz versteckt im Grünbereich zwischen den Straßen Rapsfeld und Roggengabel, bietet er sehr viel Raum zum Toben, Verstecken und Spielen. Ein Kleinkindbereich mit Wippen und Spielhäuschen ist Teil des Spielplatzes ebenso wie eine große Kletterburg mit Rutsche, Schaukeln und Seilbahn. Im Sportbereich gibt es ein großes Volleyballfeld, eine Tischtennisplatte, einen Basketballkorb und ein Fußballfeld. Das Besondere der Anlage ist die große Weitläufigkeit des Spielbereichs und die Abgrenzung des Sportbereichs vom Spielbereich durch einen großen begrünten Hügel.

↗ *Roggengabel, 22397 Hamburg*

Wanderwege

Rund-Wanderweg 1 der AktivRegion Alsterland

Die Tangstedter Runde ist ein Rund-Wanderweg, der auf einer Strecke von etwa 25 Kilometern durch das Gut Tangstedt, die Alsterniederung und das Naturschutzgebiet Wittmoor führt. Der Wanderweg wird von der AktivRegion Alsterland betreut und ist mit zahlreichen Informationstafeln ausgestattet, die über die Entstehung sowie die historische und heutige Bewirtschaftung der Region aufklären. Der Rund-Wanderweg führt auch am Kreisel beim Duvenstedter Damm vorbei.

Rund-Wanderweg 2 der AktivRegion Alsterland

Ein weiterer beschilderter Rund-Wanderweg – die Wanderrunde zwischen den Mooren – verbindet das Wittmoor mit dem Tangstedter Forst und dem Glasmoor in Schleswig-Holstein. Das Wittmoor und das Glasmoor sind Teil des zusammenhängenden europäischen Netzes Natura 2000. Der gut zehn Kilometer lange naturnahe Abschnitt führt durch Hochmoore, Auen und durch alte Wälder.

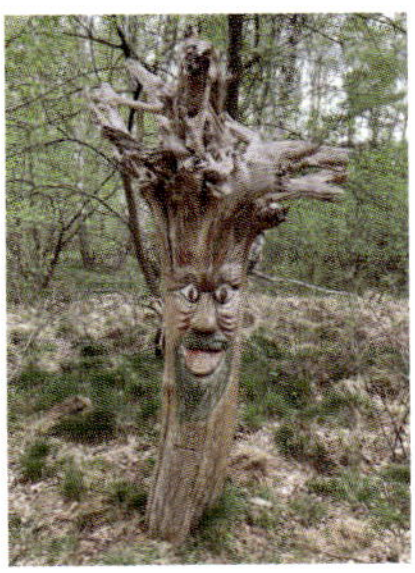

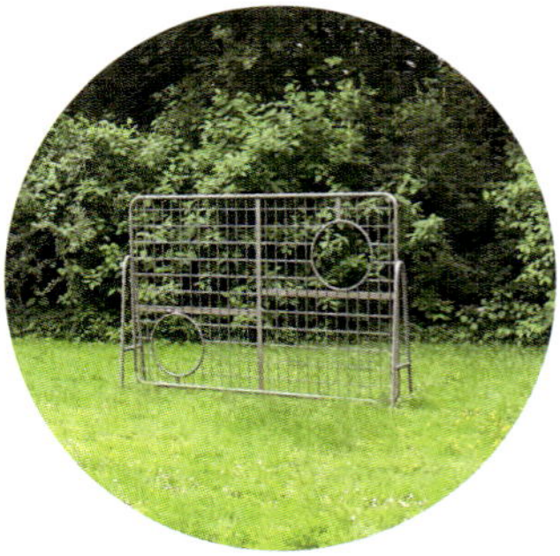

Spielplätze

Kleinkind-Spielplatz Pirolkamp

Im Grünbereich des Pirolkamp befindet sich, versteckt hinter den Wohnhäusern, ein Kleinkind-Spielplatz. Mitten im Grünen kann hier geschaukelt, gewippt, gebuddelt und gerutscht werden. Der Wiesenbereich lädt zum Picknicken ein, hier steht auch eine kleine Torwand.

↗ *Pirolkamp, 22397 Hamburg*

Spielplatz Duvenstedter Berg

Dieser eingezäunte Privatspielplatz darf auch von Kindern über den Eigentümerkreis hinaus genutzt werden und bietet auf seinem naturnah gestalteten Gelände ein abwechslungsreiches Angebot. Neben einem Kletterhaus mit Rutsche und Schaukeln gibt es hier auch eine Tischtennisplatte und ein Fußballfeld.

↗ *Duvenstedter Berg, 22397 Hamburg*

Freibad

Freibad Duvenstedt e.V.

Das familienfreundliche und kostengünstige Freibad Duvenstedt e.V. ist von Juni bis August auch für Nicht-Vereinsmitglieder nutzbar. 1984 stand das damals von einem Träger namens HWW betriebene Bad wegen Unrentabilität vor dem Aus. Engagierte Duvenstedter Bürger gründeten daraufhin den Verein Freibad Duvenstedt e.V., der 1985 das Bad übernahm. Unterteilt ist das Becken in einen Schwimmer- und einen Nichtschwimmerbereich. Eine große Liegewiese, ein kleiner Spielplatz und ein Kiosk bieten alles, was ein Freibad bieten muss. In den Sommerferien finden regelmäßig Schwimmkurse für Kinder statt.

↗ *Puckaffer Weg 3, 22397 Hamburg*
www.freibad-duvenstedt.de

Bauernhaus in Duvenstedt

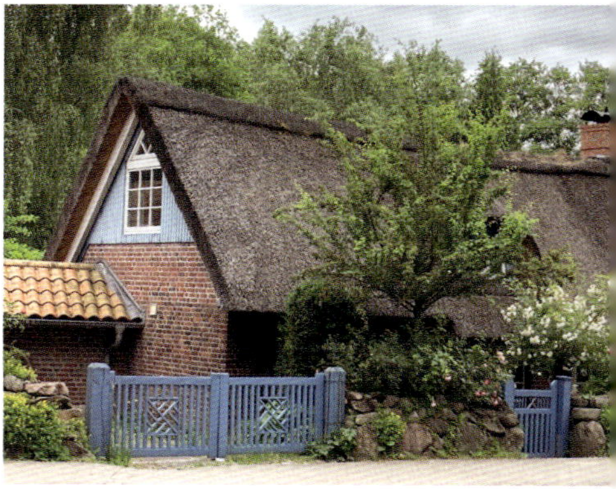

Wochenmarkt

Der Kreisel

Der Kreisel, Duvenstedts Verkehrsknotenpunkt, hat sich zu einem zentralen Veranstaltungsort entwickelt. Hier findet unter anderem jeden Samstagvormittag auf der Ecke Duvenstedter Damm/Lohe der Wochenmarkt statt.

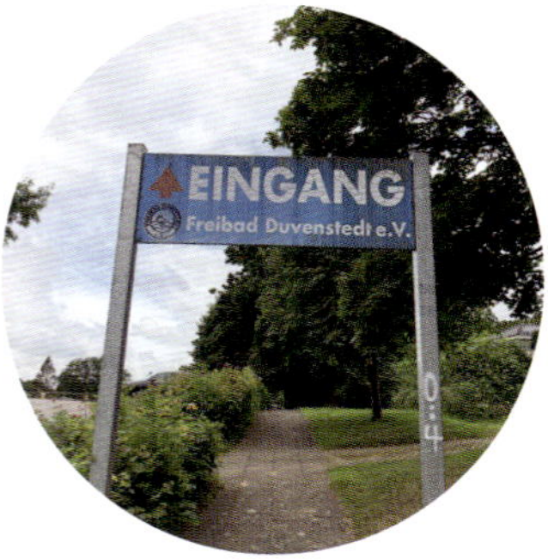

Freibad Duvenstedt e.V.

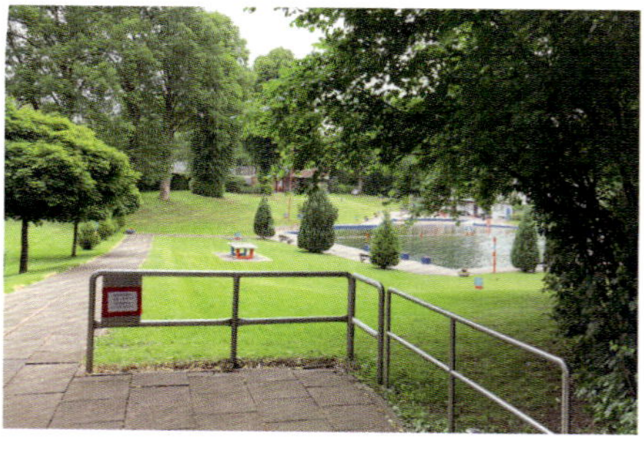

Besondere Orte

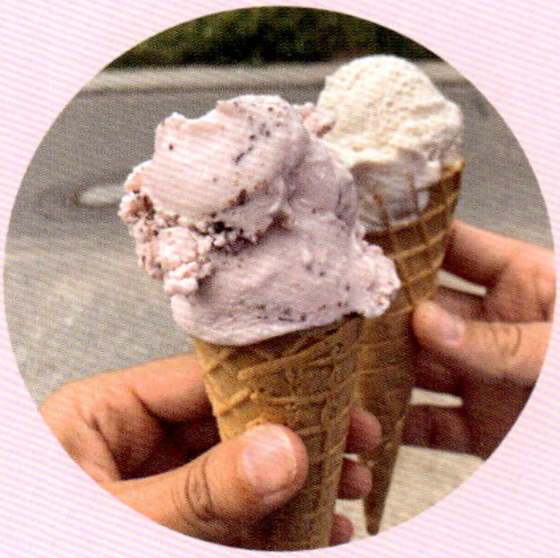

Caros Konditorei und Café

1

Auch als die gute Stube Duvenstedts bekannt, führt Caroline Oberländer dieses Café mit viel Liebe und Herzlichkeit. Die angebotenen Köstlichkeiten werden von der Inhaberin höchstpersönlich kreiert und hergestellt, dazu gehört unter anderem eine vegane Kuchenauswahl. Ob man im Café sein Stück Kuchen genießt, etwas mit nach Hause nimmt oder eine Torte für die nächste Feierlichkeit bestellt – die leckeren Backwaren sind auf jeden Fall eine Versuchung wert, und Versuchungen sollte man ja bekanntlich nachgeben. Denn wer weiß, wann sie wiederkommen.

↗ *Duvenstedter Damm 45,*
22397 Hamburg
caros_konditorei_und_cafe

Eis Schnecke Duvenstedt

2

Mit ihren täglich frisch hergestellten Eissorten ist die Eis Schnecke Duvenstedt schon lange kein Geheimtipp mehr. Die Eiskarte umfasst nicht nur Standardsorten, sondern auch ausgefallene Geschmacksrichtungen wie zum Beispiel Lakritz oder Franzbrötchen. Neben Eisbechern und Waffeleis (ebenfalls glutenfrei erhältlich) kann die Lieblingssorte auch in 500-Milliliter-Bechern vorab bestellt werden. Sitzgelegenheiten befinden sich ausschließlich draußen, auch einen kleinen Sandspielbereich für Kinder gibt es.

↗ *Duvenstedter Damm 56,*
22397 Hamburg
www.eisgarten-duvenstedt.de

Max-Kramp-Haus

3

Das Max-Kramp-Haus dient als Kulturzentrum und beheimatet nicht nur eine Kita, den Jugendclub, das Amateurtheater und ein Orchester, sondern auch der Duvenstedter Salon für Lesungen und Vorträge, viele Kurse, abwechslungsreiche Veranstaltungen und Musikaufführungen finden hier regelmäßig statt. Dreimal im Jahr werden auf der Kamerabörse preisgünstige Kameras und Fotozubehör für engagierte Amateur- und Profianwender angeboten. Im Frühling und im Herbst kann man beim Preisskat sein Glück herausfordern. Für Liebhaber der niederdeutschen Sprache finden immer wieder Treffen zum gemeinsamen Plattsnacken statt.

↗ *Duvenstedter Markt 8, 22397 Hamburg*
www.vereinigung-duvenstedt.de

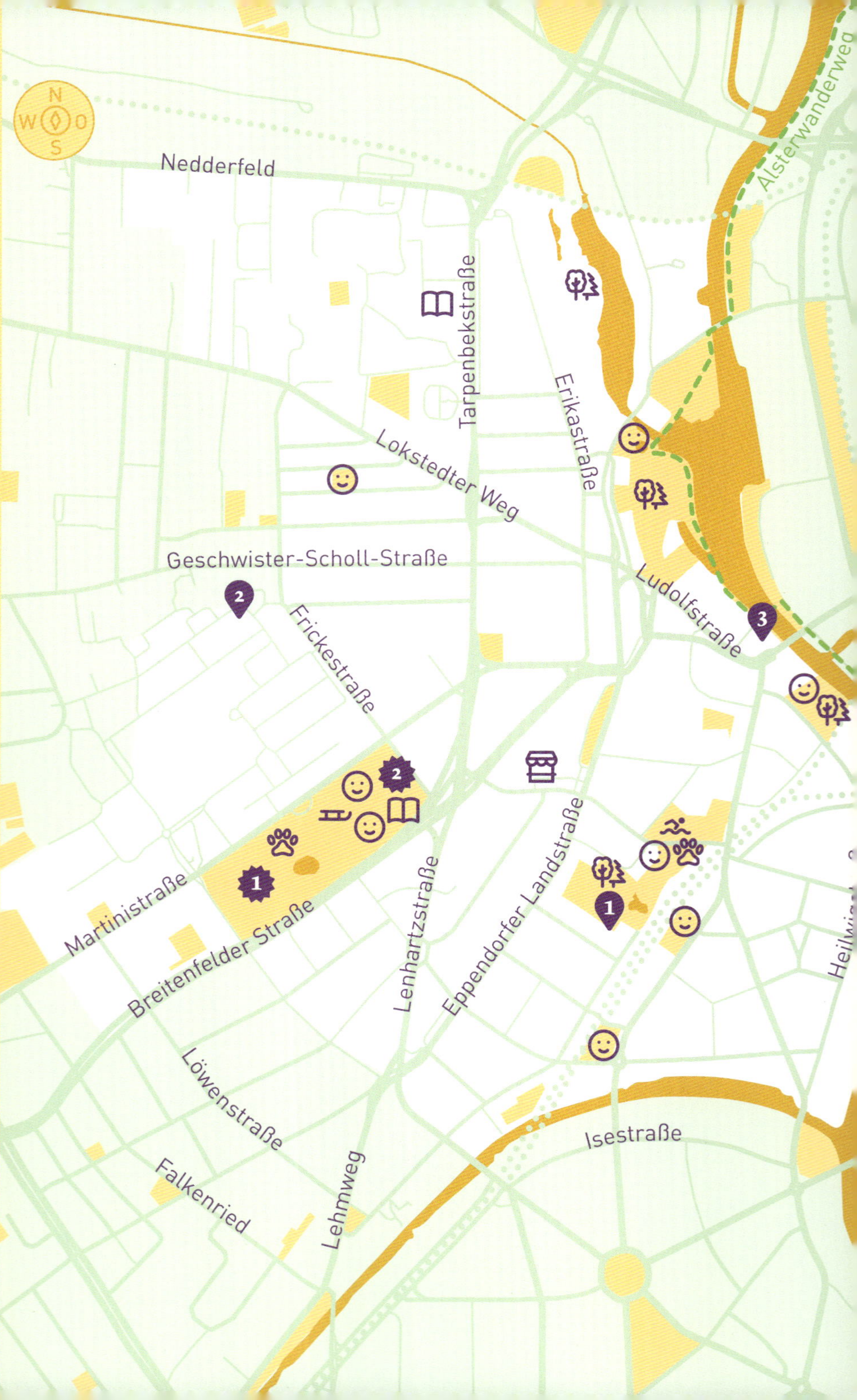
N
W
O
S
Nedderfeld
Alsterwanderweg
Tarpenbekstraße
Erikastraße
Lokstedter Weg
Geschwister-Scholl-Straße
Ludolfstraße
Frickestraße
Martinistraße
Breitenfelder Straße
Lenhartzstraße
Eppendorfer Landstraße
Löwenstraße
Falkenried
Lehmweg
Isestraße

Eppendorf *Urban, mondän und grün*

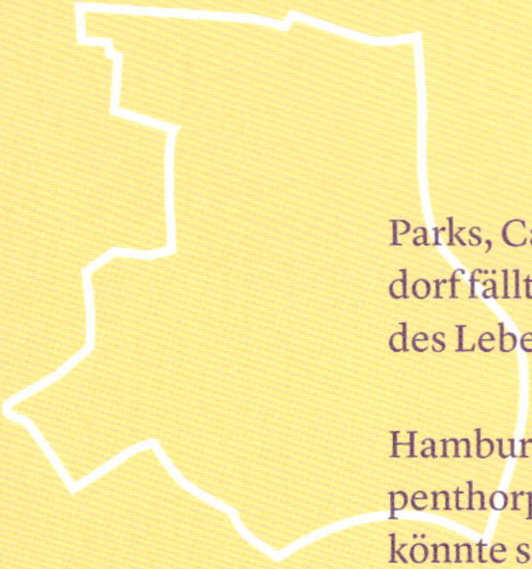

Parks, Cafés, Bars und exquisite Shoppingadressen – in Eppendorf fällt es nicht schwer, seine Zeit mit den angenehmen Dingen des Lebens zu verbringen.

Hamburgs ältestes Dorf wurde im Jahr 1140 erstmals als „Eppenthorp" erwähnt. Wo der Name herkommt, ist ungewiss. Er könnte sich von einem Dorfgründer ableiten, sich aber auch auf den Erzbischof Ebo von Reims beziehen, der von 823 bis 826 mehrfach auf Missionsreise nördlich der Elbe ging. Noch eine andere Variante besagt, dass der Name aus dem Altgermanischen stammt und „am Wasser gelegen" bedeutet. In seiner langen Geschichte befand sich Eppendorf die meiste Zeit in wechselndem Klosterbesitz, bis im Jahr 1832 der gesamte Stiftungsbesitz in die hamburgische Verwaltung einfloss. Erst im 19. Jahrhundert, als das niedrig gelegene, sehr feuchte Land aufgeschüttet wurde, entwickelte sich Eppendorf zu einem beliebten Vorort. 1884 begann man mit dem Bau eines modernen Krankenhauses, dem heutigen UKE, das mit über 6000 Beschäftigten einer der wichtigsten Arbeitgeber Hamburgs ist. Den Zweiten Weltkrieg überstand Eppendorf weitgehend unbeschadet. Die vielen Altbauten und die Nähe zur Innenstadt zogen in den 1970er Jahren Studenten und Künstler an, die heute neben dem Eppendorfer Chic als weißhaarige Bohème das Bild des Stadtteils prägen.

Stadtteilnachbarn sind Groß Borstel, Alsterdorf, Winterhude, Harvestehude, Hoheluft-Ost und Lokstedt. Die einzige U-Bahn-Haltestelle ist die Station Kellinghusenstraße.

Highlights

1

Eppendorfer Park

Direkt zwischen der Martinistraße und dem Ring 2 erwartet man eher Wohnbebauung und den Straßenlärm der großen Verkehrsachse. Tatsächlich aber wird man hier von einer Grünanlage überrascht, dem Eppendorfer Park. Mit seinen alten Baumbeständen, dem kleinen Teich und den vielen hügeligen Rasenflächen ist er ein ruhiges Eldorado in dem ansonsten sehr urbanen Stadtteil. Für Kinder sind nicht nur die Rodelberge und die Spielplätze interessant, auch ein Bauspielplatz mit kleinem Tiergehege ist hier zu finden. Eine große Hundeauslaufzone gibt es außerdem. Der Park ist nicht nur die älteste öffentliche Grünfläche des Stadtteils, sondern auch ein bedeutendes Gartendenkmal. Die Hauptwege sind eben, also auch für Rollstuhlfahrer geeignet.

↗ *zum Beispiel Martinistraße/Ecke Frickestraße, 20251 Hamburg*

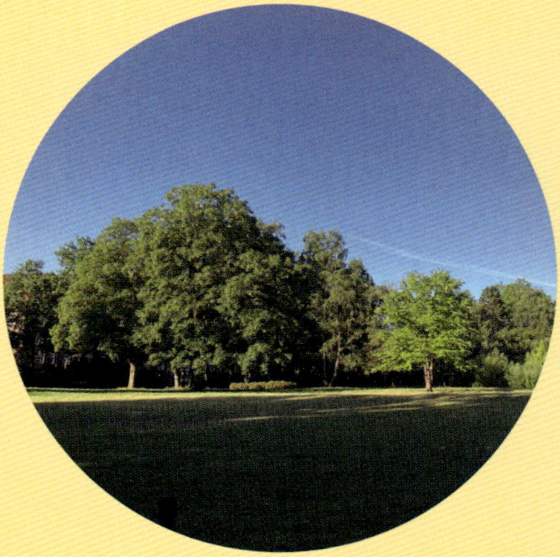

2

Spielplatz Eppendorfer Park

Direkt im Eppendorfer Park und neben dem Baui Eppendorf gelegen, befindet sich der Spielplatz Eppendorfer Park. Eine Seilbahn, Schaukeln, ein Kletterturm mit Rutsche und ein Karussell gehören zum Angebot. Ein etwas separat liegender Kleinkindbereich umfasst weitere Schaukeln, Spielhäuser, Wipptiere und einen großen Sandspielbereich. Drum herum findet man im Park verteilt weitere Schaukeln sowie Tischtennisplatten. Platz zum Toben und Spielen ist reichlich vorhanden. Im Winter locken die Rodelberge zu einer Schlittenpartie.

↗ *Frickestraße/Ecke Martinistraße, 20251 Hamburg*

Wälder, Parks & Naturschutzgebiete

Eppendorfer Mühlenteich

Der Eppendorfer Mühlenteich entstand durch die Stauung der Tarpenbek, die seit 1263 den Betrieb einer Wassermühle sicherte. Durch seine Fülle an seltenen Wasserpflanzen war er seit dem 19. Jahrhundert bei Botanikern sehr beliebt. Für die Hamburger Alsterschwäne dient ein eingezäunter Bereich in der kalten Jahreszeit zur Überwinterung. Durch eine elektrische Umwälzpumpe wird er eisfrei gehalten und lockt dadurch im Winter auch andere Wasservögel wie etwa Graureiher an. Von Mitte November bis März beziehen die Höckerschwäne per Boot ihr Winterquartier und werden dort von einem „Schwanenvater" betreut. Angeln ist am Mühlenteich strengstens untersagt. Der Grünstreifen am Ufer bietet sich zum Spazierengehen an, ein Spielplatz und eine Hundeauslaufzone sind auf der Seite von Groß Borstel zu finden.

↗ *zum Beispiel Salomon-Heine-Weg/ Ecke Ring 2, 20251 Hamburg*

Hayns Park

Hayns Park ist ein recht junger Park, vor etwa 150 Jahren wurde er für die Öffentlichkeit freigegeben. Zuvor hatte das Areal als Landsitz des Senators Max Theodor Hayn gedient, der für kurze Zeit auch das Amt des 2. Bürgermeisters innehatte. Die idyllische Grünanlage mit Blick auf die Alster ist vor allem im Sommer ein Hotspot. Der Park besitzt einige schattige Bäume, große Liegewiesen und wunderschön angelegte Blumenbeete. Eine Grillzone ist ebenfalls vorhanden. Der klassizistische Rundtempel, der sogenannte

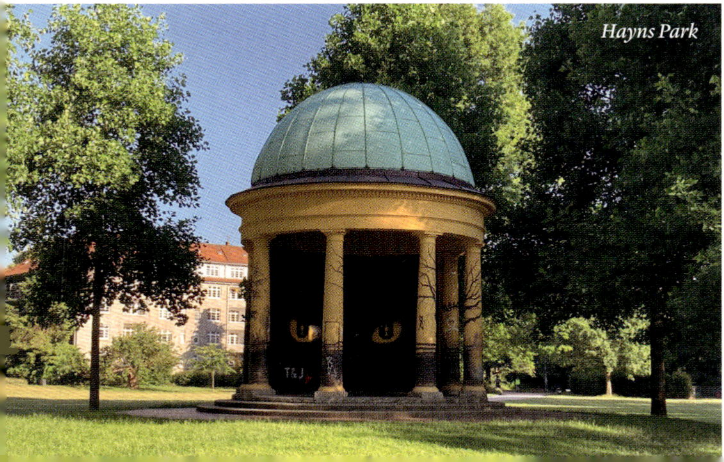

Hayns Park

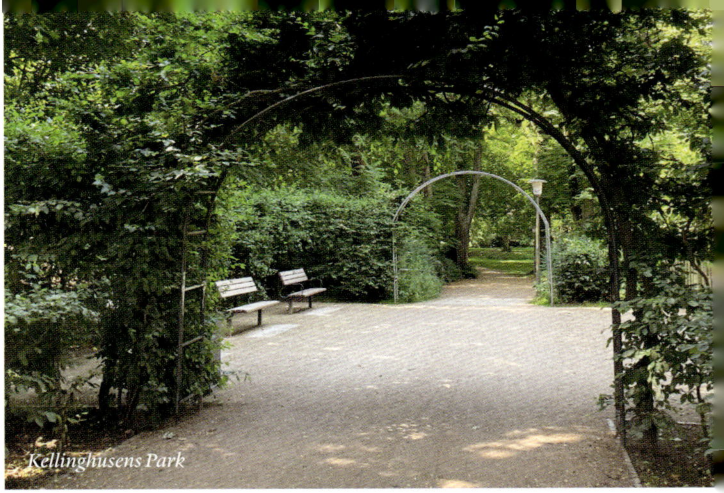

Kellinghusens Park

Monopteros, erfreute sich eine Zeit lang bei Sprayern einer recht zweifelhaften Beliebtheit. Für Kinder gibt es ein großes Planschbecken, einen übersichtlichen eingezäunten Kleinkinder-Spielplatz sowie einen separaten Sandspielbereich. Das Planschbecken, auch „Planschi" genannt, wird von ehrenamtlichen „Planschi-Paten" betreut.

↗ *zum Beispiel Eppendorfer Landstraße/ Ecke Meenkwiese, 20251 Hamburg*

Seelemannpark

Zwischen dem Kloster St. Johannis und der St.-Johannis-Kirche liegt etwas versteckt der ruhigere Seelemannpark, ein Grundstücksvermächtnis der Familie Seelemann, die hier ein gastfreundliches Landhaus führte. Um 1925 wurde der Park von Hamburgs erstem Gartendirektor Otto Linne nach den Ideen der Gartenreformbewegung umgestaltet. Von der zentralen Wiesenfläche hat man einen idyllischen Blick auf die Alster, im Park befindet sich ein eingezäunter Kleinkind-Spielplatz. Der Seelemannpark ist denkmalgeschützt.

↗ *Heilwigstraße/Ecke Kunhardtstraße, 20249 Hamburg*

Kellinghusens Park

Das Areal des nach dem Hamburger Bürgermeister Heinrich Kellinghusen benannten Parks sollte in den 1920er Jahren mit Wohnhäusern bebaut werden. Doch wegen des bedeutenden Baumbestands, etwa einer heute rund 300 Jahre alten Blutbuche und einiger noch heute im Park stehender Sumpfzypressen und Urweltmammutbäume, wurde das Parkgelände der Öffentlichkeit zugedacht. Neben einer eingezäunten Hundeauslaufzone und einem eingezäunten Spielplatz beheimatet der Park auch eine Reetdach-Bauernkarte samt Bauerngarten, die vom BUND Hamburg als „Haus der BUNDten Natur" für die Arbeit mit Kindern und Jugendlichen genutzt wird. Eine öffentliche barrierefreie Toilette befindet sich direkt an der U-Bahn-Haltestelle Kellinghusenstraße.

↗ *zum Beispiel Goernestraße/Ecke Gustav-Leo-Straße, 20249 Hamburg*

Hundewiesen

↗ Hundeauslaufzone Goernestraße

Direkt bei Kellinghusens Park neben der U-Bahn-Haltestelle Kellinghusenstraße befindet sich diese eingezäunte, übersichtliche Hundeauslaufzone.

↗ Hundeauslaufzone Eppendorfer Park

Eine große offene Hundeauslaufzone liegt direkt im Eppendorfer Park nahe der Martinistraße.

Spielplätze

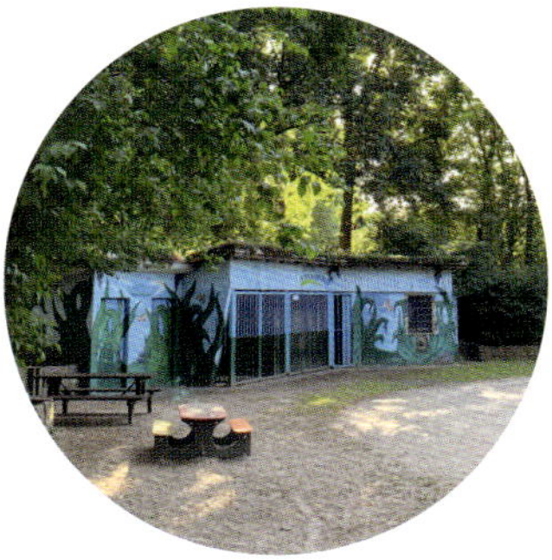

Spielplatz Martinistraße

Noch ein weiterer Spielplatz befindet sich im Eppendorfer Park. Der eingezäunte Kleinkind-Spielplatz bietet ein Sand-Baugerüst, Schaukeln, Wippen, eine Rutsche und ein Spielhaus. In der Woche wird der Spielplatz vormittags von der Aktion Kinderparadies e.V. genutzt. Eltern können hier für einen sehr geringen Stundenpreis ihre Kinder im Alter von ein bis sechs Jahren betreuen lassen. In dieser Zeit ist auch das kleine Wetterschutzhaus mit Toilette geöffnet. Der Spielplatz ist in der angegebenen Betreuungszeit ausschließlich der Aktion Kinderparadies e.V. vorbehalten.

↗ *Martinistraße/Ecke Frickestraße, 20251 Hamburg*
www.aktion-kinderparadies.de

Spielplatz Wendloher Weg

Direkt zwischen den Wohnhäusern und den Straßen Wendloher Weg und Im Tale befindet sich ein kleiner eingezäunter Spielbereich mit Sandkasten, Schaukeln, Wipptieren und einem Kletterhaus samt Rutsche. Das sportliche Angebot besteht aus einem Basketballkorb und zwei Tischtennisplatten.

↗ *Wendloher Weg, 20251 Hamburg*

Spielplatz Iseplatz

Der eingezäunte Spielplatz direkt neben den U-Bahn-Gleisen bietet neben viel Platz zum Toben und Spielen auch zahlreiche Spielmöglichkeiten für kleine und größere Kinder. Schaukeln, Wippen und ein Kletterturm mit Rutsche sind hier zu finden sowie ein großer Bereich zum Buddeln mit separater Rutsche und verschiedenen Balanciermöglichkeiten.

↗ *Hegestraße/Ecke Iseplatz, 20249 Hamburg*

Spielplatz Goernestraße

Direkt neben der U-Bahn-Haltestelle Kellinghusenstraße befindet sich dieser Spielplatz am Rand von Kellinghusens Park. Mitten im Grünen bietet der eingezäunte Spielbereich reichlich Platz für kleine und größere Besucher. Eine Kletterburg mit Rutsche und Sandspielgeräten sowie Schaukeln, Wippen und Spielhäuser können hier entdeckt werden. Ein großer Bereich mit einem Basketballkorb und einer Tischtennisplatte runden das Angebot ab. Direkt neben dem Spielplatz befindet sich eine eingezäunte Hundeauslaufwiese.

↗ *Goernestraße/Ecke Gustav-Leo-Straße, 20249 Hamburg*

Spielplatz Seelemannpark

Ein eingezäunter übersichtlicher Spielplatz für Kleinkinder befindet sich mitten im Seelemannpark. Für die Kleinsten ist reichlich Platz zum Buddeln vorhanden, es gibt Schaukeln, eine Rutsche und Wipptiere. Vom Spielplatz aus lassen sich wunderbar die Alsterdampfer beobachten.

↗ *Heilwigstraße/Ecke Kunhardtstraße, 20249 Hamburg*

Spielbereiche in Hayns Park

Der übersichtliche, eingezäunte Kleinkind-Spielplatz ist einer von drei Spielbereichen in Hayns Park. Hier gibt es Wipptiere, Spielhäuser und ein Kletterhaus mit Rutsche. Etwas näher zur Alster hin gelegen befindet sich ein offener Sandspielbereich mit einem Sand-Baugerüst. Und direkt neben dem Kleinkind-Spielplatz liegt das große Planschbecken, auch „Planschi" genannt. Das Kinderbecken wird ehrenamtlich von ansässigen Bewohnern betrieben und befüllt. Weil die Reinigung durch mitgebrachten Sand und durch Gras oft erschwert wird, sollten Eltern ein Auge darauf haben, was die Kleinsten mit in den Planschi nehmen.

↗ *Eppendorfer Landstraße/ Höhe Bushaltestelle Schubackstraße, 20251 Hamburg*
Informationen über die Befüllung gibt es hier: www.planschi.blogspot.com

Kelle Skatepark

Direkt neben der U-Bahn-Haltestelle Kellinghusenstraße befindet sich der Kelle Skatepark. Rampen und Kuhlen sorgen auf der rund 870 Quadratmeter großen Anlage für ein aufregendes Skateprogramm. Bis zu sechzig Sportler können dort gleichzeitig kostenfrei trainieren.

↗ *Loogeplatz 15, 20249 Hamburg*

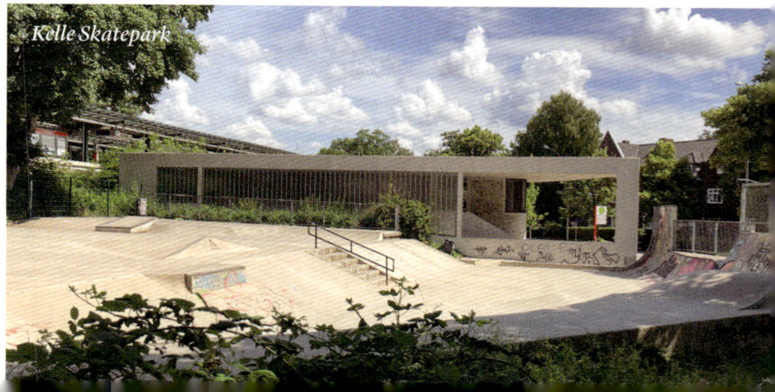

Kelle Skatepark

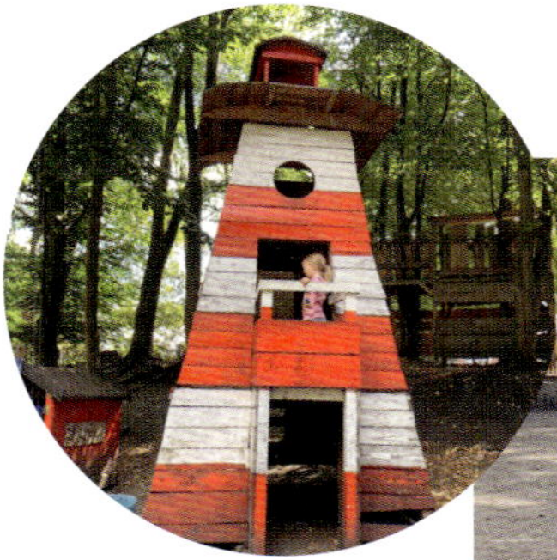
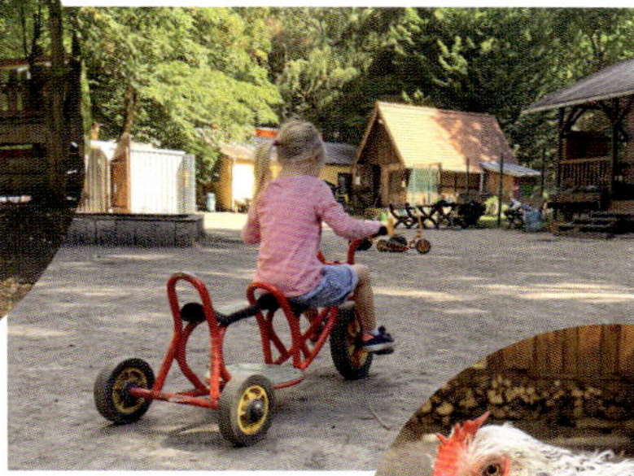
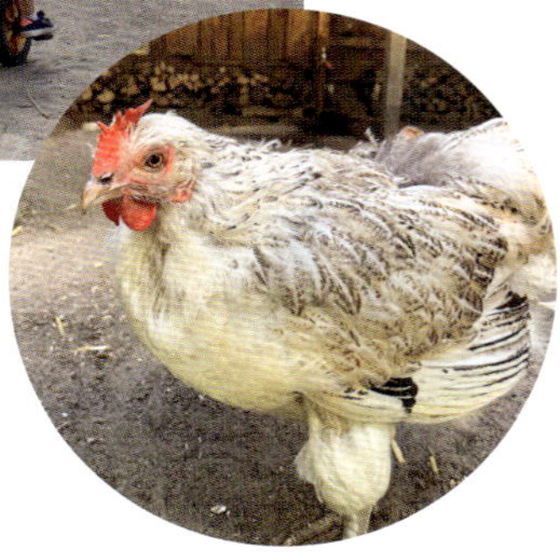

Bauspielplatz/ Spielhaus

Baui Eppendorf

Der Bauspielplatz/Spielhaus Eppendorfer Park ist ein Kinder- und Familienfreizeitzentrum mitten im Grünen. Seit 1974 können Kinder auf dem Gelände spielen, toben und an Hütten bauen. Der als „Eppendorfer Rummel-Tummel-Platz" gegründete Baui etablierte sich bei den ansässigen Familien sehr schnell und entwickelte sich ebenso schnell zu einem beliebten Ausflugsziel. Während andere Bauspielplätze fast nur für Kinder zugänglich waren beziehungsweise immer noch sind, wird im Baui und im Freizeitzentrum die generationenübergreifende Gemeinschaft stark gefördert. Ein besonderes Highlight neben den Flohmärkten und Festen sind die Tiergehege, wo es Ziegen, Meerschweinchen und Hühner gibt. Von Montag bis Freitag bietet der Baui ein buntes Programm für Familien, mit Ausnahme des Dienstags – da steht er ausschließlich Kindern (ohne Eltern) zur Verfügung. Ein Tauschregal für Bücher und gut erhaltenes Spielzeug befinden sich direkt auf dem Baui-Gelände.

↗ *Frickestraße 1, 20251 Hamburg*
www.bauspielplatz-eppendorf.de

Büchertauschschränke

Ein Tauschregal für Bücher und andere Kleinigkeiten befindet sich auf dem Gelände des Baui Eppendorf.

Ein weiterer gläserner Büchertauschschrank steht in der Tarpenbekstraße, Höhe Hausnummer 121.

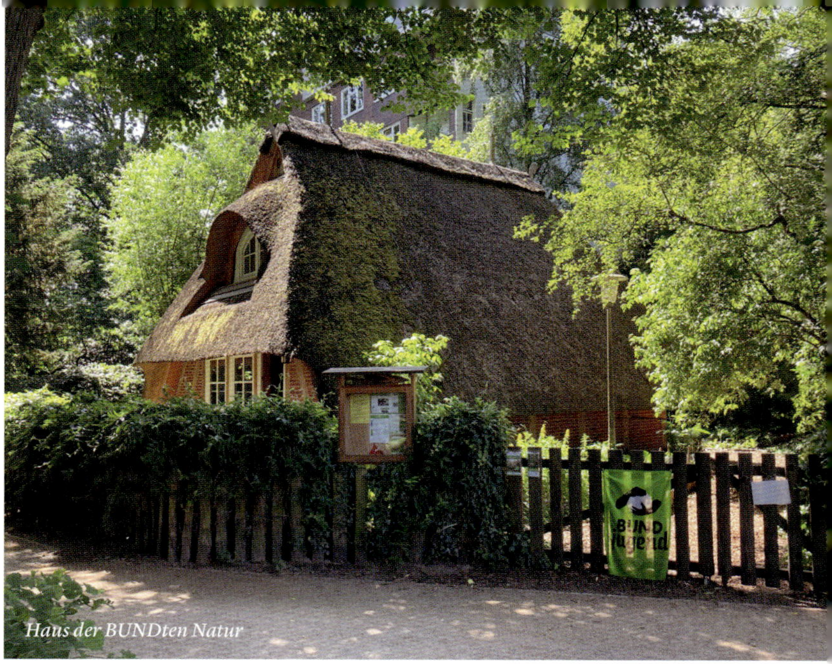

Haus der BUNDten Natur

Wochenmarkt

Der Bio-Wochenmarkt auf dem Marie-Jonas-Platz findet jeweils dienstag- und donnerstagsnachmittags statt sowie samstagvormittags bis in den frühen Nachmittag. Der Wochenmarkt bietet vor allem qualitativ hochwertige und fair erzeugte Produkte aus der Region an.

Freibad/Schwimmbad

Bäderland Holthusenbad

Im historischen Ambiente kann man hier direkt bei der U-Bahn-Haltestelle Kellinghusenstraße schwimmen gehen. Eröffnet wurde das Holthusenbad bereits im Jahr 1914. Seitdem hat sich einiges verändert, aber der (Jugend-)Stil und der Charme des Gebäudes konnten erhalten werden. Zum Bad gehören eine Therme, ein Ganzjahresfreibad, ein Hallenbad und eine Saunalandschaft. Verschiedene Kurse für Jung und Alt runden das Angebot ab.

↗ *Goernestraße 21, 20249 Hamburg*
www.baederland.de/baeder/standorte/holthusenbad

Besondere Orte

Haus der BUNDten Natur 1

Ganz idyllisch in Kellinghusens Park gelegen, befindet sich das kleine Reetdach-Häuschen des BUND Hamburg. Seit über 25 Jahren bietet das Umwelthaus für Kinder ab sechs Jahren und für Jugendliche einen Erlebnisraum und vermittelt mit altersgerechten Projekten, wie bedeutend ein aktiver Naturschutz für die Erhaltung einer intakten Umwelt ist. Der eigene Bauerngarten bietet dabei ein besonders schönes Naturerlebnis. Hier können die Kinder bei der Gartenarbeit helfen und sich um wildbienenfreundliche Pflanzen kümmern. Bildungsangebote für Schulen und Kitas, Natur-Erlebnis-Geburtstage sowie verschiedene Veranstaltungen für Kinder und Familien gehören zum Programm des Hauses der BUNDten Natur.

↗ *Loehrsweg 13, 20249 Hamburg*
www.bund-hamburg.de/themen/umweltbildung/haus-der-bundten-natur

Medizinhistorisches Museum 2

Im Fritz-Schumacher-Haus des UKE Hamburg befindet sich das Medizinhistorische Museum. Es zeigt Entwicklungen und das Wechselspiel von Medizin und Gesellschaft seit Mitte des 19. Jahrhunderts. Objekt- und Dokumentensammlungen erlauben spektakuläre Einblicke in die Geschichte der Medizin wie der Mikroskopie. Aber auch deren Schattenseite – im Nationalsozialismus – wird thematisiert. Aktivitäten für Schulklassen und Führungen für Erwachsene runden das Angebot des historischen Museums ab. Der Eintritt kann derzeit nur bar entrichtet werden. Wegen der besonders eindrücklichen Wirkung einiger Exponate sollten Gäste unter 16 Jahren von einem Erwachsenen begleitet werden.

↗ *Martinistraße 52, 20246 Hamburg*
www.uke.de/kliniken-institute/institute/geschichte-und-ethik-der-medizin/medizinhistorisches-museum

Alma Hoppes Lustspielhaus 3

Alma Hoppes Lustspielhaus, das im Jahr 1994 im ehemaligen Gemeindehaus der gegenüberliegenden St. Johanniskirche eröffnet wurde, ist aus Eppendorf kaum mehr wegzudenken. Gegründet wurde es aber bereits etwa zehn Jahre zuvor von dem Kabarett-Duo Jan-Peter Petersen und Nils Loenicker. Der Name des Lustspielhauses geht auf eine 1976 in Konkurs gegangene Fruchtsaftfabrik zurück. Heute sorgen viele bekannte Künstler für ein buntes und amüsantes Programm. Insgesamt finden pro Jahr um die 300 Vorstellungen vor rund 70 000 Zuschauern statt. Das Lustspielhaus steht unter Denkmalschutz.

↗ *Ludolfstraße 53, 20249 Hamburg*
www.almahoppe.de

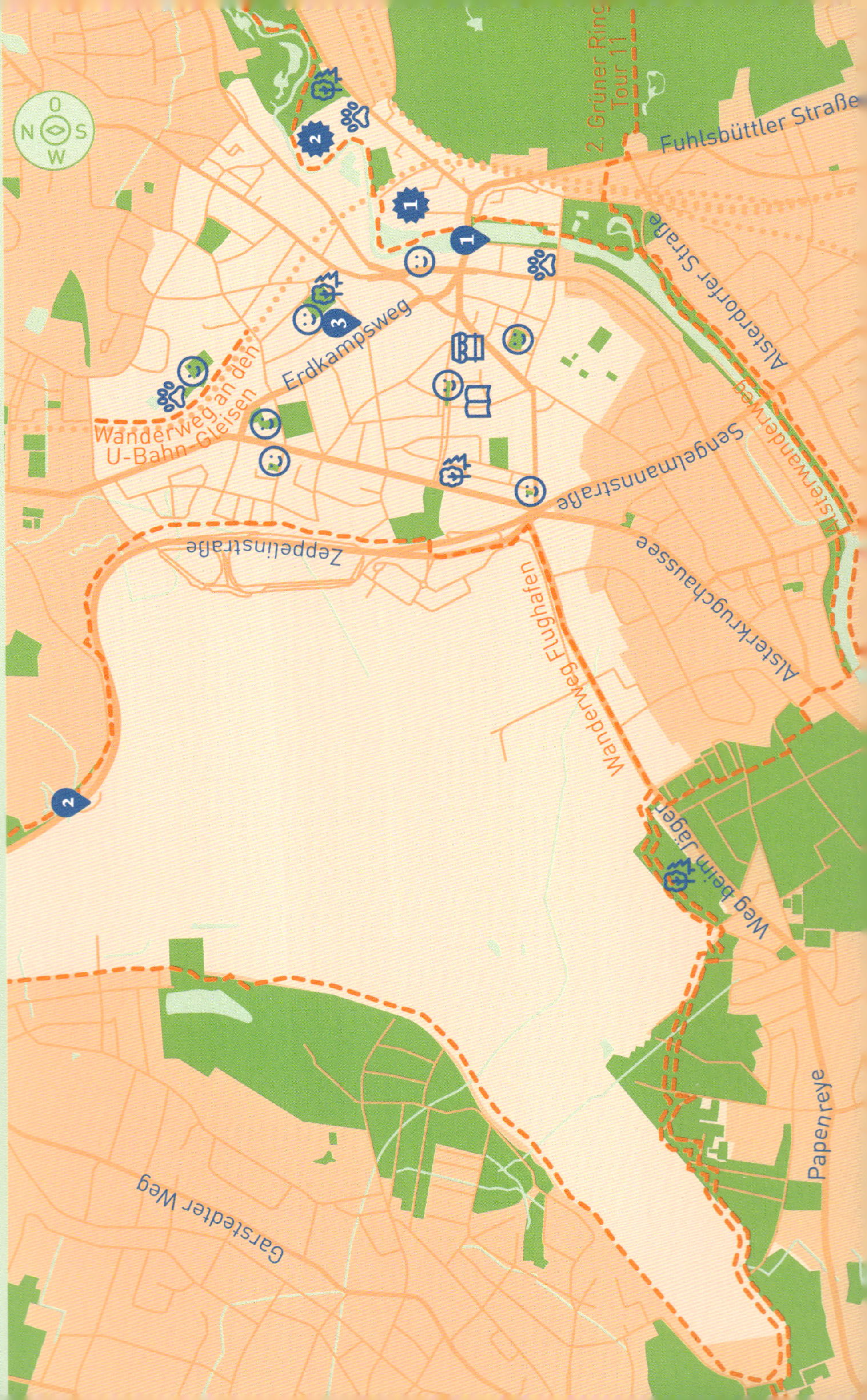
O
N
S
W
2. Grüner Ring
Tour 11
Fuhlsbüttler Straße
Alsterdorfer Straße
Alsterwanderweg
Sengelmannstraße
Erdkampsweg
Wanderweg an den
U-Bahn-Gleisen
Zeppelinstraße
Alsterkrugchaussee
Wanderweg Flughafen
Weg beim Jäger
Papenreye
Garstedter Weg

Fuhlsbüttel *Reiselust auf Hochtouren*

Den Stadtteil Fuhlsbüttel verbinden viele zuerst mit dem Flughafen, der zu Deutschlands ältesten Airports gehört. Mit über 15 Millionen Passagieren im Jahr ist er einer der fünf größten Flughäfen in Deutschland. Planespotter wissen das zu schätzen, denn die in hoher Frequenz startenden Flieger sorgen beim Beobachten für ein abwechslungsreiches Programm – Fernweh inklusive. Eine weniger schöne Verbindung hat der Name des Stadtteils mit einem dunklen Kapitel der Stadtgeschichte, denn 1933 errichteten die Nazis hier das KZ Fuhlsbüttel. Bis zum Kriegsende 1945 starben dort über 250 Inhaftierte, vornehmlich Widerstandskämpfer und Juden.

Fuhlsbüttel wurde namentlich das erste Mal im Jahr 1283 erwähnt, damals lautete der Name noch „Fulesbotle". Die mittelhochdeutsche Silbe „ful" bedeutet „sumpfig" oder „schmutzig", der Namensbestandteil „-büttel" bezeichnet eine Wohnstätte oder Siedlung. Die Alster war in dieser Zeit noch ein wilder Fluss, der regelmäßig die Ufer überschwemmte. Man kann also davon ausgehen, dass die ersten Siedlungen auf heutigem Fuhlsbütteler Gebiet auf sumpfigem Grund in Alsternähe entstanden. Seit 1420 gehört Fuhlsbüttel zu Hamburg, seit 1913 ist es ein eigener Stadtteil.

Stadtteilnachbarn sind Niendorf, Groß Borstel, Alsterdorf, Ohlsdorf, Hummelsbüttel und Langenhorn. Nur die Landebahn des Flughafens erstreckt sich noch ein Stück auf Schleswig-Holsteiner Gebiet. U-Bahn-Haltestationen im Stadtteil sind Fuhlsbüttel Nord, Fuhlsbüttel und Klein Borstel. Die S-Bahn-Haltestelle Hamburg Airport sorgt für die Anbindung an den Flughafen.

Highlights

1

Alsterwiesen & Alsterpark

Der grünste Teil von Fuhlsbüttel liegt direkt am Alsterwanderweg, am hier noch wilden Alsterufer. Zwischen Teetzpark und Fuhlsbütteler Schleuse gibt es verschiedene Wandermöglichkeiten, die zu kleinen und größeren Entdeckungstouren einladen. Die Wege werden von Landschaftsschutzgebieten gesäumt, die den Wasservögeln einen Rückzugsort geben, etwa beim Teich Brombeerweg. Der Ratsmühlenpark eignet sich mit seinen großzügigen schattigen Wiesen besonders für eine Rast, Gänsebesuch ist dabei nicht immer ausgeschlossen, und ein eingezäunter übersichtlicher Kleinkind-Spielplatz beschäftigt derweil die Kleinsten. Auf der Strecke befinden sich mehrere Kanuverleiher und Restaurants. Die Fuhlsbütteler Schleuse ist heute eine reine Wehranlage, die den Wasserstand der Oberalster reguliert. Eine Fischtreppe mit unterschiedlichen Strömungsverhältnissen auf engstem Raum dient den Fischen zum Aufstieg. Seit 2000 wurde hier außerdem eine Wasserkraftanlage angebaut. Eine Hundeauslaufzone befindet sich direkt neben der Schleuse.

↗ *zum Beispiel beim Woermannsweg, 22335 Hamburg*

2

Spielplatz an der Alsterwiese beim Teetzpark

Der Spielplatz zählt zu den schönsten Spielplätzen im Hamburger Norden, weil er direkt am Alsterufer liegt und mit seiner Weitläufigkeit einiges zu bieten hat. Für kleine und große Kinder stehen Klettergerüste, Schaukeln, Seilbahnen, Drehscheiben und noch vieles mehr zur Verfügung. Direkt neben dem Spielplatz befinden sich eine eingezäunte Hundeauslaufzone und ein Café.

↗ *Wellingsbütteler Landstraße 115, 22337 Hamburg*

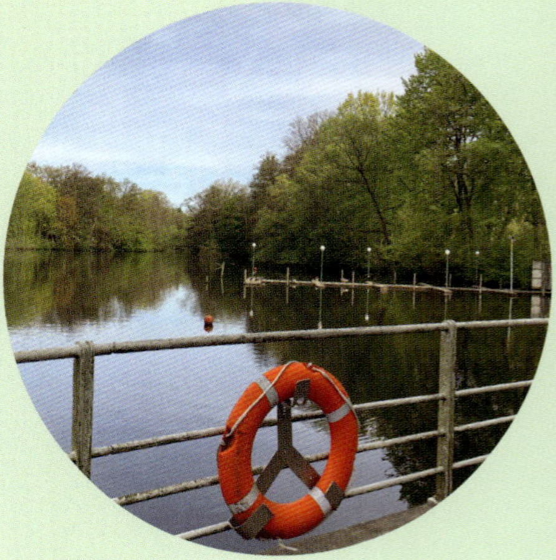

Wälder, Parks & Naturschutzgebiete

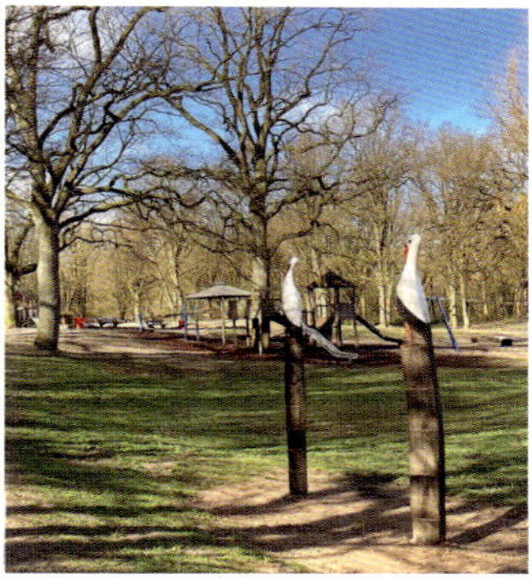

Teetzpark

Direkt am Alsterwanderweg liegt der Teetzpark. Mit Hummelsbüttel und Ohlsdorf teilt sich Fuhlsbüttel dessen wildes Alsterufer und verfügt damit über ein beliebtes Ausflugsziel für Familien und Hundebesitzer. Der Park bietet schöne ebene und breite Wege zum Spazierengehen und Fahrradfahren, die Wiesen und der weitläufige Spielplatz auf der Fuhlsbütteler Seite sind vor allem im Sommer äußerst beliebt. Eine eingezäunte Hundeauslaufzone befindet sich direkt neben dem Spielplatz, das Café Alsterwiesen versorgt die Erholungsuchenden.

↗ *zum Beispiel vom Parkplatz Spielplatz Alstertal, Wellingsbütteler Landstraße 76, 22337 Hamburg*

Borsteler Jäger

Der Borsteler Jäger ist ein kleines übersichtliches Waldgebiet direkt am Airport und liegt an der Grenze zu Groß Borstel. Um das Jahr 1900 herum wurde der Abschnitt vor allem durch die Gaststätte „Borsteler Jäger“ bekannt, das ein sehr beliebtes und angesagtes Tanzlokal war. Der umgebende Park war als Lustgarten angelegt und sollte der Hamburger Stadtbevölkerung als Erholungsort dienen. Durch ein entsprechendes Vermächtnis des Eigentümers fiel das Lokal 1906 an die Stadt Hamburg, die es auch heute noch besitzt. Derzeit befindet sich eine Kita in den Räumlichkeiten des ehemaligen Lokals.

↗ *Weg beim Jäger, 22453 Hamburg*

Taterberg

Der leicht zu übersehende Taterberg direkt an der Alsterkrugchaussee ist ein frühgeschichtlicher Grabhügel und diente vor über 2500 Jahren zur Urnenbestattung. Seit 1930 ist es ein Bodendenkmal und in die Denkmalliste eingetragen. Auf dem kleinen Hügel befinden sich Sitzbänke, wo es sich gut ausruhen lässt.

↗ *Alsterkrugchaussee 495, 22335 Hamburg*

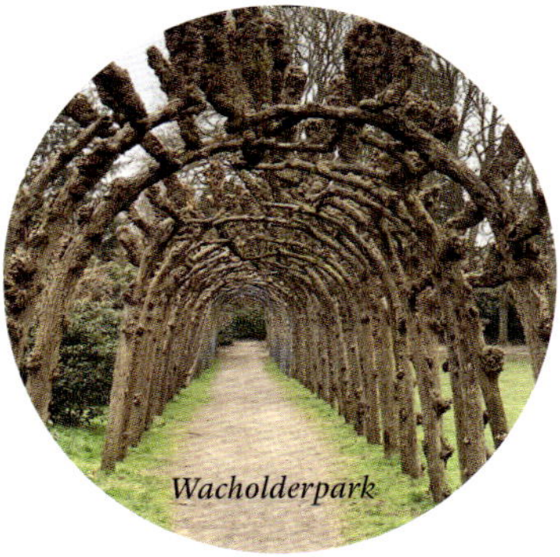

Wacholderpark

↗ Hundeauslaufzone Alsterwiesen – direkt beim Teetzpark

Gegenüber dem Spielplatz liegt diese eingezäunte Hundeauslaufzone.

↗ Hundeauslaufzone Woermannsweg

Hier ist ein kleiner Grünstreifen neben der Fuhlsbütteler Schleuse als Hundeauslaufzone reserviert.

Wacholderpark

Der unaufwendig angelegte Wacholderpark wurde bereits 1910 als öffentlicher Garten geschaffen. Er sollte nicht nur Erholungsort sein, sondern mit seiner großen Rasenfläche zugleich aktiv nutzbar. Mit dem Park entwickelte der Gartenreformer Leberecht Migge ein ungewöhnliches Projekt, das die damals vorherrschenden Landschaftsgärten ablösen sollte. Die langen Lindenlaubgänge geben der Anlage einen besonderen Charakter, direkt neben der großen Wiese befindet sich ein Spielplatz. Der Park gehört zu den bedeutendsten Gartendenkmalen Hamburgs.

↗ *über Bergkoppelweg oder Wacholderweg, 22339 Hamburg*

Hundewiesen

↗ Hundeauslaufzone Hummelsbütteler Kirchenweg

Ganz versteckt im Gartenverein am Wanderweg neben den U-Bahn-Gleisen befindet sich die Hundeauslaufzone an einem Teich.

Spielplätze

Spielplatz Ahornkamp

Der kleine umzäunte Spielplatz bietet genügend Platz zum Toben und Buddeln. Für ältere Kinder stehen ein Kletterhaus mit Rutsche, eine Drehscheibe und Schaukeln zur Verfügung. Im davon abgetrennten Kleinkindbereich gibt es ein Spielhäuschen und Wipptiere. Für sportliche Aktivität sorgen eine Tischtennisplatte und ein Fußballtor.

↗ *Ahornkamp/Ecke Birnweg, 22335 Hamburg*

Spielplatz in der Gartenanlage Hummelsbütteler Kirchenweg

Am Wanderweg bei den U-Bahn-Gleisen liegt etwas versteckt dieser Kleinkind-Spielplatz, zu dessen Angebot eine Rutsche, eine Wippe und zwei Schaukeln gehören. Auf der großen Wiese kann ausgiebig getobt werden. Direkt beim Teich befindet sich eine Hundeauslaufzone.

↗ *Hummelsbütteler Kirchenweg, 22339 Hamburg*

Spielplatz im Wachholderpark

Ein Spielhaus, Wippen, Schaukeln und ein Karussell bietet der Kleinkind-Spielplatz im Wacholderpark. Die große Wiese im Park ist wie gemacht für ein Picknick, und die Lindengänge sind für Groß und Klein ein herrlicher Laubtunnel, der durchschritten werden will.

↗ *Bergkoppelweg, 22339 Hamburg*

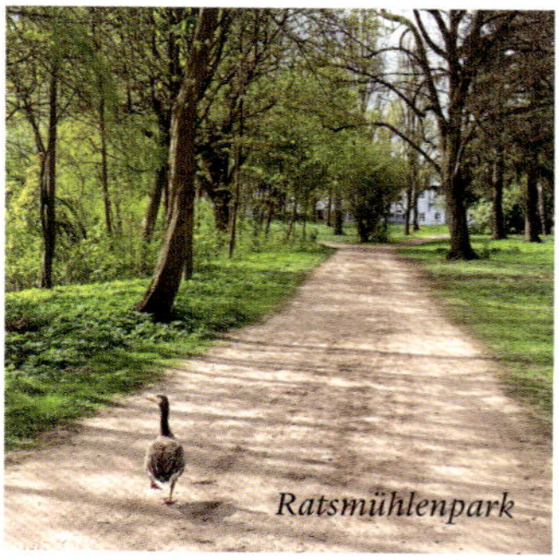

Ratsmühlenpark

Spielplatz Preetzer Straße

Dieser eingezäunte Spielbereich bietet eine große Sandfläche zum Buddeln. Außerdem sind Schaukeln, eine Rutsche, Wippen, eine Drehscheibe und ein Kletterhaus vorhanden. Der Spielplatz wird gern von Familien mit Kleinkindern genutzt.

↗ *Preetzer Straße/Ecke Juttaweg, 22335 Hamburg*

Spielplatz Ratsmühlendamm

Zwischen den Einbahnstraßen des Ratsmühlendamms befindet sich auf langgestrecktem Grundstück dieser Spielplatz. Für große und kleine Kinder gibt es einiges zu entdecken, wobei der Kleinkindbereich etwas abgetrennt liegt. Im Bereich für die größeren Kinder sind sehr viele Klettermöglichkeiten vorhanden sowie ein größeres Kletterhaus mit Rutsche, ein Drehring und eine Nestschaukel.

↗ *Ratsmühlendamm, 22335 Hamburg*

Spielplatz Ratsmühlenpark

Auf diesem eingezäunten Kleinkind-Spielplatz ist eigentlich immer etwas los, weil er gern von den anliegenden Kitas als Ausflugsziel genutzt wird. Der übersichtliche Spielbereich umfasst Schaukeln, Wippen, Spielhäuser und Klettermöglichkeiten. Von hier aus kann man direkt auf die Alster schauen und die ein oder andere Gans beobachten.

↗ *Brombeerweg, direkt im Ratsmühlenpark, 22335 Hamburg*

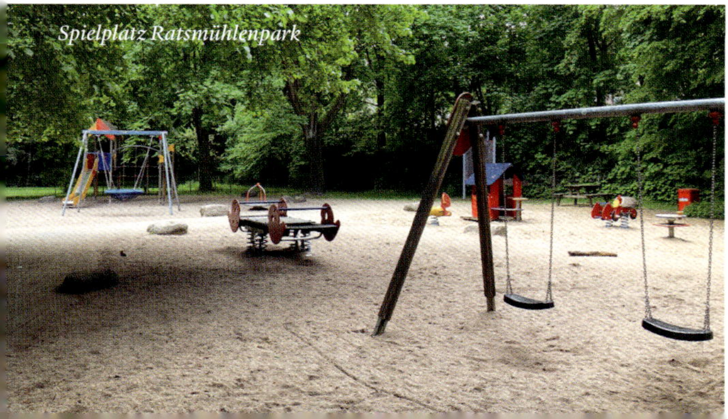

Spielplatz Ratsmühlenpark

Spielplatz Röntgenstraße

Der übersichtliche Kleinkind-Spielplatz in der Röntgenstraße lässt sich leicht übersehen. Im eingezäunten Bereich gibt es Schaukeln, ein Wipptier und eine Rutsche. Im separaten Sandbereich befindet sich ein kleines Spielhäuschen.

↗ *Röntgenstraße/Ecke Am Lustberg, 22335 Hamburg*

Spielplatz Erdkampsweg

Dieser eingezäunte Spielplatz zeichnet sich durch sein schönes Gelände mitten im Grünen aus. Auf einer Sandfläche befinden sich Schaukeln, Wippen, eine Rutsche, ein Kettensteg und ein Kletterhäuschen. In der Woche wird der Spielplatz vormittags von der Aktion Kinderparadies e.V. genutzt. Eltern können hier für einen sehr geringen Stundenpreis ihre Kinder von ein bis sechs Jahren betreuen lassen. In dieser Zeit ist auch das kleine Wetterschutzhaus mit Toilette geöffnet. Der Spielplatz ist in der Betreuungszeit ausschließlich der Aktion Kinderparadies e.V. vorbehalten.

↗ *Erdkampsweg, 22335 Hamburg*
www.aktion-kinderparadies.de

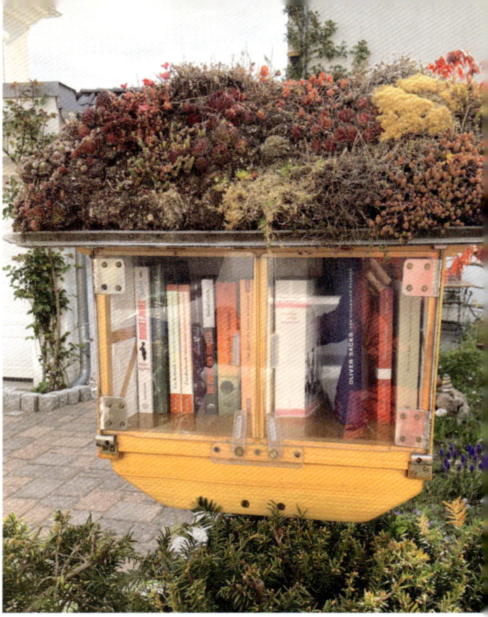

Büchertausch-schrank

Ein kleines Bücherhäuschen steht in der Straße Olendörp, 22335 Hamburg.

Wochenmarkt

Mittwoch- und freitagvormittags findet auf dem Parkplatz Ratsmühlendamm der Wochenmarkt statt. Der große Markt lädt zu ausgiebigem Schlendern und Entdecken ein und überzeugt mit seinem vielfältigen Angebot.

Besondere Orte

Das Kaffeehaus 1

Direkt am Woermannsweg befindet sich „Das Kaffeehaus“. Ob Frühstück, Mittagstisch oder ein Besuch zur Kaffeezeit, man findet dort immer etwas Leckeres zum Essen, und natürlich lassen sich die mit viel Liebe gebackenen Torten und Kuchen auch mit nach Hause nehmen. Eine vegane und glutenfreie Auswahl ist immer Bestandteil des tagesaktuellen Angebots. Besonders beliebt sind bei Kindern die Schweinchen-Kekse, die mit bunten Streuseln verziert ein echter Hingucker sind.

↗ *Woermannsweg 20, 22335 Hamburg*
www.daskaffeehaus.eu

Coffee to Fly 2

Das Coffee to Fly ist die perfekte Location für Planespotter. Auf der Aussichtsplattform hat man einen tollen Blick über das Rollfeld und kann den Flugzeugen beim Landen und Abheben zuschauen. Die Vorderfronten des Kaffeehauses sind vollverglast, so dass dies auch bei schlechtem Wetter Spaß macht. Die Speisekarte reicht vom Frühstück, kleinen Snacks, Kuchen bis hin zu italienischen Eisspezialitäten. Wer nicht drinnen sitzen möchte, findet vor dem Café eine große offene Terrasse sowie unterm Café eine weitere verglaste Terrasse, die vor Wind und Regen schützt.

↗ *Holtkoppel 100, 22415 Hamburg*
www.coffee-to-fly.de

Villehus 3

Der quirlige Laden direkt am Erdkampsweg lässt sich beim Vorbeifahren schnell übersehen. Anhalten lohnt sich aber immer, denn im Villehus warten sorgfältig ausgesuchte Spielsachen, allerlei zum Basteln und nordische Lieblingsstücke auf ihre neuen Besitzer. Stöbern ist ausdrücklich erlaubt! Und wer nicht vorbeischauen kann – es werden auch gern auf anderen Wegen Bestellungen angenommen. Diese können dann anschließend direkt vor Ort abgeholt oder nach Hause geliefert werden.

↗ *Erdkampsweg 66, 22335 Hamburg*
www.villehus.de

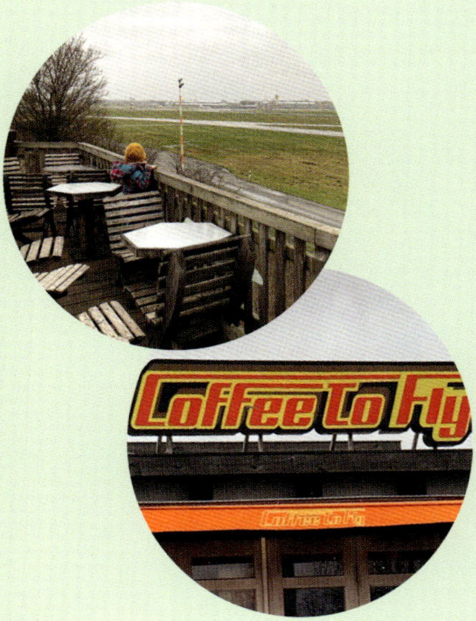

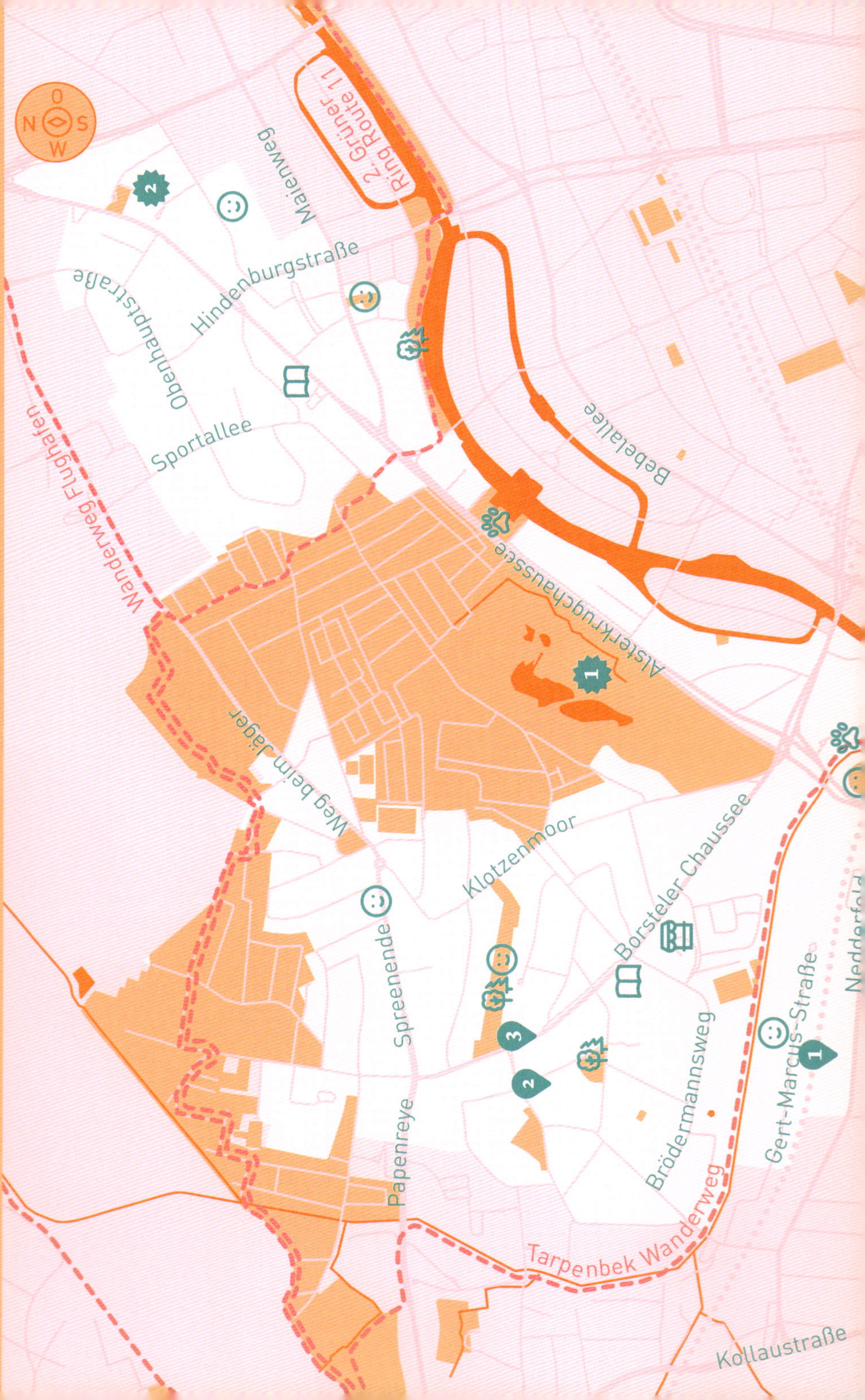
O
N
S
W
2. Grüner Ring Route 11
Maienweg
Hindenburgstraße
Obenhauptstraße
Sportallee
Bebelallee
Alsterkrugchaussee
Wanderweg Flughafen
Weg beim Jäger
Klotzenmoor
Borsteler Chaussee
Spreenende
Papenreye
Brödermannsweg
Gert-Marcus-Straße
Tarpenbek Wanderweg
Kollaustraße

Groß Borstel
Einst Ort für Tanz und Lustbarkeiten

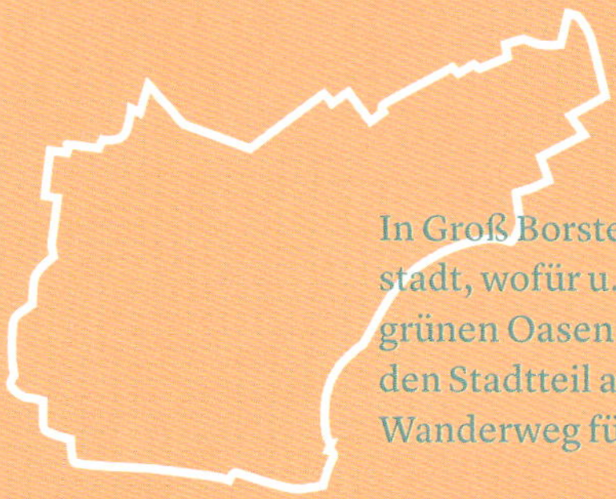

In Groß Borstel findet man dörfliches Flair mitten in der Großstadt, wofür u.a. die vielen Kleingärten und die naturnahen grünen Oasen sorgen, die das Stadtteilbild prägen. Dass durch den Stadtteil auch der zweite Grüne Ring und der Tarpenbek-Wanderweg führen, passt ganz ins grüne Gesamtbild.

Erwähnt wurde Groß Borstel erstmals im 11. Jahrhundert. Viele verschiedene Varianten des Namens entstanden mit der Zeit, aber die Grundbedeutung geht auf das Wort Burstal zurück, was so viel bedeutet wie Hausstelle (bur für Haus und stal für Stelle). Im hamburgischen Landgebiet gelegen, kam das holsteinische Dorf mehrmals in verschiedenen Klosterbesitz. Erst 1913 wurde es als Stadtteil nach Hamburg eingemeindet. Bekannt wurde Groß Borstel vor allem durch das Wirtshaus Zum Borsteler Jäger, das um 1900 herum ein äußerst beliebtes Tanzlokal der Hamburger Gesellschaft war.

Zu Groß Borstel gehört ein Heidegebiet, auf welchem sich heute ein Teil des Flughafens befindet. Mit der Industrialisierung veränderte sich der Stadtteil erheblich. Lustgärten und Ländereien machten Platz für Gewerbegebiete, und im Gegensatz zu anderen Stadtteilen entstanden weniger Wohnungen. Durch die Nähe zum Flughafen entwickelte sich Groß Borstel zum idealen Sitz für Industrie und Handel.

Stadtteilnachbarn sind Fuhlsbüttel, Alsterdorf, Eppendorf, Lokstedt und Niendorf.

Highlights

1

Naturschutzgebiet Eppendorfer Moor

Man sollte meinen, dass das Eppendorfer Moor zu Eppendorf gehört, tatsächlich liegt es aber diesseits der Stadtteilgrenze von Groß Borstel zu Eppendorf. Mit 26 Hektar ist das Eppendorfer Moor recht überschaubar. Es gilt aber als größtes innerstädtische Moor Europas und ist der Rest eines einst umfangreicheren Moorgebiets im Bereich der Alsterniederungen. Hier haben nicht nur Fledermäuse, Schmetterlinge und Frösche eine Heimat, auch Brutvögel, Libellen und viele verschiedene Pflanzenarten können sich dort ungestört entfalten. Um den kleinen See kann man herumwandern, der Weg verläuft allerdings nicht durchgehend am Ufer entlang. Im kleinen Wäldchen wird es zunehmend ruhiger, und der Straßenlärm ist kaum noch zu hören. Die Wanderwege sind eben, also auch für Rollstuhlfahrer gut befahrbar. Vereinzelt gibt es höher gelegene Plattformen, die einen guten Blick auf Flora und Fauna des Moors erlauben. Hunde müssen ganzjährig angeleint bleiben.

↗ *zum Beispiel Weg Nr. 173, 22453 Hamburg*

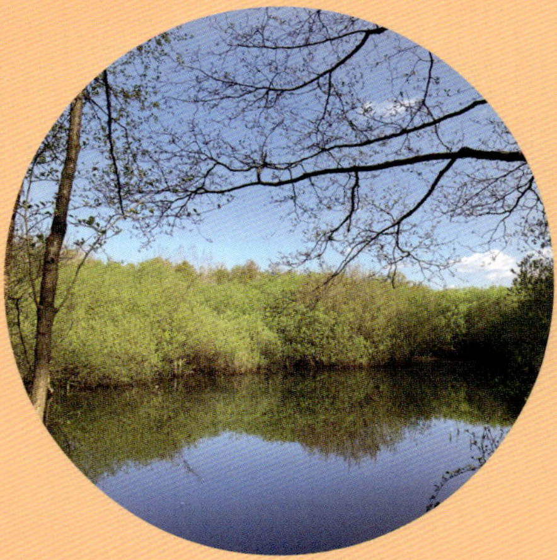

2

Spielplatz Alsterberg

Ein toller, eingezäunter Spielplatz für alle Altersstufen liegt direkt an der Alsterkrugchaussee. Neben einer langen Seilbahn gibt es auch Schaukeln, ein großes Kletterhaus mit Rutsche, einen separaten Sandspielbereich mit einem Sand-Baugerüst und einer daran hängenden Rutsche sowie Wipptiere. Im separaten Sportbereich befinden sich ein Fußballfeld, ein Basketballkorb und eine Tischtennisplatte. Ein kleiner begrünter Pavillon bietet im Sommer Schatten

↗ *Alsterberg/Ecke Höhentwiete, 22335 Hamburg*

Wälder, Parks & Naturschutzgebiete

Alsterufer an der Brabandstraße

Eine wunderschöne Grünfläche mit malerischem Blick auf die Alster findet sich am Alsterufer an der Brabandstraße. Während auf der anderen Uferseite der Alsterwanderweg entlangführt, geht es hier etwas ruhiger zu. Viele Sitzmöglichkeiten laden zu einer Pause ein, und die vielen Bäume bieten im Sommer reichlich schattige Plätze.

↗ *Brabandstraße/Ecke Hindenburgstraße, 22297 Hamburg*

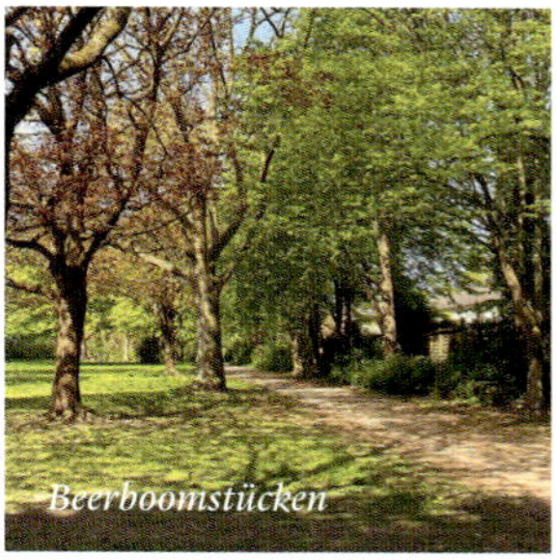

Beerboomstücken

Herbstscher Park

Der Herbstsche Park ist ein kleiner Naherholungsbereich zwischen den Straßen Schrödersweg und Frustbergstraße. Ein Altar aus Basaltstein wirkt hier ein wenig enigmatisch. Der Hamburger Steinmetz Henning Hammond-Norden fertigte die fünf Tonnen schwere Skulptur in der Eifel an und stiftete sie vor mehr als vierzig Jahren für den Park. Wegen des schwierigen Transports und der Kosten dafür wurde die Schenkung zwischen Befürwortern und Kritikern zu einer umstrittenen Angelegenheit. Letztlich setzten sich die Befürworter aber durch und Groß Borstel bekam ein Denkmal, das bis heute keinen Namen trägt. Eine weitere Skulptur war bereits 1952 im Park errichtet worden, eine Gustav-Falke-Stele des Bildhauers Ludwig Kunstmann. Gustav Falke war ein konservativ-bürgerlicher Schriftsteller, der bis zu seinem Tod 1916 in Groß Borstel lebte.

↗ *Schrödersweg/Ecke Frustbergstraße, 22453 Hamburg*

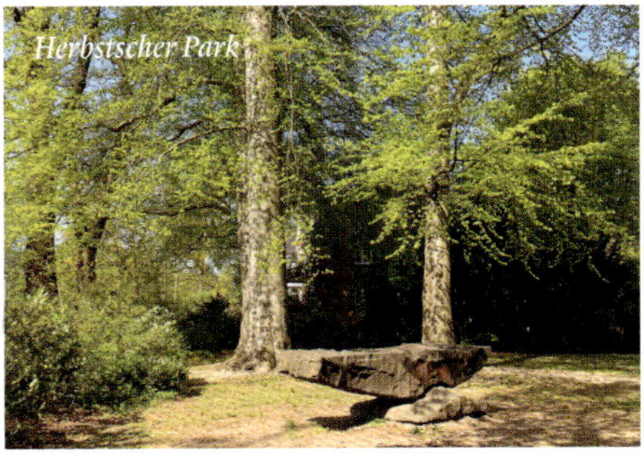

Herbstscher Park

Grünstreifen Beerboomstücken

Ein weiteres Naherholungsgebiet befindet sich bei der Straße Beerboomstücken. Der sich länglich erstreckende Grünstreifen besitzt große Rasenflächen und schattige Baumbereiche. Mehrere Kinderspielbereiche und ein Bolzplatz sind Teil des Parks.

↗ *zum Beispiel Borsteler Chaussee/Ecke Roggenbuckstieg, 22453 Hamburg*

Hundewiesen

↗ Hundeauslaufzone Alsterkrugchaussee

Auf der Höhe Alsterkrugchaussee 244 führt ein kleiner Weg zu einer früheren Wettkampfstätte direkt an der Alster, die heute als Hundeauslaufzone dient.

↗ Hundeauslaufzone Salomon-Heine-Weg

Direkt bei der Mündung der Tarpenbek in den Eppendorfer Mühlenteich befindet sich im Grünbereich diese Hundeauslaufzone.

Spiel- & Sportplätze

Spielplatz Eppendorfer Mühlenteich

Direkt bei der Mündung der Tarpenbek in den Eppendorfer Mühlenteich befindet sich ein großer Spielplatz mitten im Grünen. Wippen, eine Drehscheibe, Klettermöglichkeiten und Schaukeln sind vor allem für kleinere Kinder interessant. Die sehr große Wiese und das räumliche Angebot des Spielplatzes lassen genügend Raum zum Toben und Spielen. Eine Hundeauslaufzone befindet sich in der Nähe.

↗ *Rosenbrook/Ecke Salomon-Heine-Weg, 20251 Hamburg*

Spielplatz Gert-Marcus-Straße

Ein noch ziemlich neuer Spielplatz befindet sich im Wohnbereich der Gert-Marcus-Straße direkt am Tarpenbek-Wanderweg. Der Spielbereich bietet für alle Altersstufen etwas, für größere Kinder unter anderem einen aufwendigen Kletterturm mit Tunnelrutsche. Für die Kleineren steht ein großer Sandspielbereich mit einer Kletterburg zur Verfügung. Aber auch Schaukeln, Wippen und eine Tischtennisplatte gibt es hier. Der große eingezäunte Spielplatz ist vor allem bei den ansässigen Kitas beliebt. Wenn man dem Weg hinunter zur Tarpenbek folgt, gelangt man zu einem Fußball-Basketball-Kombifeld.

↗ *Gert-Marcus-Straße, Höhe Hausnummer 12, 22529 Hamburg*

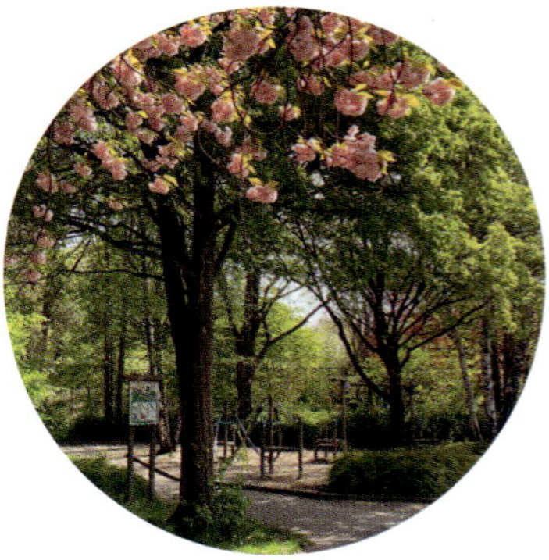

Spielbereiche und Bolzplatz im Grünstreifen Beerboomstücken

In dem wunderschönen langgezogenen Grünstreifen befinden sich mehrere Spielbereiche für große und kleine Kinder sowie eine große Wiese zum Toben.
Es gibt einen tollen Kletterbereich mit Geschicklichkeitsübungen und einen Doppel-Skate-Swinger. Auf dem grö-

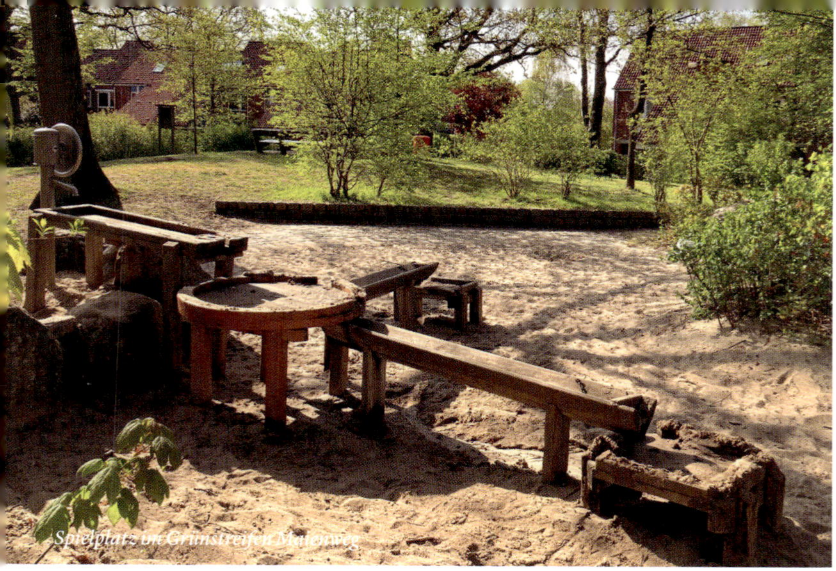
Spielplatz im Grünstreifen Maienweg

ßeren Spielplatz stehen eine Rutsche, ein Schwing-Karussell, ein Kletterhaus, Spielhäuser, Wipptiere, Schaukeln und noch viele andere Spielgeräte mehr. Außerdem befindet sich in der Anlage ein großer Bolzplatz mit Fußballtoren und einer Tischtennisplatte.

↗ *zum Beispiel Borsteler Chaussee/Ecke Roggenbuckstieg, 22453 Hamburg*

Spielplatz im Grünstreifen Maienweg

Etwas versteckt im Grünen und zwischen den Wohnhäusern liegt dieser kleine Spielbereich. Eine Wasser-Matsch-Station mit Wasserpumpe direkt im großen Sandbereich ist bei den Kindern jedesmal ein Highlight. Schaukeln, ein Kletterhaus mit Rutsche, ein Karussell und ein Spielhaus sorgen für ein vielfältiges Angebot.

↗ *im Grünbereich Maienweg, Höhe Kirschenstieg, 22297 Hamburg*

Spielplatz Spreenende

Der übersichtliche, eingezäunte Spielbereich im SAGA-Wohngebiet bietet Schaukeln, Wippen und einen Sandkasten für Kleinkinder. Eine Tischtennisplatte ergänzt das Spielangebot.

↗ *Spreenende/Ecke Weg beim Jäger, 22453 Hamburg*

Spielplatz Suhrenkamp

Inmitten eines Wohngebiets befindet sich dieser größere Spielbereich. Verschiedene Kletter- und Balancierangebote sind hier zu finden, außerdem Schaukeln, Wippen und ein separater Sandspielbereich mit Rutsche und Spielhäuser für die Kleinsten.

↗ *Suhrenkamp, Höhe Hausnummer 20, 22335 Hamburg*

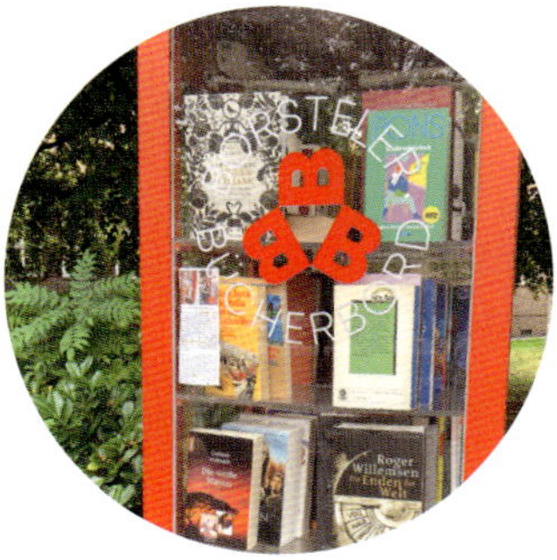

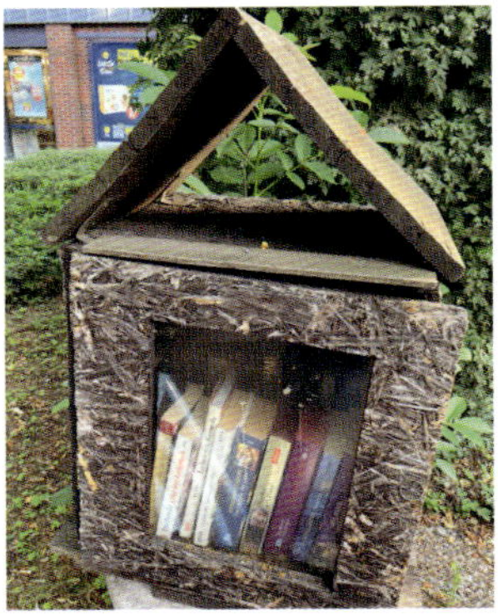

Wochenmarkt

Immer donnerstagnachmittags findet in der Borsteler Chaussee 111–113 der Wochenmarkt statt.

Büchertauschschränke

Direkt an der Alsterkrugchaussee, Höhe Hausnummer 315, befindet sich ein kleiner Büchertauschschrank.

Das große rote Borsteler Bücherbord befindet sich an der Borsteler Chaussee/Ecke Schrödersweg.

Streetart an der Borsteler Chaussee

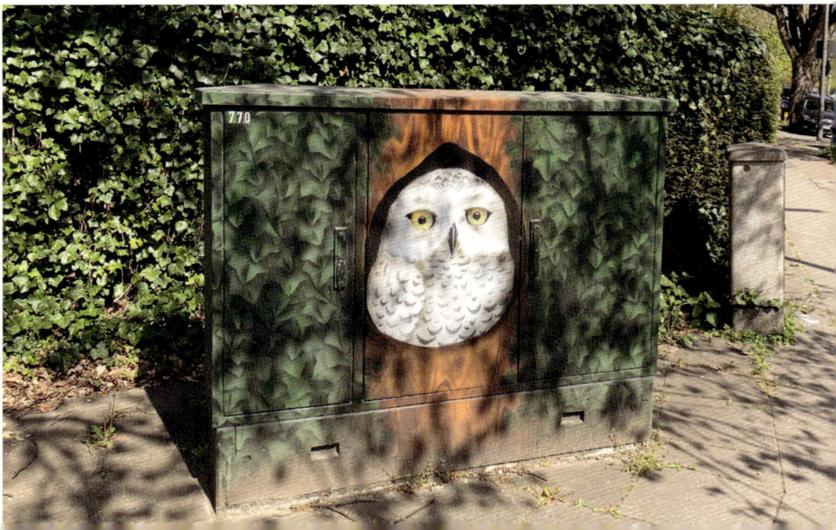

Besondere Orte

LE MARRAKECH 1

In einer ehemaligen Eisenbahn-Industriehalle befindet sich dieses etwas versteckte Reich aus tausendundeiner Nacht. Unter Hunderten Lampen und bei Kerzenschein genießt man marokkanische, syrische und libanesische Speisen und lässt sich in den Orient entführen. An ausgewählten Tagen (meistens freitags) findet abends eine Bellydance-Show statt. An den Sommerwochenenden stehen auf der Terrasse Shishas zur Verfügung.

↗ *Gert-Marcus-Straße 10, 22529 Hamburg*
www.lemarrakech.de

Stavenhagenhaus 2

Das Stavenhagenhaus ist mit seiner über 300-jährigen Geschichte ein Urgestein des Stadtteils. Erbaut als herrschaftlicher Sommersitz, dient es heute als ein Haus für kommunale Zwecke. Die Räumlichkeiten können von Vereinen und Parteien für Veranstaltungen genutzt werden, aber auch für behördliche Zwecke, zu denen unter anderem standesamtliche Eheschließungen gehören. Der Verein „Freunde des Stavenhagenhauses" belebt einmal im Monat mit einer öffentlichen kulturellen Veranstaltung das Anwesen. Abwechslungsreiche Konzerte, Vorträge und Lesungen prägen

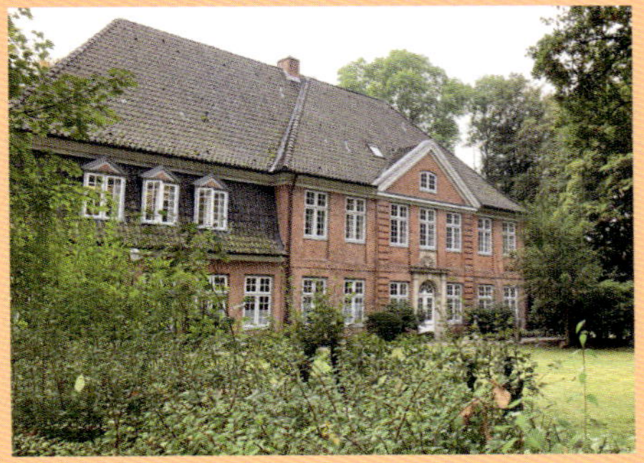

das Programm des Hauses. Zu den Veranstaltungen wird oft kein Eintritt erhoben, eine Spende ist allerdings willkommen.

↗ *Frustbergstraße 4, 22453 Hamburg*

Otto's Eiscafé 3

Das kleine Eiscafé überrascht mit besonderen Eissorten in ungewöhnlichen Geschmacksrichtungen, aber auch die traditionellen Sorten sind hier sehr lecker. Eine sehr herzliche und familiäre Atmosphäre herrscht in diesem Eiscafé.

↗ *Warnckesweg 1, 22453 Hamburg*
www.ottoseiscafe.de

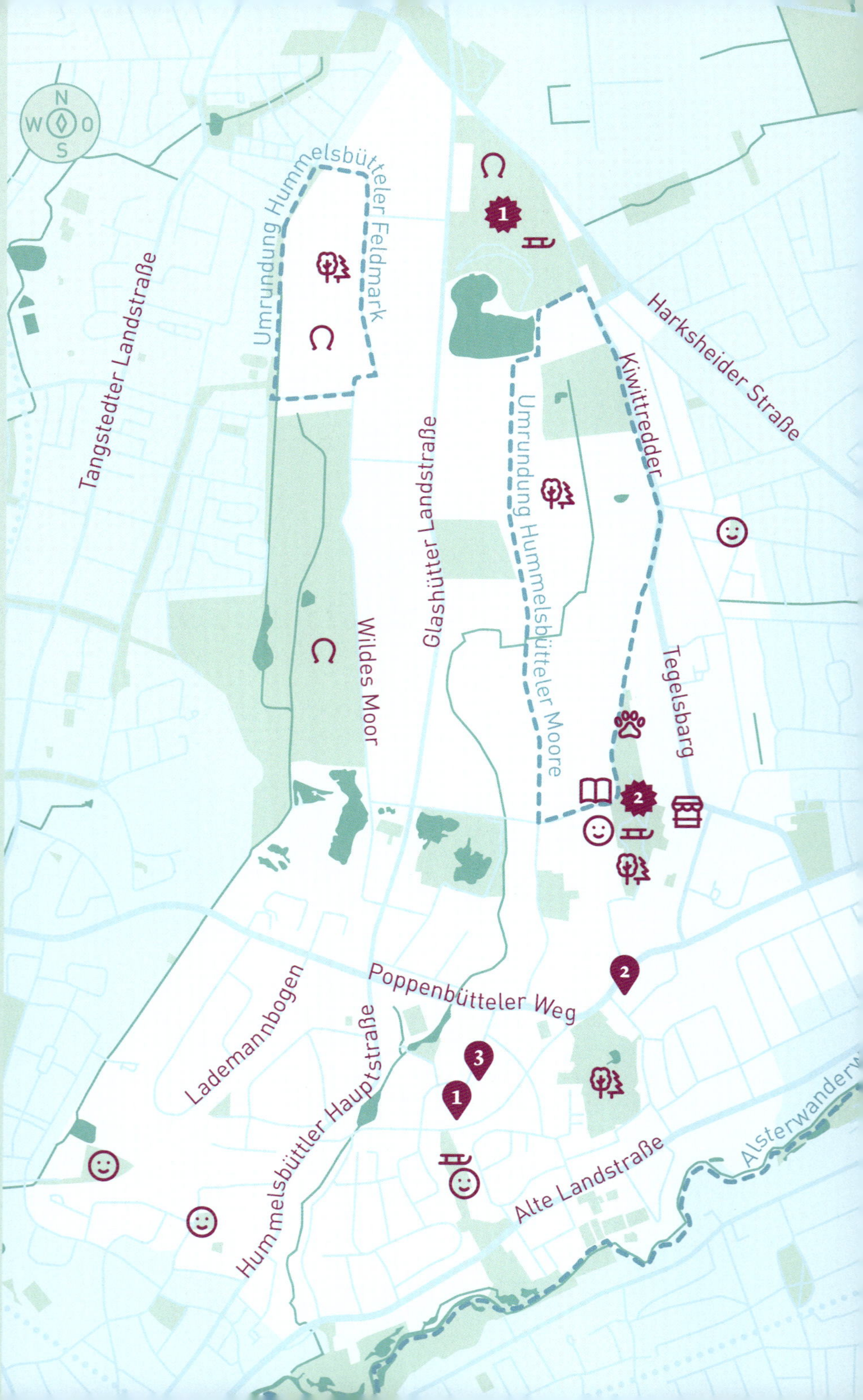

N
W
O
S
Umrundung Hummelsbütteler Feldmark
Tangstedter Landstraße
Glashütter Landstraße
Wildes Moor
Umrundung Hummelsbütteler Moore
Kiwittredder
Harksheider Straße
Tegelsbarg
Poppenbütteler Weg
Lademannbogen
Hummelsbüttler Hauptstraße
Alte Landstraße
Alsterwanderw
1
2
3

Hummelsbüttel
Wo sich der „Monte Müll“ erhebt

Neben Alleen, Feldern und Wäldern gehören zum Stadtteilbild von Hummelsbüttel auch Hochhäuser, Villen und belebte Straßen. Ein großer Teil der Fläche des Stadtteils steht unter Naturschutz. Das Naturschutzgebiet Raakmoor mit seinen vielen Wander- und Reitwegen liegt ebenso auf seinem Gebiet wie das Naturschutzgebiet Hummelsbütteler Moore und das Landschaftsschutzgebiet Hummelbütteler Feldmark.

In 1319 wurde das Bauerndorf „Humersbotle“ erstmals urkundlich erwähnt. Es ist davon auszugehen, dass die Siedlung bereits viele Jahrhunderte zuvor durch eine sächsische Gründung entstand und ein hier ansässiger „Hunmar“ ihr den Namen gab. Im 14. Jahrhundert wurde das Dorf von dem Ritter Johann von Hummelsbüttel verwaltet, dessen Geschlecht zu den mächtigsten Rittergeschlechtern in Holstein gehörte und der auf der Alster regelmäßig Hamburger Kaufleute überfiel. Im Jahr 1349 verlor er Hummelsbüttel an den Grafen von Schauenburg und Holstein, der das Gebiet dann wiederum dem Kloster Harvestehude überließ. Über die Zeit fiel das Dorf in die unterschiedlichsten Zugehörigkeiten – die Grafschaft Holstein-Pinneberg, Dänemark sowie unter preußischer Verwaltung den Kreis Stormarn und den Amtsbezirk Poppenbüttel –, bis es mit dem Groß-Hamburg-Gesetz 1937 nach Hamburg eingemeindet wurde. Die Bauerndorfidylle und die dörfliche Struktur verschwanden, und es entstanden Ziegeleien, Großsiedlungen und die Hauptverkehrsachse Ring 3.

Stadtteilnachbarn sind Langenhorn, Fuhlsbüttel, Ohlsdorf, Wellingsbüttel, Poppenbüttel und das Bundesland Schleswig-Holstein.

Highlights

1
Müllberg Hummelsbüttel

Der Müllberg entstand in den 1960er und 1970er Jahren. Auf dem Gebiet war in drei Gruben Sand abgebaut worden, die dann mit unterschiedlichstem Müll, unter anderem bestehend aus diversen Haus- und Gewerbeabfällen sowie Bauschutt, verfüllt wurden. Mitte der 1980er Jahre wurde die Müllablagerung beendet, und aus einem nicht verfüllten Teil der Deponie entstand der Hummelsee. In den 1990er Jahren fand schließlich eine letzte Aufsattelung statt. Heute ist der begrünte sogenannte „Monte Müll" die höchste Erhebung im Bezirk Wandsbek und dient als Erholungsgebiet. Bei gutem Wetter hat man von hier einen unglaublichen Ausblick auf Hamburg, leichtes Bergwanderfeeling inklusive. Ob zu Fuß als Wanderausflug oder mit dem Mountainbike die Böschungen hoch- und runtergejagt – der Müllberg ist zu jeder Jahreszeit eine kleine Bergtour wert. Im Winter wird er gern für halsbrecherische Rodelpartien genutzt. Der Hummelsee am Fuße des Müllbergs lädt nach einer Bergtour zu einem Picknick ein, Entenbeobachtung inklusive. Über den Angelsport-Verband Hamburg lassen sich auch Gastkarten zum Angeln erwerben.

↗ *zum Beispiel Kupferteichweg/Ecke Kiwittredder, 22399 Hamburg*

2
Spielplatz & Skatepark Tegelsbarg

Ein toller weitläufiger Spielplatz befindet sich mitten in der Parkanlage Tegelsbarg. Highlights sind unter anderem die lange Y-Rutsche sowie die kurvige Langrutsche, große Seilschaukeln und die Kletterpyramide. Der separat gehaltene Kleinkindbereich lässt ebenfalls kaum Wünsche offen und bietet ein Kletterboot sowie viele Spielhäuser. Ein großes Fußballfeld, einige Tischtennisplatten und ein Basketballfeld gehören außerdem zur Anlage. Im Skatepark befinden sich eine große Rampe und ein kleinerer Parcours. Eine Grillwiese ist ausgeschildert, direkt hinter dem Skatebereich gibt es eine Hundeauslaufwiese. Gleich beim Spielplatz liegt der Bauspielplatz Tegelsbarg.

↗ *zum Beispiel über den Wanderweg am Ende der Straße Butterbauernstieg, 22339 Hamburg*

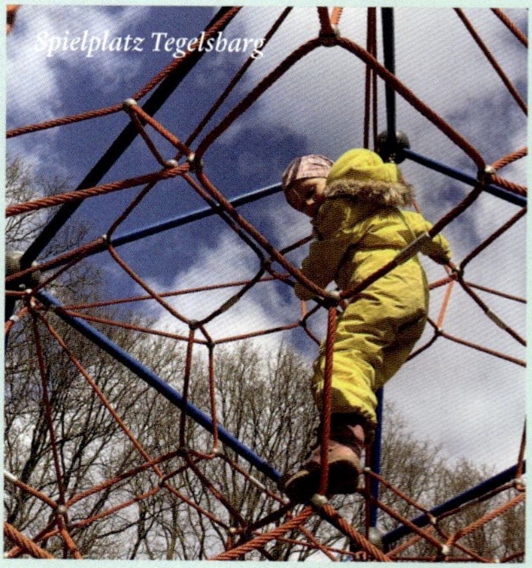

Wälder, Parks & Naturschutzgebiete

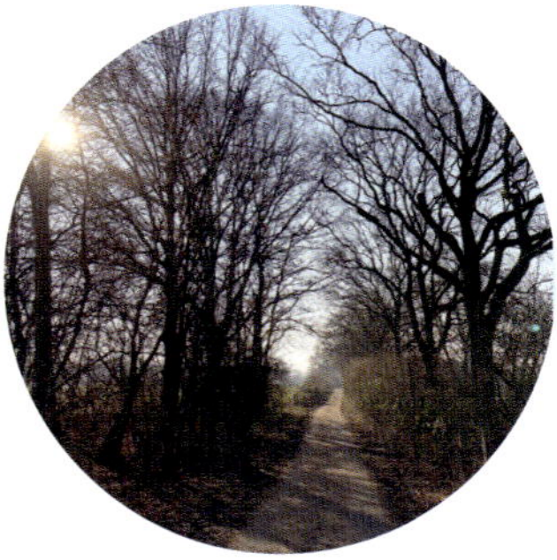

Naturschutzgebiet Hummelsbütteler Moore

Das Naturschutzgebiet Hummelsbütteler Moore besteht aus zwei Kleinstmooren, dem Hüsermoor und dem Ohlkuhlenmoor. Die Kleinstmoore waren zuerst Naturdenkmale, die dann im Jahr 2008 zu einem Naturschutzgebiet zusammengeschlossen wurden. Ein geteerter Wanderweg führt direkt durch beide Moore hindurch, außerdem kann man das Ohlkuhlenmoor umrunden. Die Moore wurden komplett umzäunt, weil die Naturflächen leider durch Brandstiftung und Vermüllung beeinträchtigt wurden. Durch die Umzäunung konnte sich die Natur aber wieder erholen, und es haben sich Rehe, Hasen, Graureiher, Wildgänse und viele Vogelarten angesiedelt. Mit etwas Glück kann man hier zum Beispiel das Schnarren des Wachtelkönigs hören. Hunde müssen ganzjährig angeleint bleiben.

↗ *zum Beispiel Hüsermoor, 22417 Hamburg*

Hummelsbütteler Feldmark

Das Landschaftsschutzgebiet hat ökologisch einige Bedeutung, denn die Feldmark gehört zu den wichtigen Kaltluftachsen Hamburgs und beeinflusst so das Klima der Stadt. Mit ihrer typischen holsteinischen Knicklandschaft bietet sie außerdem einen schützenswerten Lebensraum für Tiere und Pflanzen. Ein Wanderweg führt durch die Feldmark hindurch, auch Reiterwege sind ausgeschildert. Über eine Bebauung der Hummelsbütteler Feldmark wird immer wieder nachgedacht. Wie lange die kleine Naturoase bestehen bleiben wird, ist leider nicht abzusehen.

↗ *zum Beispiel Wildes Moor/Ecke Glashütter Stieg, 22417 Hamburg*

Naturdenkmal Sievertsche Tongrube

Das heutige Naturdenkmal Sievertsche Tongrube gehörte früher zu einer am Ende des 19. Jahrhunderts errichteten Ziegelei, die Ende der 1950er Jahre den Betrieb aufgeben musste. Es besteht aus einem etwa zehn Hektar großen begehbaren Naturareal. Die Wege dürfen in der ehemaligen Tongrube auf keinen Fall verlassen werden, weil das Biotop einige seltene Pflanzen- und Insektenarten beheimatet. Eine Wanderung macht man am besten in Gummistiefeln, denn die Wege können teilweise sehr feucht sein. Belohnt wird man für den matschigen

Marsch durch die Tongrube mit einer ganz besonderen Naturidylle. Auf zwei kleinen Teichen schwimmen Gänse fast zutraulich dicht vorbei, und drum herum zwitschern die Vögel. Der perfekte Ort, um einfach mal innezuhalten und durchzuatmen. Hunde müssen ganzjährig angeleint bleiben.

↗ *zum Beispiel Poppenbütteler Weg/ Ecke Am Hehsel*

Parkanlage Tegelsbarg

Mitten ins Grün des Stadtteils eingebettet ist die Parkanlage Tegelsbarg. Herzstück ist der große Abenteuerspielplatz mit separatem Kleinkindbereich und diversen Sportangeboten. Aber auch eine Hundeauslaufzone und ein Grillbereich sind hier zu finden. Noch recht neu ist der Fitnessbereich mit Trimm-Dich-Geräten und einer 1250 Meter langen Rundlaufstrecke, die durch den Park führt. Start und Ziel sind an der Blumenwiese in der Nähe des Spielplatzes. Die Wege sind eben und breit angelegt, üppige Rasenflächen und ein Rodelberg sorgen dafür, dass die Anlage zu jeder Jahreszeit etwas bietet.

↗ *zum Beispiel über den Wanderweg am Ende der Straße Butterbauernstieg, 22339 Hamburg*

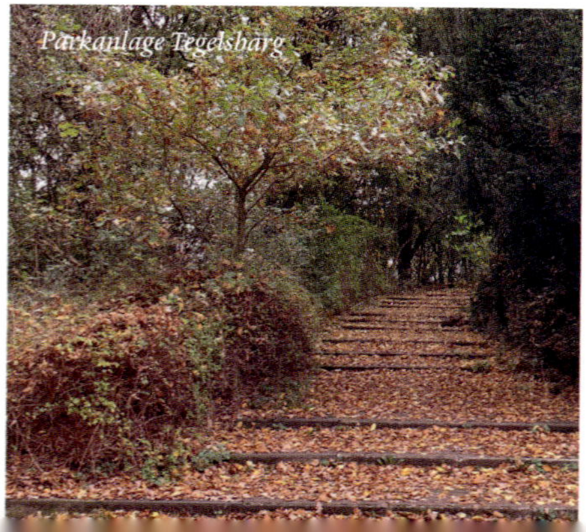

Parkanlage Tegelsbarg

Wanderwege

Umrundung der Hummelsbütteler Feldmark

Eine schöne Alternative zum Spaziergang durch das Naturschutzgebiet Raakmoor ist die Runde um die Hummelsbütteler Feldmark. Ein Wanderweg führt direkt an der Straße Hohe Liedt/ Ecke Hattsmoor am Raakmoorgraben entlang. Rechts davon liegt ein großes Feld, das ein Teil der Hummelsbütteler Feldmark ist. Am Rande des Wanderwegs befindet sich auch ein großer offener Spielplatz. Am Ende des Wanderwegs biegen wir rechts auf die Straße Wildes Moor ab. Bis zur Kurve geht es dann auf der wenig befahrenen Straße weiter, bis anschließend ein holpriger kleiner Wanderweg folgt, der im Wegverlauf breiter wird. Auf der linken Seite bietet sich bereits ein schöner Ausblick auf den Müllberg, und Pferdekoppeln säumen den Weg, der bis zu der Straße Hattsmoor immer geradeaus verläuft. Am Ende des Pfades biegen wir entweder rechts auf die Straße Hattsmoor ab und gehen zum Startpunkt zurück oder verlängern den Spaziergang im Naturschutzgebiet Raakmoor. Für die Runde sind etwa fünfzig Minuten zu Fuß einzuplanen. Hunde müssen in der Feldmark ganzjährig angeleint werden.

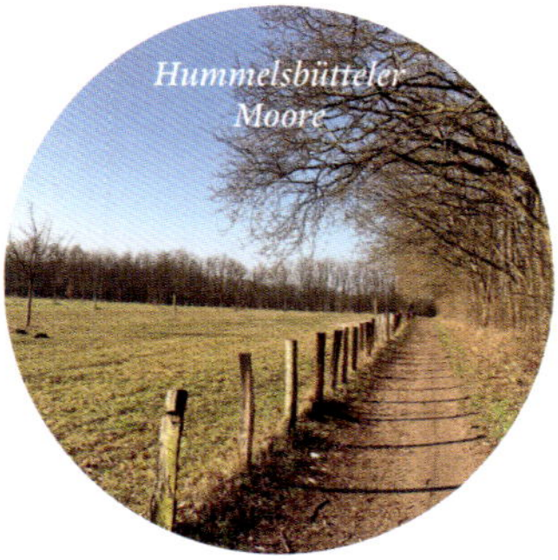

Umrundung der Hummelsbütteler Moore

Die Hummelsbütteler Moore können auf einem Wanderweg ebenfalls umrundet werden. Dabei hält man sich an die Wege, die dicht am Moor entlangführen. Am Tegelsbarg gibt es einen großen offenen Spielplatz sowie eine Hundeauslauffläche. Die Wege sind überwiegend geteert, nur im Bereich des Müllbergs und beim Kiwittredder muss man mit leichten Unebenheiten rechnen. Für eine längere Wanderung lässt sich die Runde auch mit einem Besuch des Müllbergs, der Hummelsbütteler Feldmark oder des Naturschutzgebiets Raakmoor kombinieren. Hunde müssen auf dem Wanderweg ganzjährig angeleint werden.

Hundewiese

↗ Hundeauslaufzone Tegelsbarg

Direkt hinter dem Skatepark befindetsich eine große Hundeauslaufwiese.

Spielplätze

Spielplatz im Karl-Marx-Park

Im Grünzug des Karl-Marx-Parks befindet sich ein weitläufiger Spielplatz. Rutschen, Wippen, ein Sand-Baugerüst, Schaukeln, Kletter- und Balancierbereiche sind hier zu finden. Ein Basketballfeld sowie ein Fußballfeld runden das Angebot ab. Der große Rasenbereich lässt genügend Freiraum zum Spielen und Toben. Im Winter lockt zusätzlich der Rodelberg zu einer Schlittenpartie.

↗ *zum Beispiel Flughafenstraße/Ecke Lentersweg, 22339 Hamburg*

Spielplatz Hummelsbüttel

Ein übersichtlicher Spielbereich mit reichlich Platz zum Toben befindet sich direkt im Hummelsbütteler Kirchenweg. Ein Sandbereich, Spielhäuser, Schaukeln, eine Rutsche und Wipptiere stehen hier für kleinere Kinder bereit. Außerdem befindet sich eine Tischtennisplatte auf dem Spielplatz.

↗ *Hummelsbütteler Kirchenweg, Höhe Lentersweg, 22339 Hamburg*

Spielplatz im Grünzug Josthöhe

Mitten im Grünzug befindet sich dieser weitläufige Spielplatz, der ein kleines Eldorado für größere Kinder ist. Mehrere Kletterburgen und verschiedene Balanciermöglichkeiten, wo Kinder ihre Geschicklichkeit trainieren können, stehen bereit. Eine große Skaterampe, ein Fußballfeld und ein übersichtlicher

Kleinkindbereich ergänzen das Spielangebot. Über zwei versetzte Rutschen saust man hintereinander den Berg runter, auf dessen anderer Seite sich im Winter eine ideale Schlittenpiste befindet.

↗ *zum Beispiel Hummelsbütteler Weg, Höhe Hausnummer 40, 22339 Hamburg*

Spielplatz Gretchenkoppel

Der halb umzäunte Spielplatz Gretchenkopppel bietet ausreichend Platz zum Toben und viele verschiedene Spielmöglichkeiten für große und kleine Kinder. Dazu gehören Schaukeln, ein Sand-Baugerüst, Wippen und eine Kletterburg mit Rutsche. Zwei Tischtennisplatten und ein Basketballkorb runden das Angebot ab.

↗ *Gretchenkoppel/Ecke Koppelweg, 22399 Hamburg*

Bauspielplatz/ Spielhaus

Bauspielplatz Tegelsbarg

Der Baui Tegelsbarg ist für Kinder von sechs bis vierzehn Jahren geeignet. Von dienstags bis samstags wird ein vielseitiges Wochenprogramm angeboten. Die Kinder können zum Beispiel auf dem großen Gelände im Gemüsegarten mithelfen, an Hütten bauen, mit Gokarts herumdüsen, in der Fahrrad-Werkstatt das eigene Rad reparieren und einiges mehr. Im Innenbereich gibt es verschiedene Kreativangebote. Die Teilnahme ist komplett kostenfrei, eine Anmeldung nicht nötig. An ausgewählten Sonntagen kann man den Baui auch für Kindergeburtstage mieten. Ein kleiner Büchertauschschrank nur für Kinderbücher befindet sich direkt vor dem Baui. Das Elterncafé der Erziehungshilfe e.V. findet einmal in der Woche auf dem Gelände statt, der Verein Tegelsbarger Arbeitskreis e.V. ist mit dem Beo-Projekt, das die Berufsorientierung junger Menschen unterstützt, und einer großen Holzwerkstatt ebenfalls vertreten.

↗ *Högenredder 0, 22399 Hamburg*
www.iat-hamburg.de

Büchertauschschrank

Direkt am Bauspielplatz Tegelsbarg befindet sich ein Büchertauschschrank nur für Kinder.

Wochenmarkt

Auf dem Norbert-Schmidt-Platz findet donnerstagvormittags ein kleiner Wochenmarkt mit regionalen Anbietern statt.

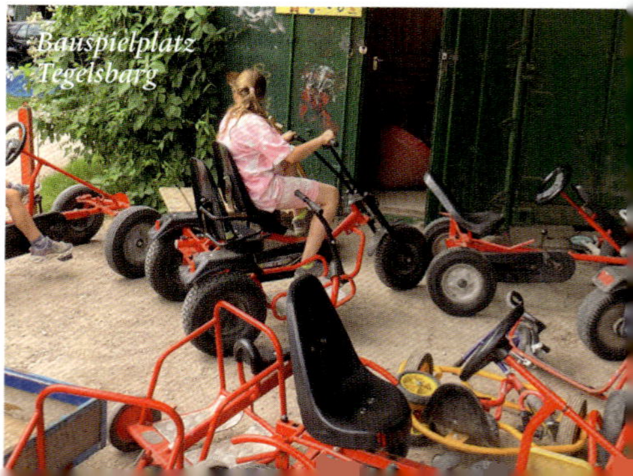
Bauspielplatz Tegelsbarg

Besondere Orte

Khan Mongolei 1

Sehr beliebt ist im Stadtteil das asiatische Restaurant Khan Mongolei. Mit einem All-you-can-eat-Buffet, bestehend aus Salaten, Sushi, verschiedenen Hauptspeisen und einer großen Auswahl an Desserts, ist das Angebot so breit wie reichlich. Von Montag bis Freitag wird ein kleineres Mittagsbuffet serviert, abends und am Wochenende gibt es ein mongolisches Buffet mit Live-Cooking. Es ist empfehlenswert, vorab einen Tisch zu reservieren.

↗ *Hummelsbütteler Markt 2, 22339 Hamburg*
www.khan-mongolei.de

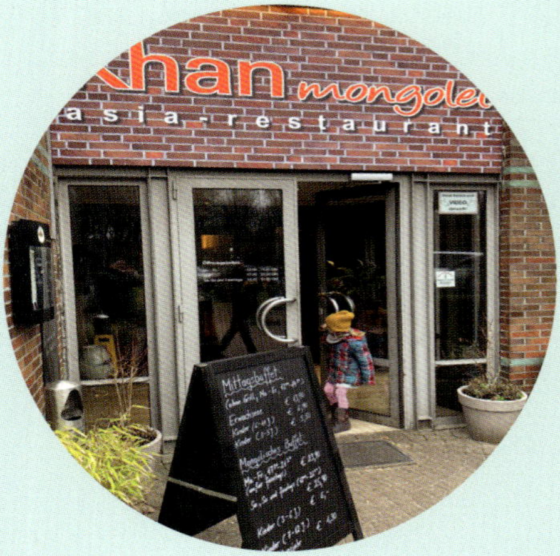

↗ Tanzschule Ring 3 2

Eine der bekanntesten Tanzschulen im Norden ist die Tanzschule Ring 3. Für Kinder, Jugendliche und Erwachsene gibt es ein großes Angebot an Kursen, vom Kindertanz bis zum Rollstuhltanz. Vor einigen Jahren wurden die Räumlichkeiten erneuert, inzwischen kann man hier auf etwa 700 Quadratmetern Parkett, das sich auf vier Säle verteilt, tanzen. Die dazugehörige Larhum-Bar hält ein reichhaltiges Getränkeangebot bereit. Im Sommer wird außerdem Eis, im Winter Glühwein serviert.

↗ *Poppenbütteler Weg 88, 22339 Hamburg*
www.ring3.de

Café Neumann 3

Ein kleines, sehr uriges Café befindet sich im Brillkamp. Hier hat man das Gefühl, als wäre die Zeit stehen geblieben, und fühlt sich gleich an die eigene Kindheit erinnert. Ob Brot oder Brötchen, Kuchen oder Torten aus eigener Herstellung, ob Kekse und Pralinen – für jeden Geschmack ist hier eine Köstlichkeit zu finden. Im Sommer lockt die Sonnenterrasse, auf der man auch ein Eis genießen kann. Im Winter bietet der Wintergarten einen gemütlichen Aufenthalt. Das Café ist Teil des Condi Hotels.

↗ *Brillkamp 8–10, 22339 Hamburg*
www.condi-hotel.de/cafe

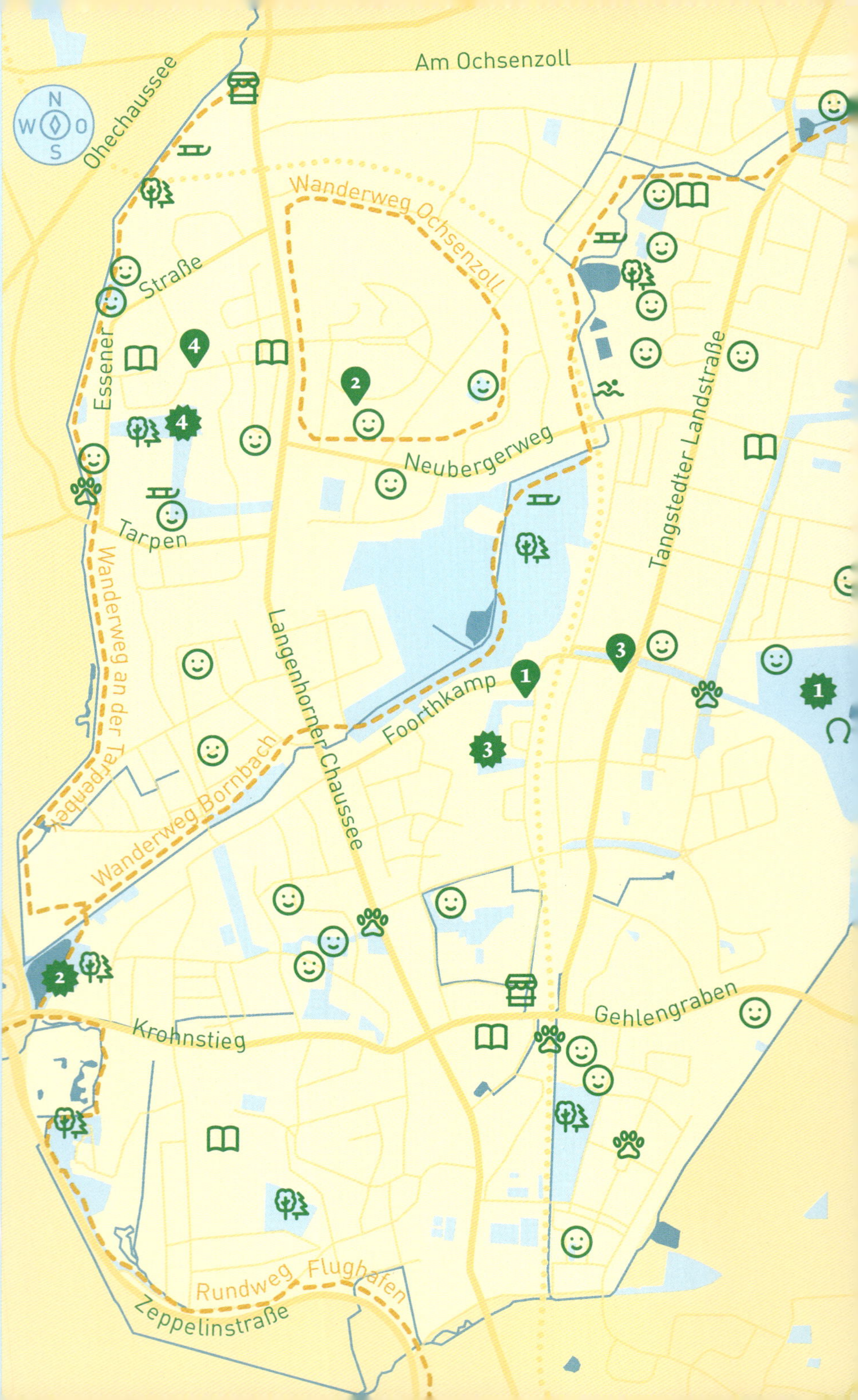
N
W
O
S
Am Ochsenzoll
Ohechaussee
Wanderweg Ochsenzoll
Essener Straße
Neubergerweg
Tarpen
Tangstedter Landstraße
Wanderweg an der Tarpenbek
Langenhorner Chaussee
Foorthkamp
Wanderweg Bornbach
Krohnstieg
Gehlengraben
Rundweg Flughafen
Zeppelinstraße

Langenhorn
Wo früher Ochsen verzollt wurden

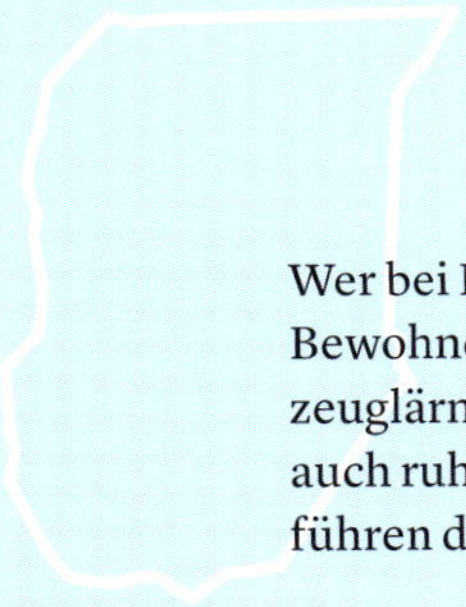

Wer bei Langenhorn nicht als Erstes an seinen bekanntesten Bewohner Helmut Schmidt denkt, denkt vermutlich an den Flugzeuglärm. Dabei hat der Stadtteil neben dieser Geräuschkulisse auch ruhige Seiten zu bieten. Grünbereiche und Wanderwege führen durch Parks und Naturschutzgebiete.

Langenhorn wurde urkundlich erstmals im Jahr 1229 erwähnt. Im Jahr 1332 erwarb der spätere Hamburger Bürgermeister Nicolaus vom Berge das Dorf für zweihundert Mark, das seitdem ununterbrochen in Hamburgs Besitz ist. Vom 15. bis zum 19. Jahrhundert war der Schmuggelstieg im Ochsenzoll ein wichtiger Verkehrsweg, weil dort die Ochsen über einen Zweig des Ochsenwegs durch das Harksheider Moor getrieben wurden. Hier lag die Zollgrenze zwischen Hamburg und Holstein, so dass bis 1888 eine Verzollung der Ochsen notwendig war.

Verschiedene Wohnsiedlungen prägen heute das Stadtbild Langenhorns. Die Fritz-Schumacher-Siedlung zum Beispiel zeichnet sich durch ihre langgestreckten Gärten und schmale Wirtschaftswege aus. Ein Highlight ist im Juni der „Flohmarkt der Gärten". Hier schlendert man an den Verkaufsständen in den langen Gärten entlang und kann das ein oder andere Schnäppchen ergattern.

Der Stadtteil befindet sich direkt an der Grenze zu Schleswig-Holstein, Stadtteilnachbarn sind Fuhlsbüttel und Hummelsbüttel. Über vier U-Bahn-Haltestellen verfügt Langenhorn: Langenhorn Markt, Langenhorn Nord, Kiwittsmoor und Ochsenzoll.

Highlights

1

Naturschutzgebiet Raakmoor

Das Raakmoor ist mit 33 Hektar eins der kleinsten Naturschutzgebiete Hamburgs, aber sein Moor und seine Bruchwaldgebiete lassen völlig vergessen, dass man sich noch in Hamburg befindet. Die Hauptwege sind sehr gut befestigt, die Nebenstrecken etwas holpriger. Vor allem für eine kleine Fahrradtour oder einen größeren Spaziergang ist das Raakmoor optimal geeignet, und der Stausee mit seinen Entchen lädt auf jeden Fall zu einer Pause ein. Im Moor befinden sich einige Podeste, von denen aus man einen guten Ausblick auf die Natur hat. Bei gutem Wetter lohnt es sich, auf Nebenstrecken auszuweichen – wenn man ungestört bleiben möchte. Bei schlechtem Wetter sollte man die Nebenstrecken allerdings meiden. Ganz versteckt beim Weg Nr. 651 befindet sich im Naturschutzgebiet Raakmoor auch ein kleiner Waldspielplatz.

↗ *verschiedene Eingangsbereiche zum Beispiel über Herzmoor, Hohe Liedt, Harnachsweg*

2

Spielplatz am Rückhaltebecken

Er zählt zu den schönsten Spielplätzen von Langenhorn: der Spielplatz am Rückhaltebecken direkt im Park am Rückhaltebecken. Hier treffen die Tarpenbek und der Bornbach aufeinander und bilden ein großes Rückhaltebecken, wo man Enten und Gänse beobachten kann. Der Spielplatz ist offen und weitläufig. Eine Seilbahn und ein großer Kletterturm stehen für die größeren Kinder bereit. Für die Kleineren gibt es ein Kletterhaus mit Rutsche und einen großen Sandbereich. Außerdem sind Schaukeln und eine Nestschaukel, ein Karussell, ein Basketballkorb, eine Tischtennisplatte, eine Rutsche, ein Kettensteg und eine Reckstange vorhanden.

↗ *Krohnstieg / Ecke Niendorfer Straße, 22415 Hamburg*

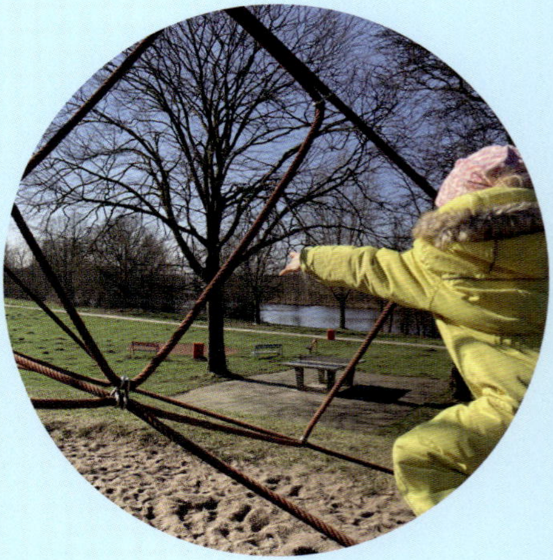

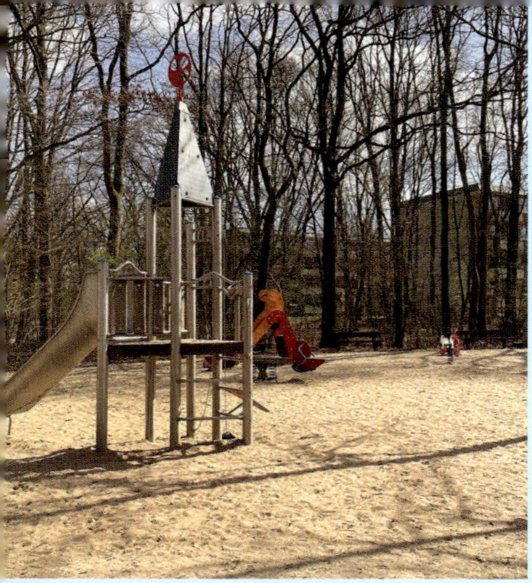

3

Spielplatz in der Grünanlage Timmerloh

Der große, offene Spielplatz in der Grünanlage Timmerloh (beim Weg Nr. 360) hat einen eigenen Kleinkinderbereich mit Schaukel, Rutsche, Spielhaus und vieles mehr. Der Bereich für die Größeren verfügt über eine Kletterburg, eine Riesenrutsche, ein Karussell, große Schaukeln und eine sehr lange Seilbahn. Der Spielplatz bietet sehr viel Platz zum Toben, Buddeln und Spielen. Ein kleiner Bolzplatz ist direkt daneben. Allerdings fehlen hier Tore, es gibt nur einen großen Zaun, den man entsprechend nutzen kann. Sehr viele Bänke für die Eltern sind überall gut verteilt. Von hier aus ist es nur noch ein Katzensprung bis zum Langenhorner Markt oder der U-Bahn-Haltestelle Langenhorn Nord.

↗ *Diekmoorweg/Ecke Timmerloh, 22419 Hamburg*

4

Abenteuerspielplatz Valvo Park

Ein schöner und großer Abenteuerspielplatz befindet sich im Valvo Park. Eine Seilbahn, viele Schaukeln, Rutschen, eine Kletterkugel, Balanciermöglichkeiten, kleine Skaterberge und ein kleiner Basketballplatz warten auf große und kleine Eroberer. Für die ganz kleinen Mäuse gibt es einen Kleinkindbereich, wo man ordentlich buddeln kann. Auf der großen Wiese vor dem Spielplatz kann man wunderbar Fußball spielen oder picknicken. Ein großes Fußballfeld befindet sich außerdem im Valvo Park.

↗ *Essener Straße/Ecke Dortmunder Straße, 22419 Hamburg*

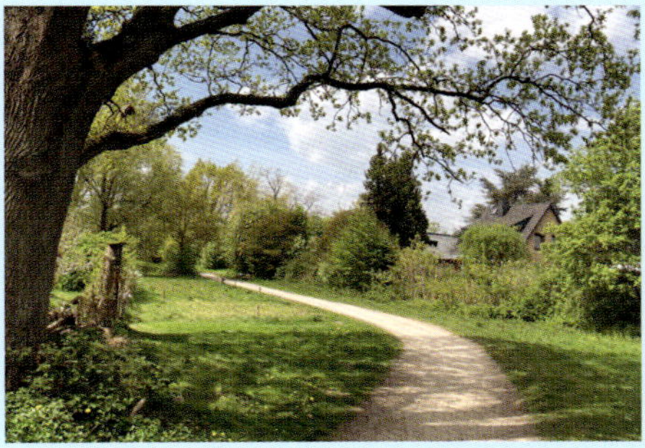

Wälder, Parks & Naturschutzgebiete

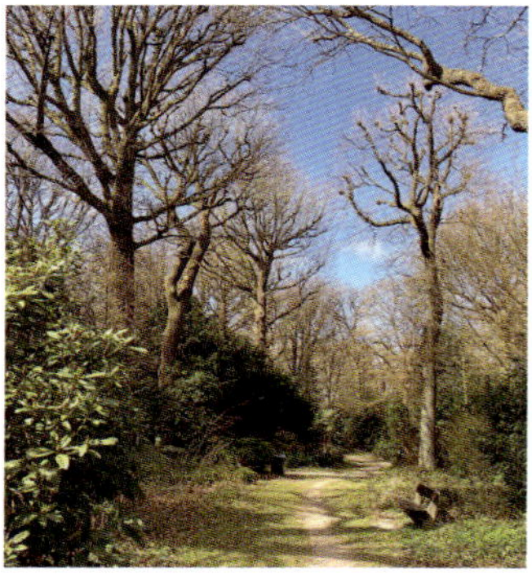

Grünanlage am Ohlmoorgraben

Für alle Flugzeugliebhaber ist die Grünanlage am Ohlmoorgraben in Langenhorn ein idealer Ort, denn sie befindet sich direkt in der Flugschneise des Flughafens. Mit Glück fliegen die Flugzeuge den großen und kleinen Plainspottern direkt über die Köpfe, für Kinder ein absolutes Highlight. Die parkähnliche Anlage besteht aus einem Baumbereich und zwei großen Wiesen. Hier kann man die Sonne genießen oder unter den Bäumen im Schatten entspannen. Ein kleiner umzäunter „Spielplatz für Kleinkinder" befindet sich direkt am Willersweg. Der Langenhorner Markt ist von der Grünanlage aus schnell erreichbar. Hier befindet sich auch eine schmale Hundeauslaufzone.

↗ *Willersweg, 22415 Hamburg*

Naturschutzgebiet Rothsteinsmoor

Oft wird es gar nicht richtig wahrgenommen – das neun Hektar große Naturschutzgebiet Rothsteinsmoor kann man fast übersehen. Das kleine Moor ist der Rest einer großflächigen und zusammenhängenden Hochmoorlandschaft. Aber für seltene und sehr stark gefährdete Tier- und Pflanzenarten ist es ein sicherer Lebensraum. Hier findet man einige Arten, die bereits auf der Roten Liste stehen und äußerst gefährdet sind. Kleine Naturentdecker sollten im Sommer auf jeden Fall ein Fernglas mitbringen, aber alle Pflanzen stehen lassen. Wer hier wandern oder spazieren gehen möchte, kann dies auch mit einem Abstecher zur Aussichtsplattform des Flughafens verbinden (dort befindet sich auch das Coffee to Fly). Der Weg führt direkt an der Schallmauer der Schnellstraße entlang. Zwischendurch gibt es kleine „Beobachter-Erhebungen", wo man einen guten Blick über die Schallmauer und direkt auf die Flugzeugpiste bekommt. Wer mit Kindern ins Moor möchte, sollte anschließend noch im Park am Rückhaltebecken, fast direkt auf der anderen Straßenseite vom Moor, vorbeischauen. Dort befindet sich der Spielplatz am Rückhaltebecken. Hunde müssen im Moor ganzjährig angeleint bleiben.

↗ *Krohnstieg, Höhe Ermlandsweg, 22415 Hamburg*

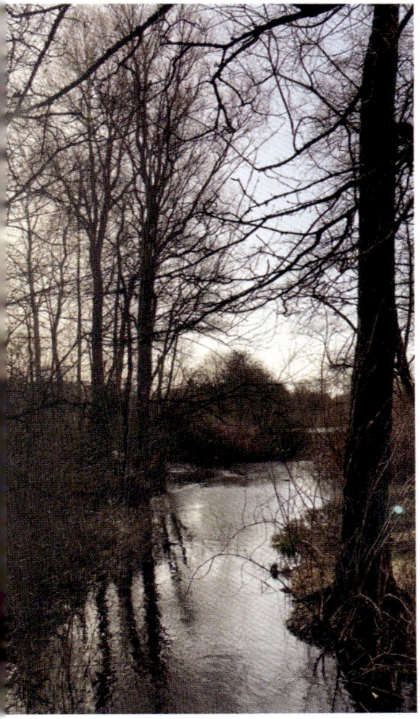

Kiwittsmoorpark

Im Kiwittsmoorpark kann man wunderbar spazieren gehen und ein kleines Fleckchen Natur genießen. Der Bornbach fließt hier entlang. Am Rückhaltebecken gibt es viele Enten und Wildgänse zu bestaunen. Im Park befinden sich mehrere kleine Spielplätze, ein Fußballfeld sowie ein kleiner Rodelberg. Das Naturbad Kiwittsmoor sowie der Bauspielplatz Tweeltenmoor (mit seinen zahlreichen Tieren) ist direkt um die Ecke. Bei der U-Bahn Kiwittsmoor gibt es ausreichend Parkmöglichkeiten auf dem P+R-Gelände. Wer seinen Spaziergang ausdehnen möchte – das benachbarte Diekmoor eignet sich hervorragend dafür.

↗ *Höhe U-Bahn-Station Kiwittsmoor, 22417 Hamburg*

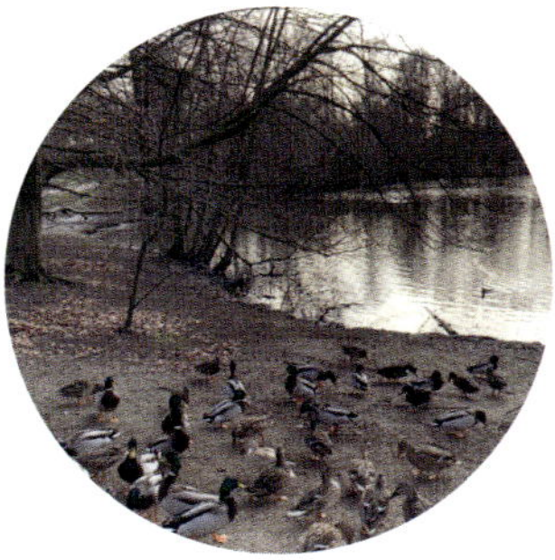

Diekmoor

Das Diekmoor in Langenhorn ist ideal für einen kleinen Spaziergang oder eine entspannte Gassi-Runde. Auf dem Weg am Bornbach entlang kann man viele Vögel beobachten und dem Gezwitscher lauschen, am Rückhaltebecken sind sogar einige Enten zu finden. Das Diekmoor beheimatet außerdem sehr viele Kleingärten. Besonders beliebt ist im Winter der „Rodelberg". Leider soll das Diekmoor bebaut werden, um Wohnraum zu schaffen. Wer diese kleine Idylle also noch mal im jetzigen Zustand erleben möchte, sollte möglichst bald einen Besuch dort planen.

↗ *Neubergerweg, Höhe Freiwillige Feuerwehr Langenhorn-Nord, 22419 Hamburg*

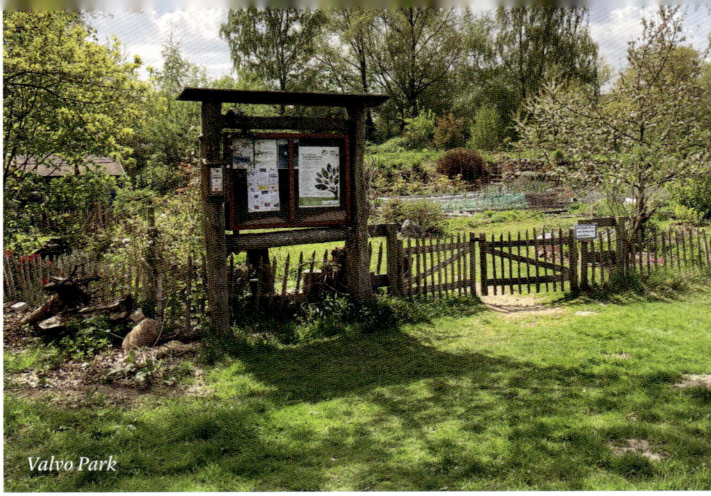
Valvo Park

Wäldchen beim Schmuggelstieg

Ein schönes Naherholungsgebiet befindet sich direkt beim Schmuggelstieg. Das kleine Wäldchen ist perfekt für kleine Spazierrunden geeignet. Zwei Wege führen hier entlang, ein ebener Hauptweg und der von Wurzeln durchzogene Wanderweg direkt an der Tarpenbek. Wer gerne einen Rundweg aus seinem Spaziergang machen möchte, kann beide Wege miteinander verbinden. In der Mitte der beiden Wege befindet sich, ganz versteckt, ein kleiner Rodelberg. Wenn wir dem Weg über die U-Bahn-Brücke folgen, geht es weiter auf den Wanderweg an der Tarpenbek.

↗ *Bärenhof, 22419 Hamburg*

Valvo Park

Der Valvo Park ist ein kleiner Grünbereich, der sich gut zum Spazierengehen eignet. Hier befinden sich ein Stadtteilgarten, ein Abenteuerspielplatz, ein Bolzplatz (mit einem großen Fußballfeld) und ein Rodelberg.

↗ *Essener Straße/Ecke Dortmunder Straße, 22419 Hamburg*

Park am Rückhaltebecken

Am Ende des Tarpenbek-Wanderwegs befindet sich der Park am Rückhaltebecken. Herzstück der kleinen Anlage ist das große Rückhaltebecken, auf dessen Wasserfläche man Enten und Graureiher beobachten kann. Um das Rückhaltebecken kann man einmal herumgehen. Außerdem gibt es einen großen schönen Spielplatz.

↗ *Krohnstieg/Ecke Niendorfer Straße, 22415 Hamburg*

Jugendpark

Der Jugendpark ist eine überschaubare Grünfläche, in der man über einige holprige Wege spazieren gehen kann. Das kleine Moor will einmal umrundet werden. Der Jugendparkweg führt durch die Grünanlage hindurch und ist ein von Fahrradfahrern und Spaziergängern gern genutzter Weg zum Flughafen.

↗ *Wrangelkoppel/Ecke Jugendparkweg, 22415 Hamburg*

Wanderwege

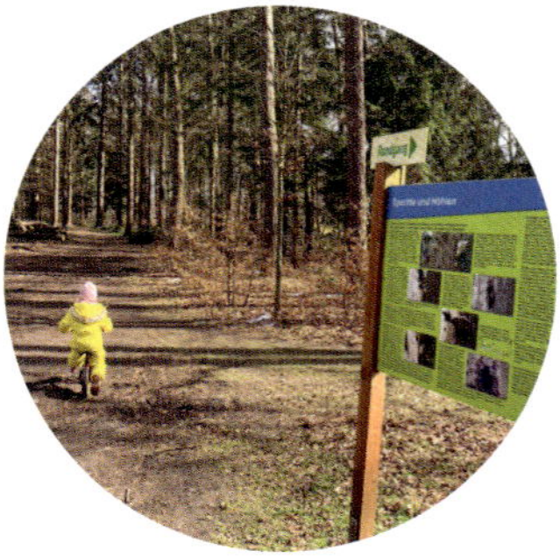

Tarpenbek Wanderweg

Die Tarpenbek ist ein kleiner Bach, der in Norderstedt entspringt. Er fließt an Ochsenzoll vorbei (als Grenzbach zwischen Hamburg und Schleswig-Holstein), und man kann ihm auf dem Wanderweg – bis zum Krohnstiegtunnel am Flughafen – folgen. Mit Glück lassen sich Enten, Pferde, Rehe oder sogar ein Eisvogel beobachten. Vom Schmuggelstieg bis zum Krohnstiegtunnel ist man fast durchgehend (bis auf ein paar Straßenüberquerungen) in der Natur unterwegs. Eine wirklich tolle Strecke, um mal abzuschalten, die Vögel zwitschern zu lassen und dem Bach zu lauschen. Der Wanderweg ist etwa sechs Kilometer lang. Ein Teilabschnitt ist für Fahrräder gesperrt, da muss man leider einen Umweg durch die Gartenanlagen einplanen. Eine Bushaltestelle befindet sich am Ochsenzoll sowie am Ende des Wanderwegs beim Krohnstiegtunnel. Der Wanderweg ist vom Schmuggelstieg bis zur Straße Tarpen ebenerdig, also auch gut mit dem Rollstuhl befahrbar.

Rundweg Ochsenzoll

Der große Rundweg auf dem ehemaligen Gelände des Ochsenzoller Krankenhauses führt durch kleine Wäldchen, an Wiesen und zwei Spielplätzen vorbei und durch das Neubaugebiet hindurch. Der etwa drei Kilometer lange Rundweg eignet sich auch gut für Rollstuhlfahrer. Entlang des breiten Wanderwegs gibt es einige Schautafeln, die über das ehemalige Krankenhausgelände informieren. Das Krankenhaus Ochsenzoll hat auch einen kleineren Rundweg zur Naturerkundung angelegt. Hier werden die einzelnen Bäume vorgestellt, und man erfährt Wissenswertes über die Natur. Wenn man den großen Rundweg entlanggeht, kommt man automatisch an dem kleineren ausgeschilderten Natur-Rundweg vorbei, der anschließend auf das jetzige Krankenhausgelände abzweigt. Wer den großen Rundweg machen möchte, kann einfach dem Wanderweg folgen, der einmal im Kreis um das ganze Gelände führt. Dabei ist zu entscheiden, ob man auch um das Nordex-Gebäude herumgehen möchte oder ob die Wanderung mit dem kleinen Rundweg verbunden werden soll. Hunde müssen ab dem Klinikgelände angeleint werden.

Bornbach Wanderweg

Der sechs Kilometer lange Bornbach entspringt aus einer Quelle in Norderstedt-Glashütte, die komplett verrohrt ist. Erst unmittelbar an der Grenze zu Norderstedt gelangt der Bornbach an die Oberfläche. In seinem weiteren Verlauf kreuzt er den Kiwittsmoorpark und umfließt das Freibad Kiwittsmoor, aus dem er überschüssiges Wasser aufnimmt. Wenn man den Bornbach gerne bewandern möchte, kann man ihm gut ab dem Kiwittsmoorpark in südwestlicher Richtung folgen. Der sehr schmale und ruhige Weg führt durch das Diekmoor hindurch, am Rückhaltebecken vorbei und durchquert einige Kleingartenvereine. Ab der Langenhorner Chaussee wird der Weg deutlich breiter, bis der Bach in die Tarpenbek mündet.

Hundewiesen

↗ Hundeauslaufzone Immenbarg/Ecke Immenhöven
Zwei große Wiesenflächen vor dem Naturschutzgebiet Raakmoor

↗ Hundeauslaufzone Sandfoort
Kleiner Grünbereich, direkt an der Langenhorner Chaussee

↗ Hundeauslaufzone Essener Bogen/Ecke Tarpen
Ein überschaubarer, eingezäunter Hundeplatz, direkt am Wanderweg Tarpenbek

↗ Hundeauslaufzone Dobenplatz
Eine gepflegte Grünfläche inmitten einer Häusersiedlung

↗ Hundeauslaufzone am Ohlmoorgraben
Schmaler Auslaufbereich direkt an den U-Bahn-Gleisen bei der Grünanlage am Ohlmoorgraben

Spiel- und Sportplätze

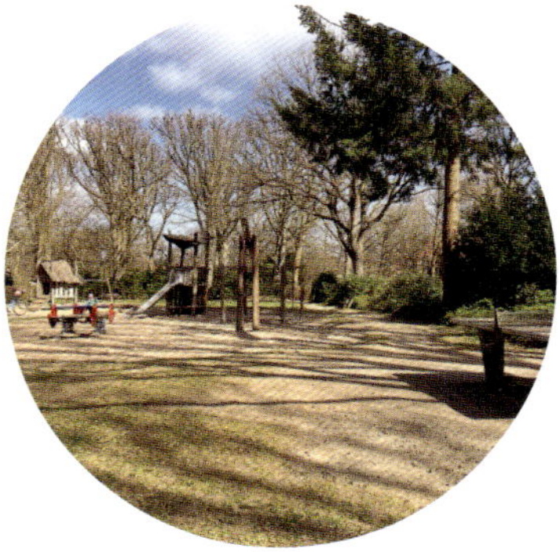

Spielplatz für Kleinkinder & Sportanlage in der Grünanlage Ohlmoorgraben

Ein kleiner umzäunter „Spielplatz für Kleinkinder“ befindet sich direkt am Willersweg. Wippen, Schaukeln, ein Spielhaus, ein Kletterhaus mit Rutsche, ein separater Kletterbereich und eine Tischtennisplatte stehen für die Kleinen (und Größeren) bereit. In der Grünanlage befindet sich außerdem ein eigener Sportbereich mit großem Fußballfeld, einem Basketball-/Fußball-Kombifeld, einem Fitnessbereich und einer weiteren Tischtennisplatte. Da sich die Grünanlage direkt in der Flugschneise zum Flughafen befindet, fliegen die Flugzeuge, mit Glück, direkt über den Köpfen der Spielplatzbesucher. Ein absolutes Highlight für flugzeugbegeisterte Kinder.

↗ *Willersweg, 22415 Hamburg*

Spielplätze im Kiwittsmoorpark

Im Kiwittsmoorpark befinden sich drei Spielplätze, die für jede Altersgruppe etwas zu bieten haben: Ein Kletterspielplatz für Teens mit Kletterwand, Kletterkugel, Schaukeln, Balancierstangen und Fußballfeld. Für Kleinkinder gibt es einen kleinen Spielbereich mit Wipptieren, Schaukeln, Kletterhaus und Sand-Spiel-Bereich. Am Parkende, gegenüber der Straße Hohe Liedt, befindet sich der dritte Spielplatz, der ein großes Kletterhaus mit Rutsche, Schaukeln, Drehscheiben und einen Basketballkorb bereitstellt.

↗ *Kiwittsmoor, Höhe U-Bahn-Station Kiwittsmoor, 22417 Hamburg*

Bolzplatz Essener Straße

Ein eingezäuntes Fußballfeld befindet sich in der Essener Straße direkt beim Jugendclub, in der Nähe vom Baui Essener Straße.

↗ *Essener Straße, 22419 Hamburg*

Skatepark Essener Straße

Kleiner Skatepark mit Rampen, ein eingezäuntes Fußballfeld und ein separates Basketballfeld. Der Skatepark befindet sich direkt am Wanderweg Tarpenbek neben der umzäunten Hundeauslaufzone Essener Straße.

↗ *Essener Straße, 22419 Hamburg*

Spielplatz am Raakmoorgraben

Ein kleiner übersichtlicher Spielplatz befindet sich direkt am Wanderweg beim Raakmoorgraben. Schaukeln, ein Klettergerüst mit Rutsche, eine Drehscheibe, eine Wippe, eine Hängematte und ein Basketballkorb erwarten die kleinen Besucher.

↗ *Sumpfveilchenweg, 22417 Hamburg*

Fußballfeld Harnacksweg

Ein kleines verstecktes Fußballfeld findet sich direkt am Naturschutzgebiet Raakmoor.

↗ *Harnacksweg, 22417 Hamburg*

Spielplatz Henstedter Weg

Ein kleiner überschaubarer Spielplatz mit Seilbahn, Rutsche, Schaukeln, einer Basketball-Torwand-Kombi und einem Sandspielbereich befindet sich in der Grünanlage beim Rückhaltebecken des Bornbachs.

↗ *Wakendorfer Weg, 22417 Hamburg*

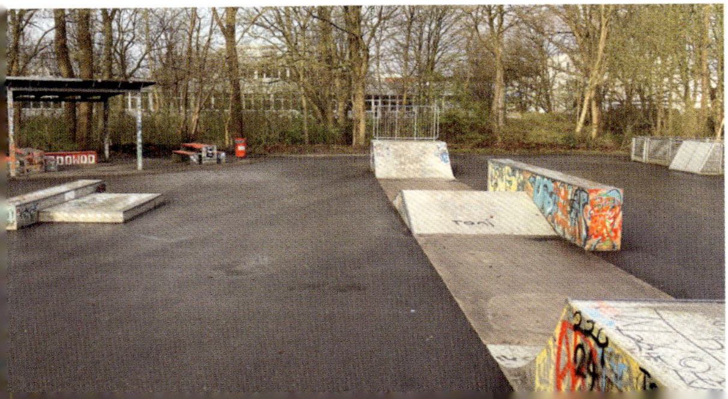

Spielplatz in der Grünanlage Eberhofstieg

Auf dem kleinen eingezäunten Spielplatz findet sich alles, was vor allem für Kleinkinder interessant ist. Schaukeln, ein Kletterhaus mit Rutsche, ein Karussell, Wippen, hier darf einiges neugierig erkundet werden. Die Grünanlage Eberhofstieg bietet sich anschließend für einen kleinen Spaziergang an. Ein Jugendclub sowie eine Skaterampe befinden sich hier ebenfalls.

↗ *Eberhofstieg, 22415 Hamburg*

Spielplatz Hammenmacherstieg

Diesen versteckten Spielplatz erreicht man nur über den Wanderweg Ochsenzoll zwischen den Straßen Pflugschmiedweg und Leyendeckerweg. Der umzäunte Bereich lässt viel Platz zum Toben. Im Kleinkinderbereich finden sich Schaukeln, Karussell, Wippen und ein Kletterbereich mit Rutsche, für die größeren Kinder gibt es ein Kletterhaus, Reckstangen, einen Balancierbereich, ein Einzeldrehgerät sowie ein Pendelsitzkarussell. Außerdem verfügt der Spielplatz über eine Tischtennisplatte, einen Basketballkorb, einen sehr kleinen Skatehügel und ein Fußballfeld.

↗ *zwischen Pflugschmiedweg/Leyendeckerweg, 22419 Hamburg*

Spielplatz in der Hans-Schwenkel-Wohnanlage

Ganz versteckt in der Wohnanlage befindet sich dieser schöne Spielplatz. Die Stein-Schildkröte begrüßt ihre Besucher fröhlich, im separaten Sandbereich findet man Wipptiere, und mit der Lokomotive kann man eine Fantasiereise unternehmen. Für die größeren Kinder gibt es einen Kletterbereich und eine Nestschaukel. Eine Tischtennisplatte und ein Basketballkorb sind ebenso vorhanden.

↗ *Parowstraße, im Grünbereich, 22419 Hamburg*

Spielplatz im Gartenbauverein Heimat-Höpen e.V.

Dies ist ein Kleinkind-Spielplatz mit Rutsche, Schaukel und Reckstange. Er ist nur über den Wanderweg am Raakmoorgraben und durch den Gartenbauverein zu erreichen.

↗ *Moorreye, 22415 Hamburg*

Spielplatz Immenhöven

Auf diesem eingezäunten Spielplatz darf munter getobt werden. Ein Spielhaus mit Rutsche, Schaukeln, Wipptieren und einem separaten Sandbereich samt Sand-Baugerüst stehen den Kindern hier zur Verfügung. Direkt gegenüber vom Spielplatz befindet sich das Eiscafé Jacobs.

↗ *Tangstedter Landstraße/Ecke Immenhöven, 22417 Hamburg*

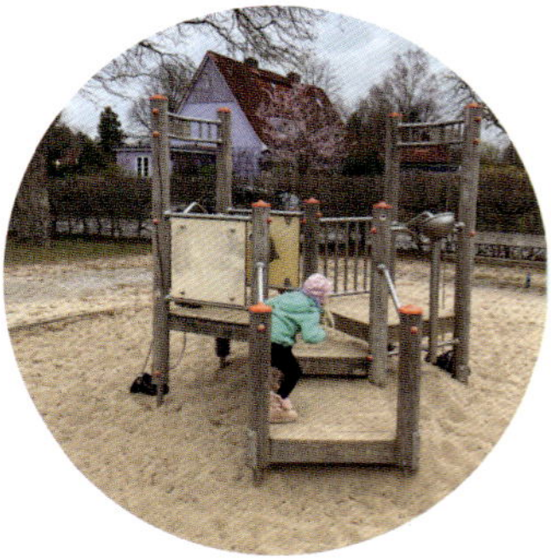

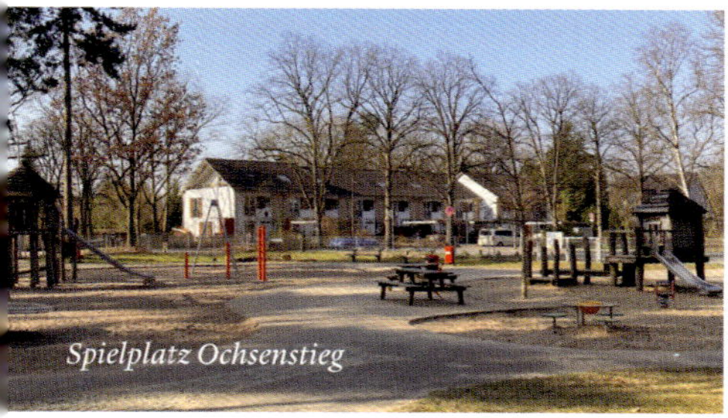

Spielplatz Ochsenstieg

Spielplatz Kielstück

Der umzäunte Spielplatz Kielstück bietet nicht nur jede Menge Platz zum Toben, sondern auch eine Rutsche, Spielhäuser, Schaukeln, einen Kletterturm, ein Einzel-Drehgerät und eine Tischtennisplatte.

↗ *Kielstück/Ecke Schäferhofstieg, 22415 Hamburg*

Spielplatz Masenkamp

Der umzäunte Spielplatz Masenkamp ist vor allem für größere Kinder interessant. Hier lässt sich im Kletterbereich mit Rutsche wunderbar klettern und toben. Es gibt aber auch Schaukeln, Wipptiere und ein Pendelsitzkarussell.

↗ *im Grünbereich zwischen Masenkamp und Heerbuckhoop, 22419 Hamburg*

Spielplatz Masenkamp/ Masenredder

Dieser Spielplatz liegt versteckt im Grünbereich zwischen den Wohnhäusern des Masenkamps und des Masenredders. Er verfügt über einen Kleinkindbereich mit Rutsche und Wippen sowie ein Fußballfeld.

im Grünbereich zwischen Masenkamp und Masenredder, 22419 Hamburg

Spielplatz Ochsenstieg

Sehr beliebt ist der eingezäunte Spielplatz Ochsenstieg vor allem bei jüngeren Kindern. Neben zwei Kletterhäusern, Schaukeln, Wipptieren und einer Drehscheibe findet sich ausreichend Platz zum Toben. In den Sommermonaten hält hier der Eiswagen zweimal am Tag.

↗ *Ochsenstieg/Ecke Neubergerweg, 22419 Hamburg*

Spielplatz Raakmoor am Weg Nr. 651

Ganz versteckt beim Weg Nr. 651 befindet sich im Naturschutzgebiet Raakmoor ein kleiner Waldspielplatz, auch ein großes Fußballfeld gibt es hier. Der Spielplatz ist nicht umzäunt und bietet so sehr viel Platz zum Toben. Von hier aus kann man direkt zum Rückhaltebecken spazieren, um Enten und Gänse zu beobachten.

↗ *Herzmoor/Ecke Weg Nr. 651, 22417 Hamburg*

Spielplatz Samlandweg

Inmitten der Wohnanlage befindet sich dieser Kleinkinder-Spielplatz, der vor allem sehr viel Platz zum Freispielen bietet. Es gibt dort ein Kletterhaus mit Rutsche, Schaukeln und ein Drehkarussell.

↗ *Samlandweg/Ecke Dreyerpfad, 22415 Hamburg*

Spielplatz Walter-Schmedemann-Straße

Ganz versteckt hinter der Zulassungsstelle des TÜV-Nord und zwischen den Wohnhäusern liegt diese kleine Spielplatzperle. Neben Rutsche, Karussell, Hängematte, Klettergerüsten und einem Pendelsitzkarussell befindet sich hier auch ein schönes Gelände zum Toben und Spielen.

↗ *Walter-Schmedemann-Straße hinter den Wohnhäusern, 22419 Hamburg*

Spielplatz Rittmerskamp

Versteckt im Grünbereich und zwischen zwei Wohnhäusern in einer Sackgasse ist der Spielplatz Rittmerskamp schnell zu übersehen. Dabei ist er noch recht neu und bietet ein großes Gelände zum Toben. Ob auf dem Pendelsitz-Karussell, auf der Drehscheibe, den Schaukeln oder im Kleinkindbereich – langweilig wird es hier so schnell nicht. Ein Basketballkorb und eine Tischtennisplatte runden das Angebot des Spielplatzes ab.

↗ *Rittmerskamp, 22415 Hamburg*

Kleinkinderspielplatz Sandfoort

Der Wanderweg vom Rittmerskamp zur Hundeauslaufzone Sandfoort führt direkt an diesem Kleinkindspielplatz vorbei. Zu finden sind hier ein kleiner Sandspielbereich mit Spielhäuschen sowie ein Klettergerüst, eine Schaukel, ein Wipptier und eine Rutsche.

↗ *Rittmerskamp, 22415 Hamburg*

Bauspielplätze/ Spielhäuser

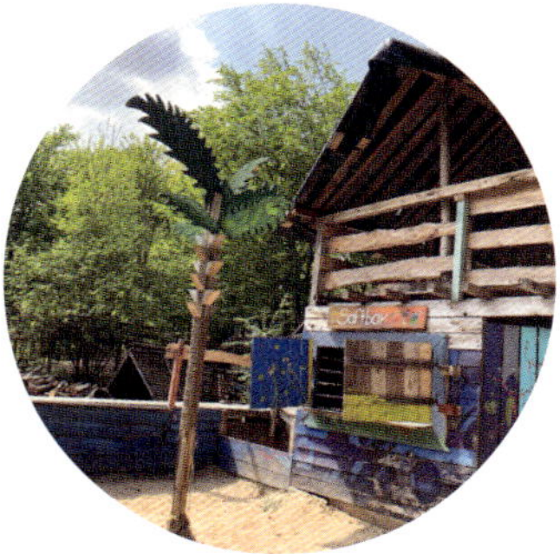

Baui Essener Straße

Kinder zwischen 6 und 13 Jahren werden diesen Bauspielplatz lieben. Auf dem großen eingezäunten Gelände darf ausgiebig getobt werden, und wer möchte, kann beim Hüttenbauen helfen oder direkt seine eigene Hütte bauen. Montags bis freitags zwischen 14 und 19 Uhr finden die Kids hier eine elternfreie Zone und eine kleine Oase zur Selbstentfaltung. Die eigenen gebauten Hütten wurden mit viel Sorgfalt kreiert, und es finden sich viele liebevolle Details darin versteckt. Auf dem Baui kann man aber auch mit dem Mountainbike über die Hügel kurven, Streetsoccer oder Tischtennis spielen, schaukeln, Einrad fahren und ganz viel Neues ausprobieren. Betreuer, die die Kinder bei ihren Vorhaben unterstützen, sind immer anwesend. Montags gibt es eine Fahrradwerkstatt für Kinder, und donnerstags ist der beliebte Stockbrottag am Feuer. Der Baui kann ohne Anmeldung besucht werden.

↗ *Essener Straße 87 B, 22419 Hamburg*

Baui Tweeltenmoor

Kinder, die Tiere lieben, sind auf diesem Bauspielplatz goldrichtig. Der Baui Tweeltenmoor beheimatet Hühner, Esel, Ponys, Ziegen, Meerschweinchen und Hasen. Vor allem die Ziegen laufen gern frei herum. Alle Kinder zwischen 6 und 14 Jahren dürfen hier von montags bis freitags eine elternfreie Zeit verbringen. Ob Tiere versorgen, an Hütten bauen oder Über-das-Gelände-Toben – Grenzen sind kaum gesetzt. Mittwochs ist, innerhalb der Schulzeit, auf dem Baui Familientag. Dann können auch Eltern und jüngere Kinder das Gelände besuchen. Betreuer sind zu den Öffnungszeiten immer vor Ort.

↗ *Tweeltenmoor 11, 22417 Hamburg*
www.isuf.org

Tala 300

Das Tala 300 ist noch ein kleiner Geheimtipp in Hamburgs Norden. Nachmittags von mittwochs bis samstags öffnet die Sporthalle ihre Tore für Besucher. Ein toller Tobebereich mit Bällebad, Rutschfahrzeugen, Trapez, Luftpolstermatten und vielem mehr lädt zum ausgiebigen Spielen ein, eine kleine Cafeteria rundet das Angebot ab. Kinder bis zwölf Monate haben hier freien Eintritt, alle anderen Besucher zahlen einen Eintrittspreis von vier Euro. Im Tala kann man auch Geburtstage feiern, wofür es samstags am späten Nachmittag und sonntags tagsüber verschiedene freie Zeitfenster gibt. Hier sollte man aber am besten drei Monate vorher buchen, um auch wirklich den Wunschtermin zu bekommen. Getränke und Verpflegung müssen am Wochenende selbst organisiert werden. Wer lieber in der Woche feiern möchte, bekommt teilweise auch noch kurzfristig einen Termin. In der Woche wird die Verpflegung vom Tala bereitgestellt.

↗ *Tangstedter Landstraße 300,*
22417 Hamburg
www.tala300.de

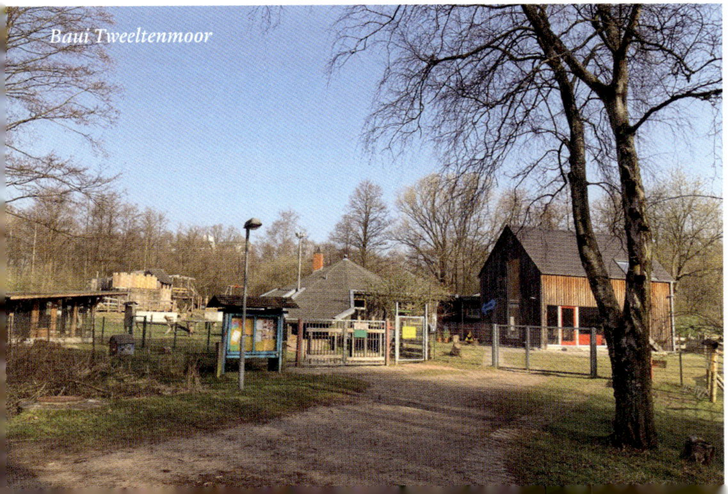
Baui Tweeltenmoor

Büchertausch-schränke

Ein großer Büchertauschschrank steht im Jugendparkweg/Ecke Westerrode. Eine weitere große Büchertauschzelle befindet sich in der Dortmunder Straße.

Ein Bücherhäuschen steht in der Bergmannstraße/Ecke Langenhorner Chaussee, hinter ALDI.

Ein kleines Bücherhäuschen befindet sich in der Hohen Liedt (ziemlich mittig zwischen der Tangstedter Landstraße und der Fritz-Schumacher-Allee).

Ein Tauschschrank nur für Kinder steht am Eingang des Baui Tweeltenmoor, Tweeltenmoor 11.

Eine Kulturbox, wo Bücher getauscht werden können, befindet sich im Krohnstieg Center (im Untergeschoss bei Edeka Hollender auf der Kassenseite).

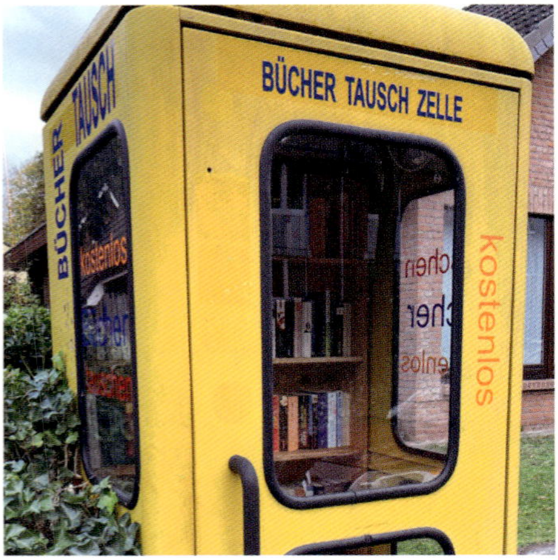

Wochen-märkte

Im Schmuggelstieg findet donnerstagvormittags der Wochenmarkt statt. Dies ist Deutschlands einziger Wochenmarkt, der sich nicht nur über eine Stadtgrenze (Hamburg und Norderstedt), sondern auch über eine Landesgrenze (Hamburg und Schleswig-Holstein) erstreckt.

Am Langenhorner Markt, auch LA HO MA genannt, findet der Wochenmarkt immer dienstagnachmittags sowie samstagvormittags statt.

Freibad

Naturbad Kiwittsmoor

Das 1934 gebaute Naturbad Kiwittsmoor, auch KiWi genannt, wird durch Grundwasser gespeist. Das Bad ist umgeben von Liegewiesen und verfügt über einen 25 Meter langen Sandstrand. Zwei Kinderspielplätze, ein Beachvolleyball-Feld und ein Feld für Boccia gibt es hier ebenso. Der Schwimmbereich ist in einen Nichtschwimmer- und in einen Schwimmerbereich unterteilt. Eine Badeaufsicht ist während den Öffnungszeiten anwesend. Ein separater Grillplatz kann reserviert werden.

↗ *Hohe Liedt 9, 22417 Hamburg*

Besondere Orte

Flohkids 1

Für alle, die Kinder-Flohmärkte lieben und gern Second-Hand-Sachen für Kinder kaufen, ist Flohkids ein Muss. In dem hellen Verkaufsraum lassen sich ganz entspannt Kleidung und Spielzeug shoppen. Dafür ist unbedingt etwas Zeit einzuplanen, es gibt sehr viele Regale zum Stöbern. Um dort zu verkaufen, kann online ein Regal gebucht werden, das sich vorab virtuell befüllen lässt. Es ist alles sehr durchdacht, und Verkaufen wie Kaufen sind sehr benutzerfreundlich gestaltet.

↗ *Diekmoorweg 12 A, 22419 Hamburg*
www.flohkids.de

Eight Corners 2

Dieses charmante kleine Café befindet sich in einem ehemaligen denkmalgeschützten Wärterhäuschen in der Wohnanlage Oxpark. Von Kuchen (auch vegan) bis zu herzhaften Köstlichkeiten findet man (fast) alles, was das Herz begehrt. Besonders empfehlenswert ist der beste Spundekäs der Stadt, eine Frischkäsezubereitung, die mit Brot serviert wird. Für Kinder stehen Mal- und Spielsachen bereit, im Sommer lädt die Außenterrasse zum längeren Verweilen ein. Die Terrasse ist barrierefrei erreichbar, zur Eingangstür ist allerdings eine Stufe zu nehmen. Hunde dürfen in das Café mitgebracht werden.

↗ *Jütlandring 12, 22419 Hamburg*

Eiscafé Jacobs 3

Bereits seit vierzig Jahren gibt es dieses Eiscafé in Langenhorn – fast jeder Langenhorner hat hier schon mal ein Eis gegessen, und im Sommer steht immer eine lange Menschenschlange für das leckere Eis an. Die Auswahl an Speiseeis ist kaum zu übertreffen, und wer lieber Kaffee oder Milchshakes mag, kommt auch nicht zu kurz. Im Eiscafé ist nur Barzahlung möglich!

↗ *Immenhöven 23, 22417 Hamburg*
www.eiscafe-jacobs.de

Veranstaltungszentrum ella 4

Das Veranstaltungszentrum ella im Käkenflur bereichert das kulturelle Leben in Langenhorn. Eine Vielzahl an Kursen, Veranstaltungen und Vorführungen steht dort auf dem Programm. Zu den Klassikern gehören „Das Rollende Sofa", das Lesungen, Comedy, Varieté und Live-Musik an ungewöhnlichen Orten präsentiert, und „Der Bücherkoffer", der Kindern mit Gesang, kreativen Angeboten und Geschichten die Welt der Bücher eröffnet. Das ella organisiert auch verschiedene öffentliche Stadtteil-Feste, die oft im Käkenhof stattfinden, und engagiert sich in der Stadtteilentwicklung.

↗ *Käkenflur 30, 22419 Hamburg*
www. mookwat.de/ella-kulturhaus

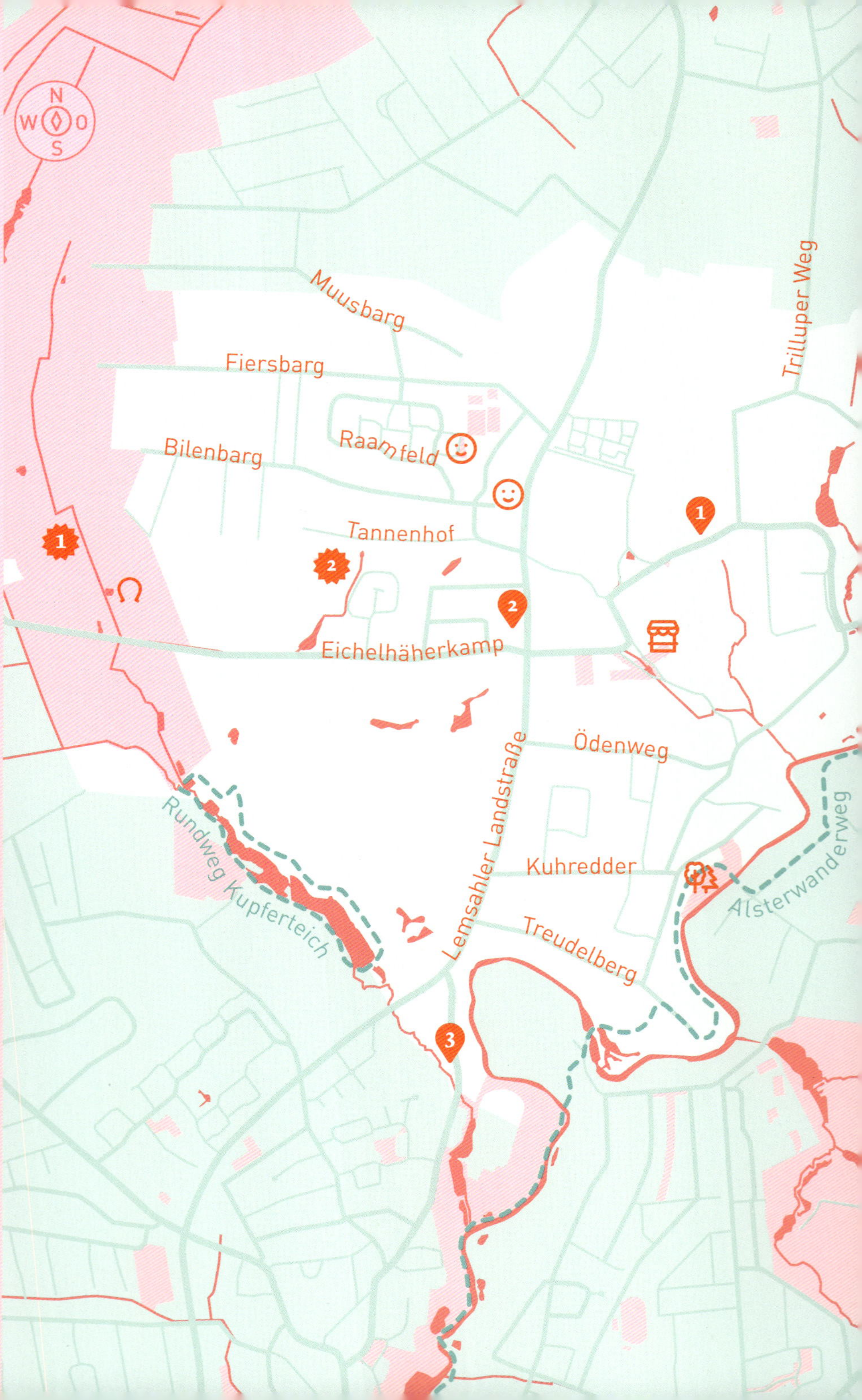

N
W
O
S
Muusbarg
Fiersbarg
Bilenbarg
Raamfeld
Tannenhof
Trilluper Weg
1
2
1
2
Eichelhäherkamp
Ödenweg
Lemsahler Landstraße
Kuhredder
Treudelberg
Rundweg Kupferteich
Alsterwanderweg
3

Lemsahl-Mellingstedt *Heimstatt der Trilluper Ziegel*

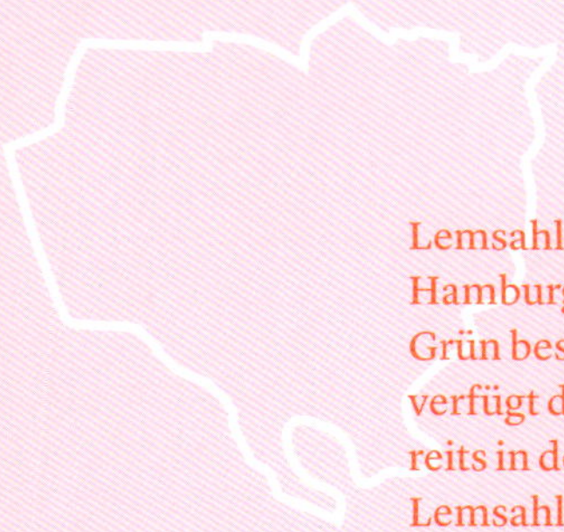

Lemsahl-Mellingstedt wirkt, als läge es schon vor den Toren Hamburgs. Reetdachhäuser, verschlafene Straßenecken und viel Grün bestimmen das Ortsbild. Als Teil der ehemaligen Walddörfer verfügt der Stadtteil über große Weiden- und Wiesenflächen. Bereits in der Stein- und Bronzezeit wurde hier gesiedelt. Der Name Lemsahl bezieht sich auf ein „Sahl“ – einen lehmigen Tümpel, der Name Mellingstedt rührt von einer sächsischen Siedlung her, deren Gründer wohl „Madling“ oder „Melling“ geheißen haben muss. Urkundlich erwähnt wurden die beiden Dörfer zum ersten Mal im Jahr 1271 als „Mellinghestede“ und „Lemsole“.

Bedeutend wurde die Region durch die Trilluper Ziegelei und Töpferei – nach dem großen Hamburger Brand von 1842 wurden viele Gebäude mit den gelben Trilluper Ziegeln wiederaufgebaut. Beide Dörfer gehörten zunächst dem dänischen Herzogtum Holstein an und waren dann in österreichischer Verwaltung, bis die bis dahin eigenständigen Dörfer mit der Übergabe an Preußen 1867 zusammengeschlossen und 1937 nach Hamburg eingemeindet wurden. Noch heute sind die alten Dorfstrukturen gut erkennbar, und auch die alten Traditionen sind lebendig. Der Heimatbund Lemsahl-Mellingstedt e.V. organisiert das traditionelle Schweinelotto im Gasthof Offen und das Singen unterm Tannenbaum auf dem Lemsahler Dorfplatz.

Stadtteilnachbarn sind Poppenbüttel, Sasel, Bergstedt, Wohldorf-Ohlstedt und Duvenstedt. Außerdem grenzt Schleswig-Holstein an.

Highlights

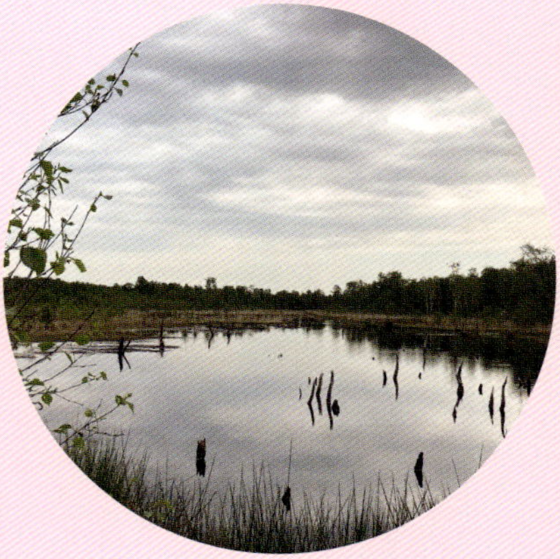

1

Naturschutzgebiet Wittmoor

Das Naturschutzgebiet Wittmoor liegt an der Grenze zu Schleswig-Holstein und Duvenstedt. Es ist das letzte Hochmoor im Norden Hamburgs. Das Landschaftsbild wird durch Moor, Felder, Gras- und Birkenlandschaften, Heide, einen kleinen See und den bewaldeten Panzerberg geprägt. Einige Wanderwege und ausgeschilderte Reitwege führen durch das Naturschutzgebiet hindurch, bei Sportlern ist das Wittmoor beliebt. Die Wege sind allerdings teilweise etwas holprig und schmal, nach längeren Regentagen sollte das Gebiet gemieden werden. Hunde sind ganzjährig anzuleinen. Im Naturschutzgebiet befinden sich zahlreiche Tafeln, die über die Natur und die Geschichte des Moores informieren. Einige Gedenksteine erinnern an das KZ Wittmoor, das sich von April bis Oktober 1933 hier befand. Es war eines der ersten deutschen Konzentrationslager und wurde wegen seiner geringen Größe (hier konnten „nur" 140 Inhaftierte durch harte Arbeit „umerzogen" werden) geschlossen.

↗ *zum Beispiel über Fiersbarg, 22397 Hamburg*

2

Spielplatz Grote Koppel

Mitten im Grünen liegt der weitläufige und große Spielplatz Grote Koppel, der auf den ersten Blick wie eine kleine Stadt aussieht. Viele Häuserwände laden zum kreativen Spielen ein. Ob Imbissbude mit integriertem hölzernen Herd oder ein kleines Schlösschen – der Fantasie sind hier keine Grenzen gesetzt. Der Spielplatz bietet viel Platz zum Toben und Entdecken, neben den vielen Häuserfassaden gibt es auf dem Gelände auch mehrere Schaukeln, ein Bodentrampolin, eine Y-Rutsche und ein Kletterhaus. Für die sportliche Betätigung gibt es eine Tischtennisplatte, einen Basketballkorb und ein kleines Fußballfeld.

↗ *Grote Koppel, 22397 Hamburg*

Wälder, Parks & Naturschutzgebiete

Alstertal

Direkt an der Huuskoppel befindet sich ein malerischer Grünstreifen mit großen Wiesen, der sich wie das unter Naturschutz stehende Tal der Alster in Hamburgs Norden und jenseits der Stadtgrenzen „Alstertal" nennt, aber doch etwas überschaubarer ist. Mit Glück kann man hier im Frühling Buntspechte beobachten, die in den alten Bäumen Höhlen bauen, um dort ihre Jungvögel aufzuziehen. Auch der Alsterwanderweg führt hier entlang. Schnell erreicht sind vom „Alstertal" die Mellingburger Schleuse sowie die beiden Naturschutzgebiete Hainesch-Iland und das Rodenbeker Quellental.

↗ *Huuskoppel/Ecke Alsterwanderweg, 22397 Hamburg*

Spielplatz

Spielplatz Raamfeld

Ein weiterer, etwas versteckter Spielplatz befindet sich im Grünbereich bei der Straße Raamfeld. Er besteht aus einem Kleinkindbereich sowie einem Kletterhaus mit Rutsche, Schaukeln, einem Bodentrampolin und einem kleinen Fußballfeld. Der große Rasenbereich bietet genügend Platz zum Toben, Picknicken und Spielen.

↗ *Raamfeld, Höhe Hausnummer 257, 22397 Hamburg*

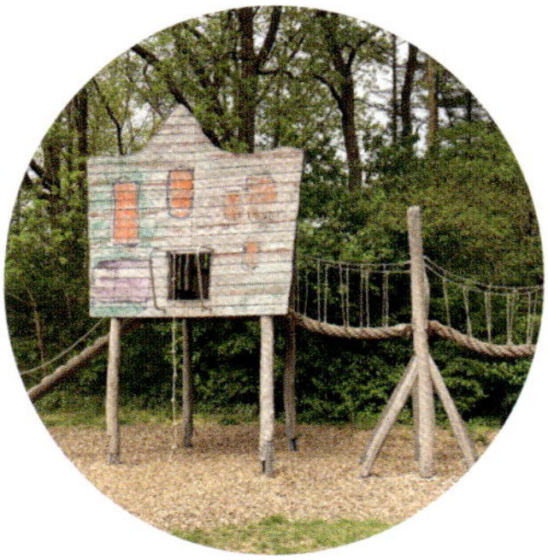

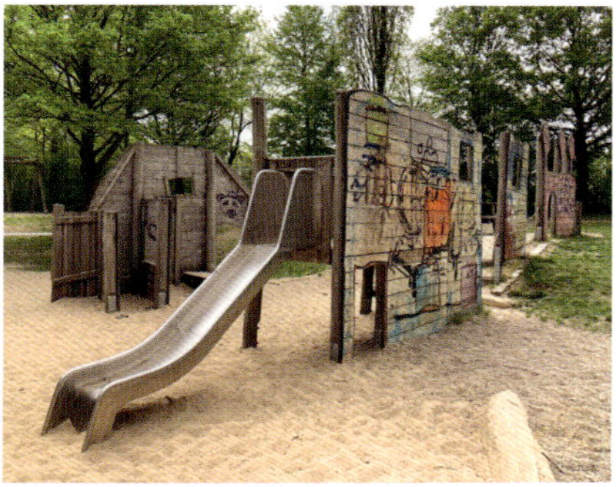

Spielplatz Grote Koppel

Bauspielplatz/ Spielhaus

Jule° – CVJM Jugendhaus Lemsahl

Für viele Kinder und Jugendliche ist das Jule° aus Lemsahl nicht mehr wegzudenken, für die Altersgruppen von acht bis neunzehn Jahren gibt es viele unterschiedliche Kurse, offene Treffen und altersgerechte Projekte. Aber auch regelmäßige Angebote für junge Erwachsene und Familien mit Kleinkindern sind hier zu finden, wie zum Beispiel Eltern-Kind-Gruppen und das Frauencafé. Eine Anmeldung ist dafür nicht immer zwingend erforderlich, ein Blick in den aktuellen Jule°-Terminkalender lohnt sich auf jeden Fall. Das Jule° ist ein Angebot des Christlichen Vereins Junger Menschen (CVJM).

↗ *Lemsahler Landstraße 213,*
22397 Hamburg
www.cvjm-jule.de/website/de/jule

Gedenkstein
Lemahler Dorfplatz

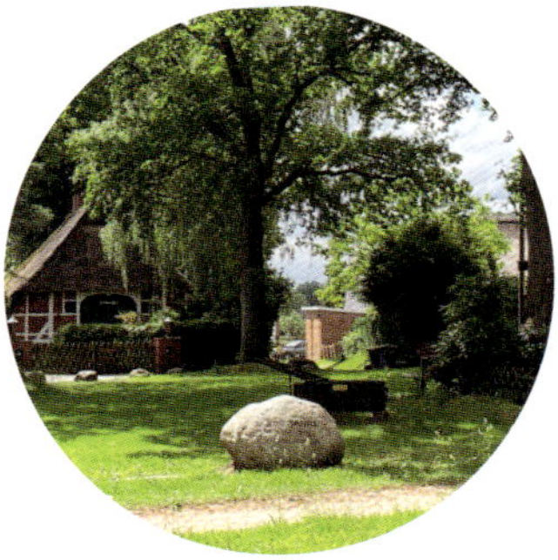

Wochenmarkt

Lemsahl-Mellingstedt hat keinen eigenen Wochenmarkt. Frische regionale Produkte gibt es aber fast täglich im Hofladen des Ökohofs Lemsahl am Redderbarg 15.

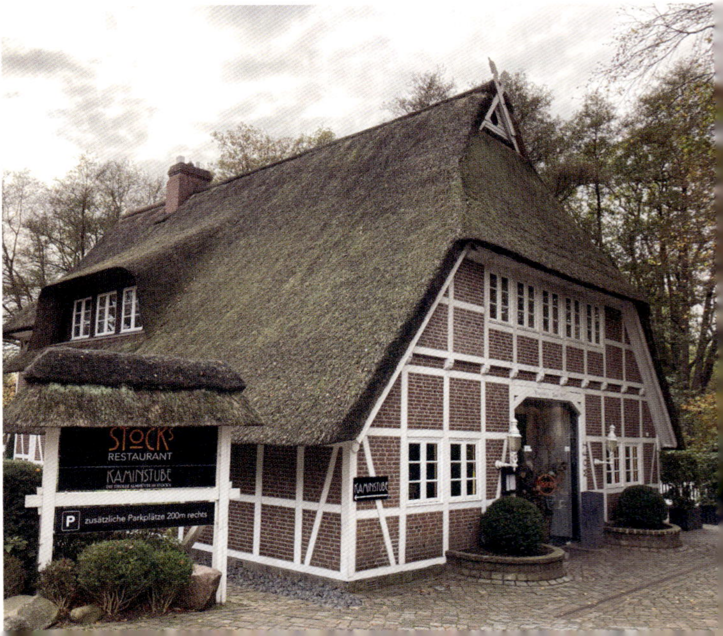

STOCK's
Restaurant
und Kaminstube

Besondere Orte

Gasthaus Offen 1

Seit 1967 wird im Gasthaus Offen rustikale und saisonale Hausmannskost serviert. Besonders geschätzt und bekannt ist das urige Restaurant wegen seiner großzügigen Essensportionen und des freundlichen Personals. Im Sommer lockt der Biergarten mit einer kleineren Auswahl an kulinarischen Klassikern. Im Garten befindet sich ein kleiner Spielbereich für Kinder. Das Gasthaus wird auch gern für private Veranstaltungen und Feierlichkeiten gebucht.

↗ *Lemsahler Dorfstraße 39,*
22397 Hamburg
www.gasthaus-offen.de

Susanne Hinnrichs Atelier Hamburger Walddörfer 2

Susanne Hinnrichs ist freie Künstlerin und unterrichtet in ihrem Atelier Hamburger Walddörfer regelmäßige Kurse in Acrylmalerei. In kleinen Gruppen kann man hier seine kreativen Ideen umsetzen, neue Techniken erlernen und mit Gleichgesinnten Abstand vom Alltag nehmen. Dabei spielt es keine Rolle, ob man bereits fortgeschritten oder noch Anfänger ist. Ein Kurs geht über zehn Termine, wahlweise vormittags oder abends. Aber auch Wochenendkurse, Event-Malen (zum Beispiel für einen Junggesellenabschied) und Kindergeburtstage ab zehn Jahre können bei Susanne Hinnrichs gebucht werden.

↗ *Lemsahler Landstraße 171,*
22397 Hamburg
www.susannehinnrichs.de

STOCK's Restaurant und Kaminstube 3

Seit 2001 gibt es das STOCK's in Lemsahl-Mellingstedt. Unter der Führung des Sternekochs Heiko Stock überzeugt das gemütliche Restaurant mit seiner kreativen deutschen Küche, leckeren Fischgerichten und dem wohl besten Sushi in Hamburgs Norden. Auf der Terrasse hat man im Sommer einen wunderschönen Blick auf das Alsterland, im Winter lockt der lichtdurchflutete Wintergarten. Für private Feiern steht die Kaminstube, die sogenannte Almhütte, zur Verfügung. Wenn man mal nicht ins STOCK's kommen kann, gibt es am Wochenende einen eigenen Lieferservice, der die gehobene Kulinarik nach Hause bringt.

↗ *An der Alsterschleife 3, 22399 Hamburg*
www.stocks.de

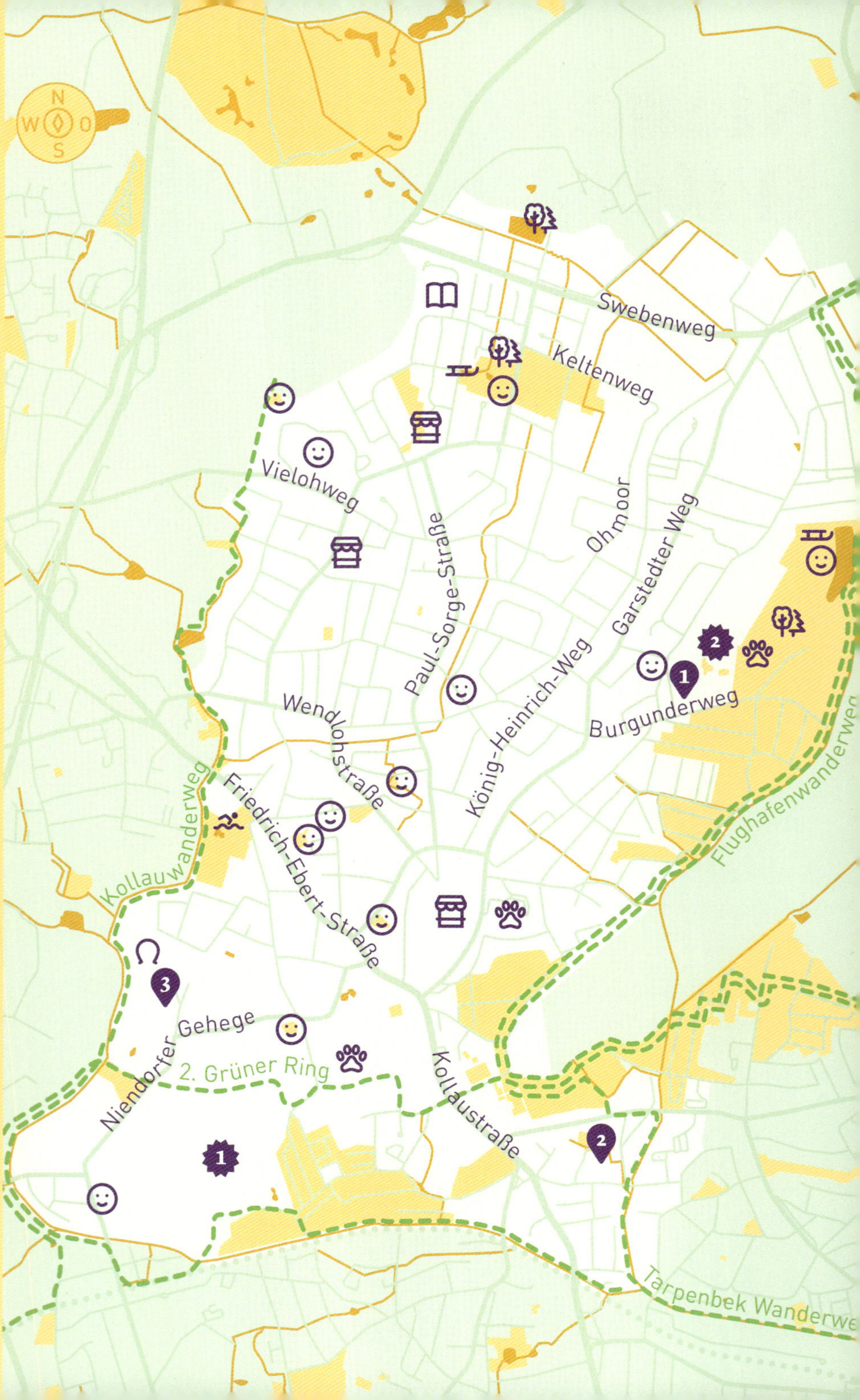

N
W
O
S
Swebenweg
Keltenweg
Vielohweg
Ohmoor
Garstedter Weg
Paul-Sorge-Straße
König-Heinrich-Weg
Burgunderweg
Wendlohstraße
Friedrich-Ebert-Straße
Kollauwanderweg
Flughafenwanderweg
Niendorfer Gehege
2. Grüner Ring
Kollaustraße
Tarpenbek Wanderweg
1
2
3

Niendorf *Wildpark und Stadtwald*

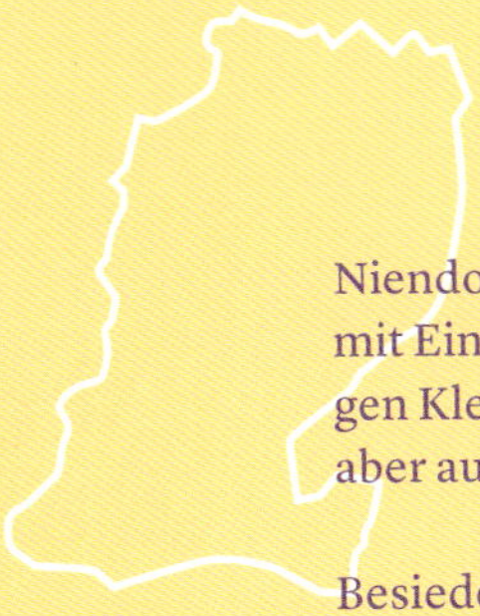

Niendorf ist heute überwiegend ein Wohnquartier und vor allem mit Einfamilien- und Reihenhäusern bebaut. Für viel Grün sorgen Kleingärten, Wiesen und der Stadtwald Niendorfer Gehege, aber auch landwirtschaftlich genutzte Flächen.

Besiedelt wurde die Gegend bereits in der mittleren Steinzeit, im Jahr 1343 erfolgte eine erste urkundliche Erwähnung Niendorfs. Der Name bedeutet „das neue Dorf" und bezeichnete eine neue Siedlung, die am heutigen Tibarg entstand. Zu einiger Bedeutung gelangte Niendorf im 18. Jahrhundert, als es mit dem Gottorper Vergleich aus der Hamburger Kirchenorganisation herausgelöst und zu einem eigenen Kirchspiel erhoben wurde. Davon zeugt noch die bedeutende Kirche am Markt.

Neben der Landwirtschaft war die Torfgewinnung eine lukrative Einnahmequelle. Das Gebiet war stark von Moor geprägt, die Torfvorkommen wurden mit der Zeit fast vollständig abgebaut. Seit dem 19. Jahrhundert entwickelte Niendorf sich zu einem städtischen Vorort, nach dem Deutsch-Dänischen-Krieg fiel es an Preußen. Zu Anfang des 20. Jahrhunderts entstanden hier zahlreiche Villen und Sommerresidenzen, die endgültige Eingemeindung nach Hamburg wurde 1937 vollzogen.

Stadtteilnachbarn sind Schnelsen, Eidelstedt, Stellingen, Lokstedt, Groß Borstel und Fuhlsbüttel. Nördlich grenzt Schleswig-Holstein an. Niendorf hat vier U-Bahn-Haltestellen: Niendorf Markt, Joachim-Mähl-Straße, Schippelsweg und Niendorf Nord.

Highlights

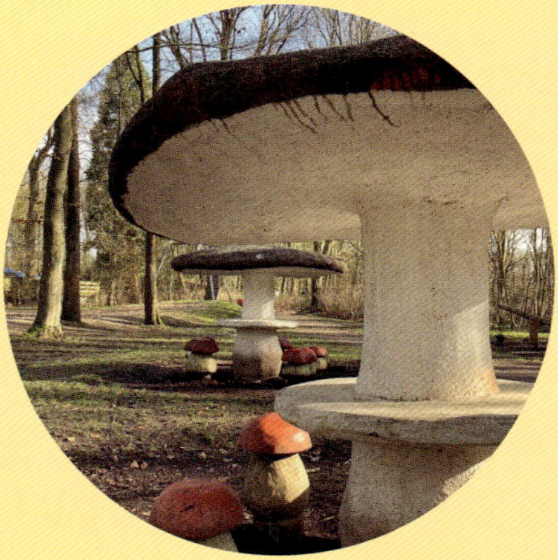

1

Niendorfer Gehege

Das Niendorfer Gehege ist mit etwa 142 Hektar das größte Waldgebiet im Bezirk Eimsbüttel und bietet jede Menge Platz zum Spazieren, Wandern und Fahrradfahren. Kleine und große Besucher freuen sich hier über ein Wildgehege mit Hirschen und Damwild sowie zwei Spielplätze. Fürs leibliche Wohl sorgt das kleine Waldcafé Corell. Direkt daneben befinden sich auch eine Grillzone und ein Ponyhof, wo man sich Ponys für einen kleinen Ausritt auf den eigens dafür angelegten Wegen ausleihen kann. Ein sehr großes Hundeauslaufgebiet liegt östlich des Niendorfer Geheges. Ein Spaziergang durch das Erholungsgebiet lässt sich auch gut in die Feldmark ausdehnen, die bereits zu Eidelstedt gehört. Der Kollauwanderweg sowie der 2. Grüne Ring führen durch das Niendorfer Gehege hindurch, alle Hauptwege sind eben und können auch gut mit dem Rollstuhl befahren werden.

↗ *zum Beispiel Niendorfer Gehege/Ecke Vogt-Kölln-Straße, 22453 Hamburg*

2

Spielplatz Teutonenweg

Der Spielplatz Teutonenweg oder „Pilzspielplatz“, wie er auch genannt wird, liegt mitten im Wäldchen der Parkanlage Rahweg. Hier kommt jedes Kind auf seine Kosten: Pilzsitze, Seilbahn, Schaukeln, mit denen man sehr hoch schaukeln kann, eine Kletteranlage mit Rutsche, Wackelbienen, Wippen und Spielhäuser. Direkt daneben gibt es einen großen Bolzplatz mit Fußballtoren und ein separates Gelände mit vielen Hügeln extra zum Mountainbikefahren. Eine große Hundeauslaufzone und das Waldcafé Saha befinden sich in unmittelbarer Nähe.

↗ *Burgunderweg, Höhe Hausnummer 23, 22453 Hamburg*

Wälder, Parks & Naturschutzgebiete

Parkanlage Rahweg

Direkt neben der Start- und Landebahn des Flughafens befindet sich die Parkanlage Rahweg, die für einen Spaziergang eine schöne Alternative zum Niendorfer Gehege bietet. Ein kleines Wäldchen, große Wiesen und der Rahwegteich (mit eigenem Strand) laden zur Naherholung mit Flugzeugbeobachtung ein. Auf dem Rahwegteich können nicht nur Enten, sondern auch Kormorane beobachtet werden. Zum Angeln benötigt man einen gültigen Angelschein. Zwei Spielplätze, eine Mountainbike-Piste, ein Schlittenberg und eine sehr große Hundeauslaufzone bieten Abwechslung in der Parkanlage, die gastronomisch vom Waldcafé Saha mit Minigolf-Anlage versorgt wird. Ein Spaziergang kann auch bis zum Zaun der Flughafenpiste erweitert werden.

↗ *zum Beispiel Burgunderweg/Ecke Hasenheide, 22453 Hamburg*

FFH-Gebiet Ohmoor

Das Fauna-Flora-Habitat-Schutzgebiet (kurz FFH-Gebiet) Ohmoor an der Landesgrenze von Hamburg und Schleswig-Holstein ist ein idealer Ort zum Runterkommen. Das über fünfzig Hektar große Moorgebiet ist der Rest eines etwa 450 Hektar großen atlantischen Hochmoors. Durch die vielen Birken und die Heide fühlt man sich hier wie in eine völlig andere Welt versetzt. Wenn man den Wanderwegen folgt, führen diese ein Stück am Zaun der Flughafenpiste entlang. Im Moor gibt es vereinzelte Informationstafeln, die Auskunft über die Flora und Fauna geben. Hunde sind ganzjährig anzuleinen. Festes Schuhwerk ist für eine Tour durch das Schutzgebiet sehr zu empfehlen. Ein Spaziergang kann bis zum Ohmoorteich verlängert werden. Hier können Enten, Gänse und Graureiher beobachtet werden.

↗ *Sachsenstieg, 22455 Hamburg*

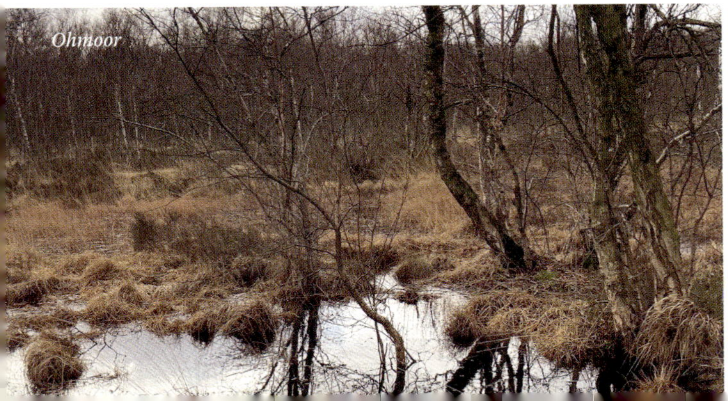

Ohmoor

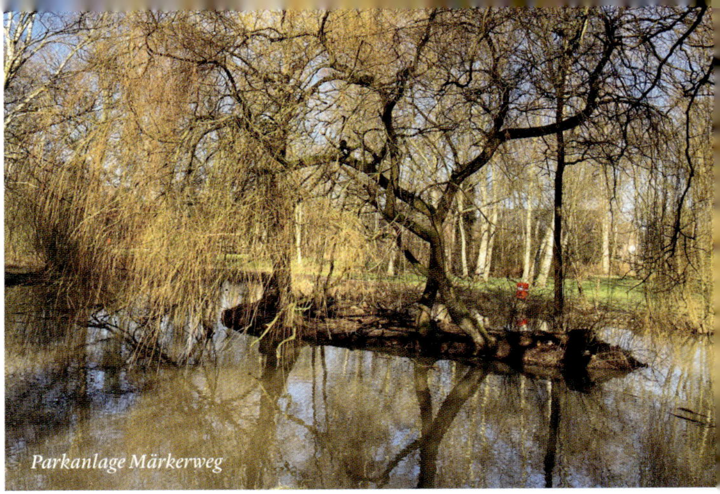

Parkanlage Märkerweg

Parkanlage Märkerweg

Die Parkanlage Märkerweg in Niendorf ist eine gut überschaubare Grünanlage. Der Grootsee, ein kleiner Teich, auf dem Enten schwimmen, sowie die vielen Sitzmöglichkeiten laden zu einer Pause mit Blick aufs Wasser ein. Herzstück der Anlage ist der große eingezäunte Spielplatz. Auch einen kleinen Rodelberg gibt es hier. Im Frühling blüht der gesamte Park mit bunten Krokussen und Schneeglöckchen. Von hier aus gelangt man schnell zum Ohmoorteich.

↗ *Märkerweg, 22455 Hamburg*

Wanderweg

Ohl-Dörp-Ring und Düp-Ring

Bereits in den 1960er Jahren wurden die sogenannten „Grüne Ringe Niendorf" geplant. Sie sollten vor allem für ältere Menschen eine wohnortnahe Wegeverbindung herstellen. Zwei Ringe sollten entstehen, der Ohl-Dörp-Ring im inneren Bereich des Stadtteils und der Düp-Ring für das äußere Niendorf. Seit dem Jahr 2004 wurde das Vorhaben langsam angegangen, aber mehrere Male wieder unterbrochen. Heute weisen einige Schilder in Niendorfer Grünbereichen auf die beiden Ringe hin, eine vollständige und ganz nachvollziehbare Erschließung gibt es aber noch nicht. In einigen Abschnitten besteht kein Leinenzwang für von der Anleinpflicht befreite Hunde, zum Beispiel im Bereich der Grünzüge Hadermanns Weg, Herzog-Bruno-Weg und Fuhlsbütteler Weg.

Hundewiesen

↗ Die Hundeauslaufzone Alwin-Lippert-Weg liegt etwas versteckt an der Ecke Garstedter Weg. Sie besteht aus einer großen offenen Wiese, die von Bäumen und Büschen umgeben ist.

↗ Direkt in der Parkanlage Rahweg befindet sich die Hundeauslaufzone

Burgunderweg, die aus einem kleinen Wäldchen und einer riesigen Wiesenfläche besteht.

↗ Die Hundeauslaufzone im Niendorfer Gehege erstreckt sich über einen kleinen Waldbereich und eine große Wiese. Dieser Bereich gehört zu Hamburgs größten Hundeauslaufzonen.

Spielplätze

Spielplatz Rahweg

Einer von mehreren kleineren Spielplätzen in der Parkanlage Rahweg mit Kletterburg samt Rutsche, Wippen und Schaukeln befindet sich direkt auf dem Schlittenberg. Der Rodelberg ist besonders im Winter beliebt, denn er bietet eine tolle Schlittenabfahrtspiste. Außerdem kann man von hier die Flugzeuge gut beim Starten und Landen beobachten. Der Rahwegteich befindet sich direkt neben dem Berg.

↗ *Bayernweg, Höhe Rahmoor, 22453 Hamburg*

Spielplatz Bondenwald

Direkt im Niendorfer Gehege befindet sich der beliebte Spielplatz Bondenwald. Auf einer großzügigen Fläche gibt es genügend Platz zum Toben, Picknicken und Spielen. Für große und kleine Kinder stehen viele verschiedene Spielgeräte bereit, zum Beispiel Rutschen, ein großes Waldbaumhaus mit überdachten Sitzplätzen, eine Seilbahn, Wippen und ein kleines Kletterwäldchen mit einem Geschicklichkeitsparcours. Von Frühling bis Herbst hält mehrmals täglich ein kleiner Eiswagen am Spielplatz. Das Wildgehege befindet sich in unmittelbarer Nähe.

↗ *Niendorfer Gehege/Ecke Bondenwald, 22459 Hamburg*

Spielplatz Vogt-Kölln-Straße

Ein weiterer Spielplatz im Niendorfer Gehege befindet sich an der Vogt-Kölln-Straße. Der kleine, übersichtliche Bereich besitzt zwar nur eine Sandkiste und eine Schaukel, drum herum ist aber genügend Platz zum Spielen und Toben. Der Spielplatz befindet sich in der Nähe der

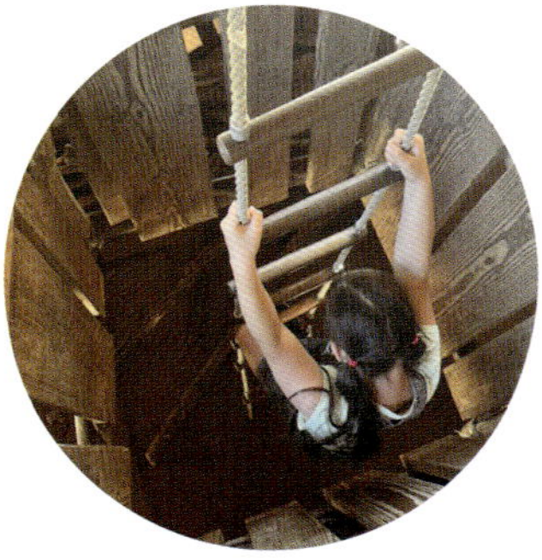

Spielplatz Bondenwald

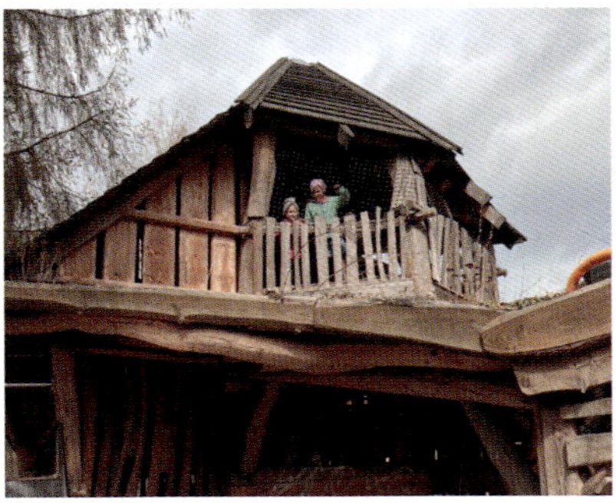

Bushaltestelle und eignet sich gut, um Wartezeiten zu überbrücken.

↗ *Vogt-Kölln-Straße, Höhe Bushaltestelle Niendorfer Gehege, 22527 Hamburg*

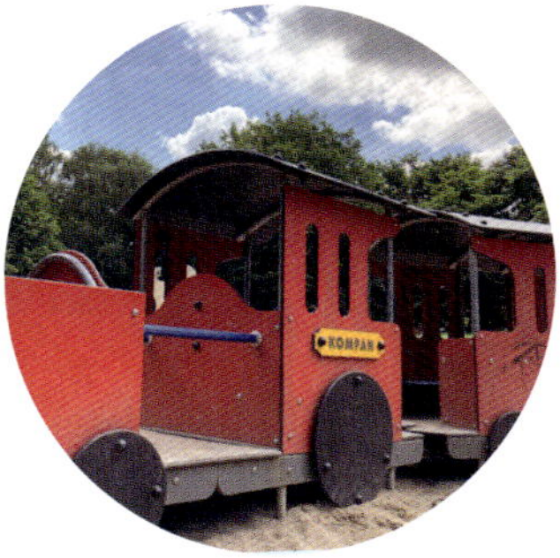

Kleinkind-Spielplatz Ordulfstraße

Der eingezäunte Kleinkind-Spielplatz bietet Schaukeln, einen großen Sandbereich mit Kletterhäusern und Rutsche, Wippen sowie einen Sandspieltisch. In der Woche wird der Spielplatz vormittags von der Aktion Kinderparadies e.V. betreut. Eltern können hier für einen sehr geringen Stundenpreis ihre Kinder im Alter von ein bis sechs Jahren betreuen lassen. In dieser Zeit ist auch das kleine Wetterschutzhaus mit Toilette geöffnet. Der Spielplatz ist in der angegebenen Betreuungszeit ausschließlich der Aktion Kinderparadies e.V. vorbehalten. Direkt daneben befindet sich ein Spielbereich für größere Kinder.

↗ *Ordulfstraße, 22459 Hamburg*
www.aktion-kinderparadies.de

Spielplatz Ordulfstraße

Für größere Kinder steht der Spielbereich neben dem eingezäunten Kleinkind-Spielplatz offen. Ein Fußballfeld, eine Drehscheibe, Schaukeln und ein Wipptier können in diesem Bereich benutzt werden. Der Kindertreff im „ASB Haus im Park“ befindet sich ebenso hier. Ein buntes Programm erwartet Kinder von fünf bis zwölf Jahren, immer von montag- bis freitagnachmittags.

↗ *Ordulfstraße 64, 22459 Hamburg*

Spielplatz Max-Zelck-Straße

Karussells, Kletterhäuser, eine Hängebrücke, Wackeltiere, Schaukeln, Wippen und Rutschen bilden das Inventar auf dem Spielplatz Max-Zelck-Straße. Besonders toll ist die rote Lokomotive, die vor allem bei kleineren Kindern sehr beliebt ist. Eine Tischtennisplatte gibt es hier ebenfalls. Der teils eingezäunte Spielplatz bietet viel Platz zum Toben und Spielen. Nur wenige Gehminuten entfernt ist der Niendorfer Markt. Der schöne große Spielpatz wird von Kitas gern als Ausflugsziel genutzt.

↗ *Max-Zelck-Straße, Höhe Hausnummer 4, 22459 Hamburg*

Spielplatz in der Grünanlage Wagrierweg

Ganz versteckt, zwischen den Hochhäusern beim Wagrierweg, befindet sich eine wirklich schöne Grünanlage. Sie ist nicht nur für einen längeren Aufenthalt und zum Spazierengehen zu empfehlen, sondern lädt Kinder und jung gebliebene Erwachsene auch zum Spielen ein. Für die Kinder gibt es dort mehrere Spielbereiche mit einer Kletterburg, einer Seilbahn, einem Wackelschiff, mehreren Wippen, einer Drehscheibe, Schaukeln und einigem mehr. Besonders angenehm ist es, dass die Spielbereiche etwas auseinander liegen. Man findet also immer eine ruhige Ecke. Das große Beachvolleyballfeld ist wohl das Highlight der Anlage. Hier kommt man unter „Palmen“ automatisch in den Sommermodus. Die Spielplätze werden von der Baugenossenschaft bgfg betreut.

↗ *Wagrierweg, 22455 Hamburg*

Spielplatz Graf-Anton-Weg

Ein weiterer versteckter Spielplatz befindet sich im Grünstreifen Graf-Anton-Weg. Hier gibt es einen Bolzplatz mit Fußballfeld und Basketballkorb, eine Tischtennisplatte und einen Kleinkind-Spielbereich mit Schaukeln, Wippen, Spielhaus und Sandkasten.

↗ *Graf-Anton-Weg, Höhe Hausnummer 13, 22459 Hamburg*

Spielplatz Bransgraben

Ein umzäunter Kleinkindbereich befindet sich im Grünbereich Johannkamp beim Schippelsmoorgraben. Dort sind Schaukeln, ein Kletterbereich, Wippen und Drehgeräte vorhanden.

↗ *Johannkamp, 22459 Hamburg*

Kleinkind-Spielplatz Teutonenweg

Ein kleiner umzäunter Spielbereich befindet sich im Teutonenweg. Schaukeln und zwei Wipptiere sowie eine kleine Rasenfläche stehen den Kindern zum Spielen zur Verfügung.

↗ *Teutonenweg, Höhe Hausnummer 10, 22453 Hamburg*

Bauspielplatz/ Spielhaus

Spielhaus Wagrierweg

Von Montag bis Freitag steht das Spielhaus allen Kindern ab etwa zwei Jahre offen. In Begleitung der Eltern können die Kinder auf dem Spielplatz spielen oder die Angebote im Haus nutzen. Während der Schulzeit gibt es für einen geringen Beitrag einen Mittagstisch für die Schulkinder der umliegenden Grundschulen. Anschließend können die Kinder spielen und sich an unterschiedlichen Projekten beteiligen. Eine Hausaufgabenhilfe wird ebenfalls angeboten. In der Regel sind die Angebote kostenfrei, eine Anmeldung ist nicht erforderlich.

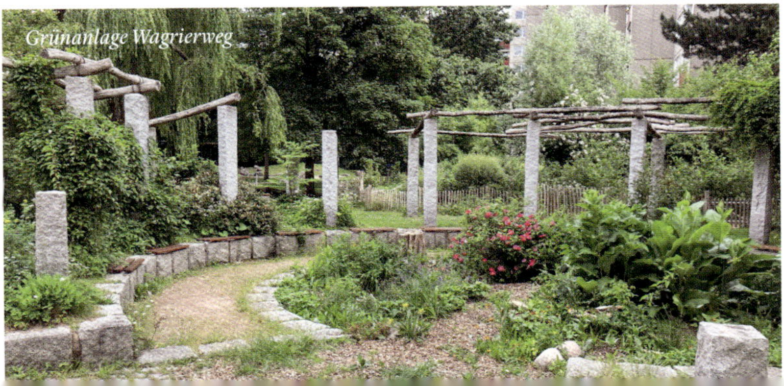
Grünanlage Wagrierweg

Büchertauschschrank

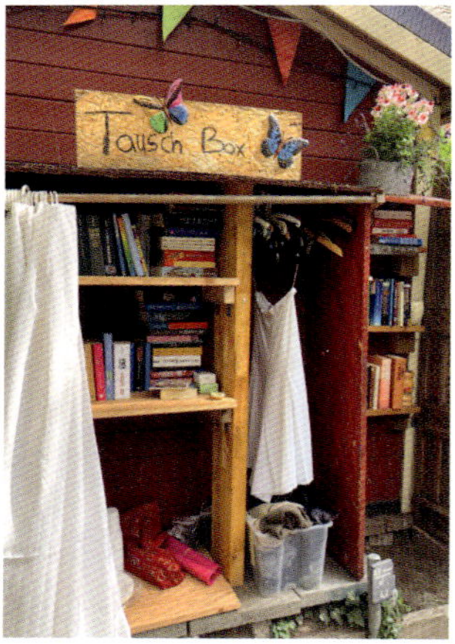

Eine große Tauschbox befindet sich in der Reinhold-Meyer-Straße.

Wochenmärkte

Immer donnerstag- und samstagvormittags findet der reguläre Wochenmarkt auf dem Tibarg-Gelände statt. Freitagvormittags wird ebenfalls dort ein Bio-Wochenmarkt veranstaltet.

Ein weiterer kleiner Wochenmarkt findet immer freitagvormittags am Quedlinburger Weg, Höhe Hausnummer 76, statt.

Immer dienstagnachmittags gibt es die Möglichkeit, am Wochenmarkt im Ernst-Mittelbach-Ring, Höhe Hausnummer 57, regionale Produkte einzukaufen.

Schwimmbad

Bäderland Bondenwald

Das Bäderland Bondenwald bietet für alle Altersstufen etwas. Ein Mehrzweckbecken dient nachmittags als Actionbereich mit Kletternetz und Sieben-Meter-Kletterwand, im Nichtschwimmerbecken kann man mit den Kindern die ersten Schwimmversuche wagen, und das große Sommerfreibad lockt im Sommer Groß und Klein nach draußen. Drinnen lädt ein eigener bunter Kinderbereich mit drei Becken zum Spielen und Planschen ein. Eine Saunalandschaft im japanischen Stil und ein breites Kursangebot gibt es außerdem.

↗ *Friedrich-Ebert-Straße 71, 22459 Hamburg*
www.baederland.de/baeder/standorte/bondenwald

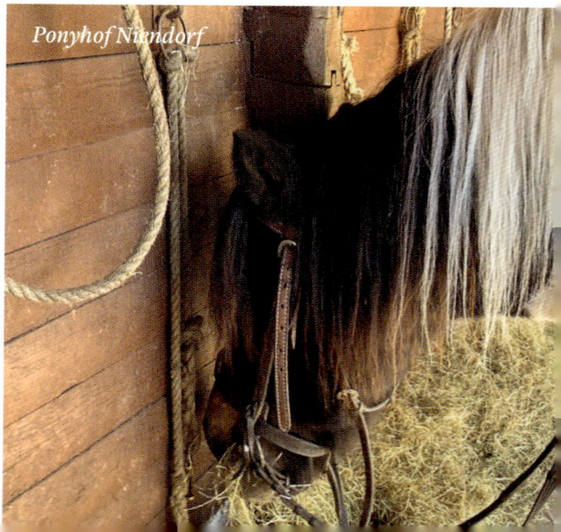

Ponyhof Niendorf

Besondere Orte

SAHA – das Waldcafé 1

Das Waldcafé SAHA, das neben leckeren selbstgebackenen Kuchen auch kleine orientalische Köstlichkeiten bietet, liegt direkt am Waldrand beim Burgunderweg (in der Nähe der Parkanlage Rahweg) und in unmittelbarer Nachbarschaft der Minigolfanlage des Niendorfer MC von 1963. Auf 18 Bahnen kann man dort seine Treffsicherheit unter Beweis stellen, für die kleineren Besucher liegen Kinderschläger bereit. Der Außenbereich lädt in gemütlicher Atmosphäre zum längeren Aufenthalt ein, ein kleiner Sandkasten steht für die jüngeren Gäste bereit. Im Waldcafé ist übrigens Selbstbedienung, alle Getränke und Speisen kann man aber auch mitnehmen. Es kann für Kindergeburtstage und private Feiern gebucht werden, Hunde sind, an kurzer Leine geführt, willkommen.

↗ *Burgunderweg 23, 22453 Hamburg*
www.saha-hamburg.de

Salzraum Hamburg 2

Im Salzraum Hamburg entsteht ein Mikroklima, wie es sonst nur in Salzstollen vorkommt. Dabei werden mit jedem Atemzug wertvolle Mineralien und Mikroelemente aufgenommen, ein Besuch kann äußerst entspannend wirken. Eine Besonderheit ist der Intensiv-Salzraum mit integrierter Spiel-Salzgrotte. Wenn dieser Raum voll vernebelt ist und das Licht langsam ausgeht, beginnen an der Decke Sterne und Galaxien zu funkeln. Gebucht wird der Raum jeweils zur alleinigen Nutzung, ein BrainLight-Raum mit einem Shiatsu-Massagesessel und einer Brainlight-Brille, die Lichtimpulse übermittelt, Massagen und eine Vollspektrum-Infrarot-Sauna runden das Angebot ab. Neben dem Salzraum wird gekickboxt, hier befindet sich der Trainingsraum der Combat Lions. Vor der Haustür gibt es einen großen kostenlosen Parkplatz.

↗ *Groß Borsteler Straße 25 H,*
22453 Hamburg
www.salzraum-hamburg.de

Ponyhof Niendorf 3

Das Glück der Erde liegt bekanntlich auf dem Rücken der Pferde. Das Highlight für fast alle Kinder ist im Niendorfer Gehege der Ponyhof. Hier kann man ganz ungezwungen ein Pony für einen Rundspaziergang ausleihen, bei dem die Kinder reiten dürfen. Dafür führt man das Pferd auf zwei ausgeschilderten Rundwegen entlang. Der kleine Rundweg dauert um die dreißig Minuten, die große Runde etwa eine Stunde. Pro Pferd muss ein Erwachsener führen, ein Fahrradhelm für die kleinen Reiter ist mitzubringen. Die Ponys können nicht vorab gebucht werden, es wird ausschließlich Barzahlung angenommen.

↗ *Niendorfer Gehege 50, 22453 Hamburg*
www.ponyhof-waldschaenke.de

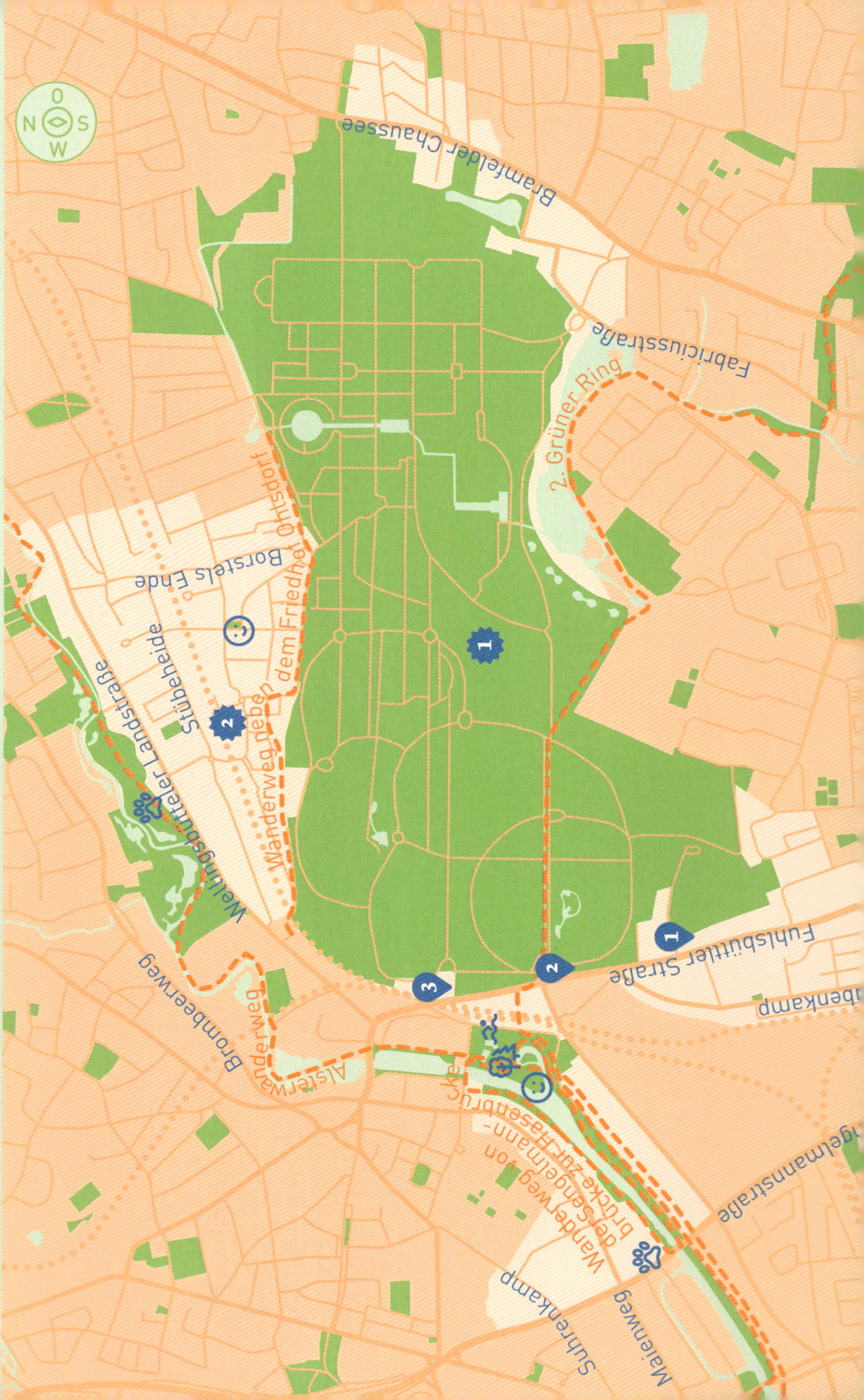

O
N
S
W
Bramfelder Chaussee
Fabriciusstraße
2. Grüner Ring
Borstels Ende
Wanderweg neben dem Friedhof Ohlsdorf
Stübeheide
Wellingsbütteler Landstraße
Brombeerweg
Alsterwanderweg
Fuhlsbüttler Straße
Wanderweg von der Sengelmann-brücke zur Hasenbrücke
Suhrenkamp
Maienweg

Ohlsdorf
Ort der Ruhe – nicht nur für die Toten

Der größte Parkfriedhof der Welt befindet sich in Ohlsdorf. Mit seinen über 200 000 Gräbern dient er nicht nur als letzte Ruhestätte, sondern ist zugleich ein Naherholungsgebiet mit ganz besonderer Atmosphäre. Am Friedhof entlang führt der zweite Grüne Ring, auf dem sich Hamburg vollständig umwandern lässt.

Das Dorf Odelverstorpe wurde erstmals im Jahr 1303 urkundlich erwähnt, Namensgeber war wohl ein Gründer namens Odulf. Verwaltet durch holsteinische Adlige, wurde es im 14. Jahrhundert an das Kloster Harvestehude verkauft und fiel durch die Reformation an das Hamburger Johanniskloster. 1830 wurde Ohlsdorf Bestandteil des Hamburger Landgebiets der Landherrenschaft der Geestlande, 1874 schließlich führte die Platzknappheit auf den Hamburger Friedhöfen zum Kauf von zusätzlichen 130 Hektar Wiesen- und Feldflächen auf Ohlsdorfer Gebiet – der riesige Hauptfriedhof Ohlsdorf entstand und konnte 1877 eingeweiht werden.

Das früher selbständige Klein Borstel wurde 1938 mit Ohlsdorf vereinigt und ist heute dessen Ortsteil. In den 1930er Jahren entstand dort die Frank'sche Siedlung, die damals größte geschlossene Reihenhaussiedlung Hamburgs. Das Projekt der Gebrüder Frank sollte sich als eine zukunftsweisende Siedlungsform erweisen.

Stadtteilnachbarn sind Hummelsbüttel, Wellingsbüttel, Bramfeld, Steilshoop, Barmbek-Nord, Alsterdorf und Fuhlsbüttel. Die U-Bahn-Station Ohlsdorf und die S-Bahn-Station Kornweg (Klein Borstel) sorgen für die Mobilität der Ohlsdorfer.

Highlights

1

Friedhof Ohlsdorf

Eine Gesamtfläche von über 400 Hektar umfasst der größte Parkfriedhof der Welt. Der Architekt Johann Wilhelm Cordes erschuf mit der im Jahr 1876 von der Stadt beauftragten Anlage sein Lebenswerk. Ziel war es dabei nicht allein, eine großflächige letzte Ruhestätte zu schaffen, sondern auch eine parkähnliche Anlage zur Naherholung, denn den Hamburger Stadtpark etwa gab es zu dieser Zeit noch nicht. Cordes war für die Gartenarchitektur verantwortlich und entwarf auf dem Gelände viele Kapellen und Gebäude. Bis zu seinem Tod im Jahr 1917 war er als Friedhofsdirektor tätig. Auch heute ist der Friedhof ein unvergleich ruhiger Ort mitten in der Stadt. Die vielen Wiesen und Flüsschen, der alte Baumbestand sowie die Denkmäler, Mausoleen und Kapellen fügen sich zu einem vielfältigen Parkgelände. Begünstigt wurde durch diese Vielfalt die Entstehung einer reichen Tier- und Pflanzenwelt, so dass sich auf dem Friedhof Uhus, Eisvögel, Fledermäuse, Rehe, Sumpfschildkröten und seltene Schmetterlingsarten entdecken lassen. Verschiedene Naturlehrpfade und Rundwege laden zu ausgiebigen Spaziergängen ein, regelmäßige Führungen, Ausstellungen und Veranstaltungen sorgen für ein abwechslungsreiches Programm. Hunde sind auf dem Gelände nicht gestattet.

↗ *Fuhlsbüttler Straße 756, 22337 Hamburg*
www.friedhof-hamburg.de/die-friedhoefe/ohlsdorf

2

Spielplatz Sodenkamp

Ein schöner, eingezäunter Spielplatz mit Kletterburg, Schaukeln, einem Karussell sowie einem separaten Sandbereich mit Kleinkindbereich befindet sich direkt im Sodenkamp. Das sportliche Angebot besteht aus einer Tischtennisplatte und einem Basketballkorb. Um die Spielelemente herum ist eine asphaltierte Rollerbahn angelegt. Der Spielplatz bietet viel Platz zum Toben. Direkt neben dem Spielplatz führen die S-Bahn-Gleise entlang, eine Kita befindet sich ebenfalls in direkter Nachbarschaft.

↗ *Sodenkamp, Höhe Jette-Müller-Weg, 22337 Hamburg*

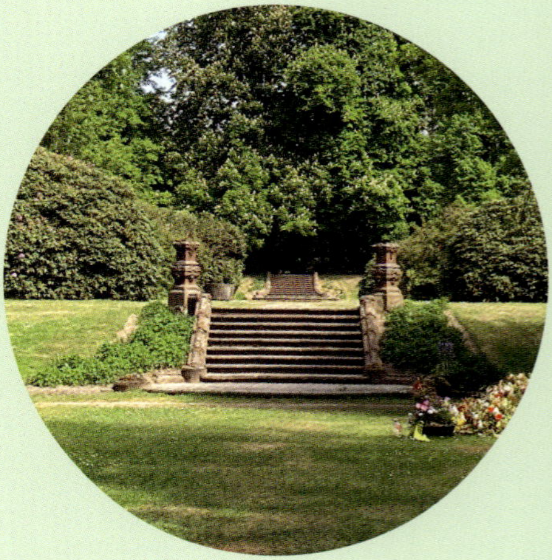

Wälder, Parks & Naturschutzgebiete

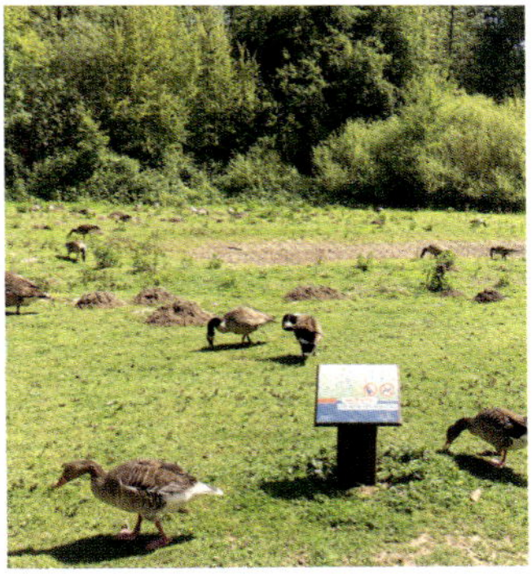

Alster-Halbinsel

Eine kleine grüne Halbinsel befindet sich direkt an der Alster. Hier gibt es einen Spielplatz und eine große Wiese, einen malerischen Ausblick auf die Alster bekommt man außerdem geboten. Ein Teil des Grünbereichs ist als wilde Wiese angelegt, um die Artenvielfalt zu fördern. Besonders im Frühling und im Sommer ist die kleine Halbinsel von Wildgänsen belagert. Der Ringkanal umfasst eine kleine Insel, die ebenfalls als Rückzugsort für Wasservögel dient. Eine Kanu-Einsetzstelle befindet sich direkt hinter der Brücke.

↗ *Im Grünen Grunde, Höhe Bushaltestelle „U/S Ohlsdorf (Im Grünen Grunde)“*

Wanderweg

Von der Sengelmannbrücke zur Hasenbergbrücke

Ein schöner Wanderweg und eine Möglichkeit, dem Trubel am Alsterwanderweg aus dem Weg zu gehen, befindet sich direkt am anderen Ufer der Alster. Der Weg, auf dem es wesentlich ruhiger zugeht als auf dem Alsterwanderweg, führt von der Sengelmannbrücke an einer Gartensiedlung vorbei bis zur Hasenbergbrücke. Auf der Strecke laden mehrere Sitzmöglichkeiten zur kurzen Rast ein. Die beiden Wege können auch zu einem Rundweg verbunden werden. Zu Fuß nimmt man Am Hasenberge die Treppe zur Alster. Nicht-Fußgänger müssen erst das Bäderland umrunden, um dann Im Grünen Grunde auf den Wanderweg zu gelangen. Bei der Abzweigung muss man sich dann nur noch links halten. Auch ein Spielplatz befindet sich auf der Halbinsel. An der U-Bahn-Haltestelle gibt es eine öffentliche Toilette. Eine Hundeauslaufzone liegt zwischen der Gartenanlage und der Sengelmannstraße.

Hundewiesen

↗ Hundeauslaufzone Sengelmannstraße

In einem kleinen Grünbereich an der Ecke Maienweg, direkt neben einer Gartensiedlung, befindet sich eine übersichtliche Hundeauslaufzone.

↗ Hundeauslaufzone Teetzpark/ Alsterwiesen

Auf der Ohlsdorfer Seite des Teetzparks befindet sich auf der Alsterwiese eine sehr große offene Hundeauslaufzone.

Spielplätze

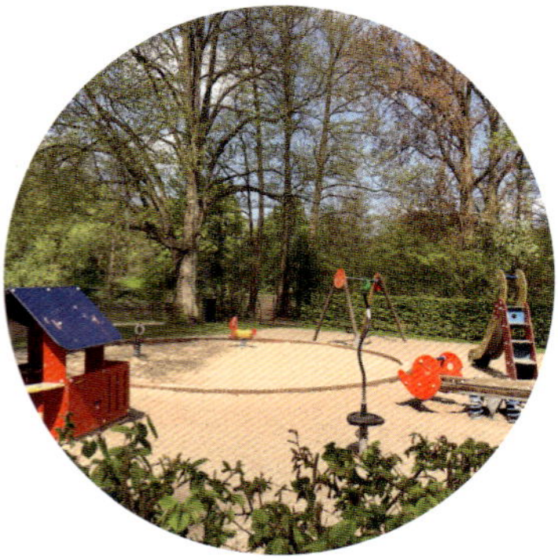

Alster-Spielplatz

Ein kleiner umzäunter Kleinkind-Spielplatz befindet sich direkt auf der Halbinsel an der Alster. Ein großer Sandbereich, Schaukeln, Wippen, ein Einzeldrehgerät, eine Rutsche und ein Spielhaus gehören zum Angebot. Besonders schön ist der Blick von hier aus auf die Alster. Im Frühling und Sommer tummeln sich rund um den Spielplatz viele Wildgänse.

↗ *zum Beispiel über den Wanderweg Im Grünen Grunde, 22337 Hamburg*

Spielplatz Tornberg

Ein weiterer kleiner eingezäunter Spielplatz befindet sich am Tornberg an der Ecke Sodenkamp. Ein großer Sandbereich, Wippen, ein Spielhaus sowie Schaukeln und ein Kletterhaus mit integrierter Rutsche und Sandspielgeräten laden kleine und große Kinder zum Spielen und Toben ein.

↗ *Tornberg/Ecke Sodenkamp, 22337 Hamburg*

Freibad/ Schwimmbad

Familienbad Ohlsdorf

Im Jahr 1927 eröffnete Ohlsdorf das erste Schwimmbad der Stadt, das nicht mehr nach Geschlechtern trennte. Familien hatten so erstmals die Möglichkeit, zusammen schwimmen zu gehen. Bis heute hat sich das denkmalgeschützte Eingangsgebäude des Bades erhalten, das im Jahr 2019 vollständig saniert und erweitert wurde. Eine Fünfzig-Meter-Bahn kann nun durch eine Hubwand geteilt werden, ein Indoor-Kleinkind-Bereich sorgt mit Rutsche und vielen Mini-Springbrunnen für einige Abwechslung. Im Sommer locken eine große Liegefläche und ein kleiner Wasserspielplatz nach draußen.

↗ *Im Grünen Grunde 1, 22335 Hamburg*
www.baederland.de/baeder/standorte/familienbad-ohlsdorf

Besondere Orte

Rio The Grillbar 1

Direkt an der Fuhlsbüttler Straße befindet sich das Restaurant Rio The Grillbar. Internationale Spezialitäten wie Steaks, Burger, Rippchen und Schnitzel stehen auf der Speisekarte, außerdem werden leckere Cocktails serviert. Das Restaurant ist modern und im amerikanischen Stil eingerichtet, an warmen Tagen lockt die große Außenterrasse zum ausgiebigen Zusammensitzen.

↗ *Fuhlsbüttler Straße 666, 22337 Hamburg*
www.rio-fuhle.de

Museum Ohlsdorfer Friedhof 2

Das kleine Museum am Ohlsdorfer Friedhof ist vor allem für historisch interessierte Besucher eine Empfehlung. Gezeigt werden Exponate zur Geschichte des Friedhofs, zur Grabmalkultur und Feuerbestattung sowie Pläne, Zeichnungen und Fotos. Darüber hinaus erhalten die Besucher Informationen über bedeutende Persönlichkeiten, die auf dem Friedhof bestattet sind. Hinzu kommen Sonderausstellungen. Das Museum wird ehrenamtlich vom Förderkreis Ohlsdorfer Friedhof e.V. betreut, der auch Führungen auf dem Friedhofsgelände anbietet.

↗ *Fuhlsbüttler Straße 756, 22337 Hamburg*
www.fof-ohlsdorf.de/museum-friedhof-ohlsdorf

Café Fritz Hamburg 3

Ob Kuchen aus der eigenen Hauskonditorei oder doch etwas Herzhaftes – im Café Fritz gibt es vielerlei Köstliches. Das Café liegt direkt am Friedhof Ohlsdorf und ist modern eingerichtet. Eine große Terrasse mit Blick auf den Rhododendron-Park lädt im Sommer zur längeren Einkehr ein. Ein Frühstücksangebot und ein Mittagstisch ergänzen die Speisekarte. Auf Bestellung werden in der Hauskonditorei Hochzeitstorten, Geburtstagstorten, Kuchen, Muffins und weitere Köstlichkeiten handgefertigt. Das Café kann auch für Familienfeiern und „Abschiedsempfänge“ gebucht werden.

↗ *Fuhlsbüttler Straße 758, 22337 Hamburg*
www.cafefritz-hamburg.de

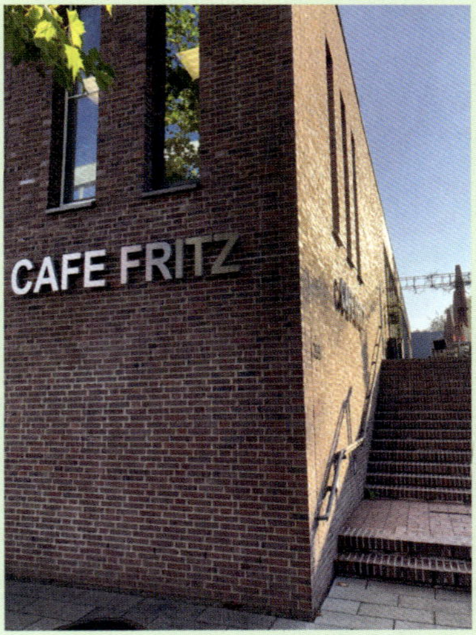

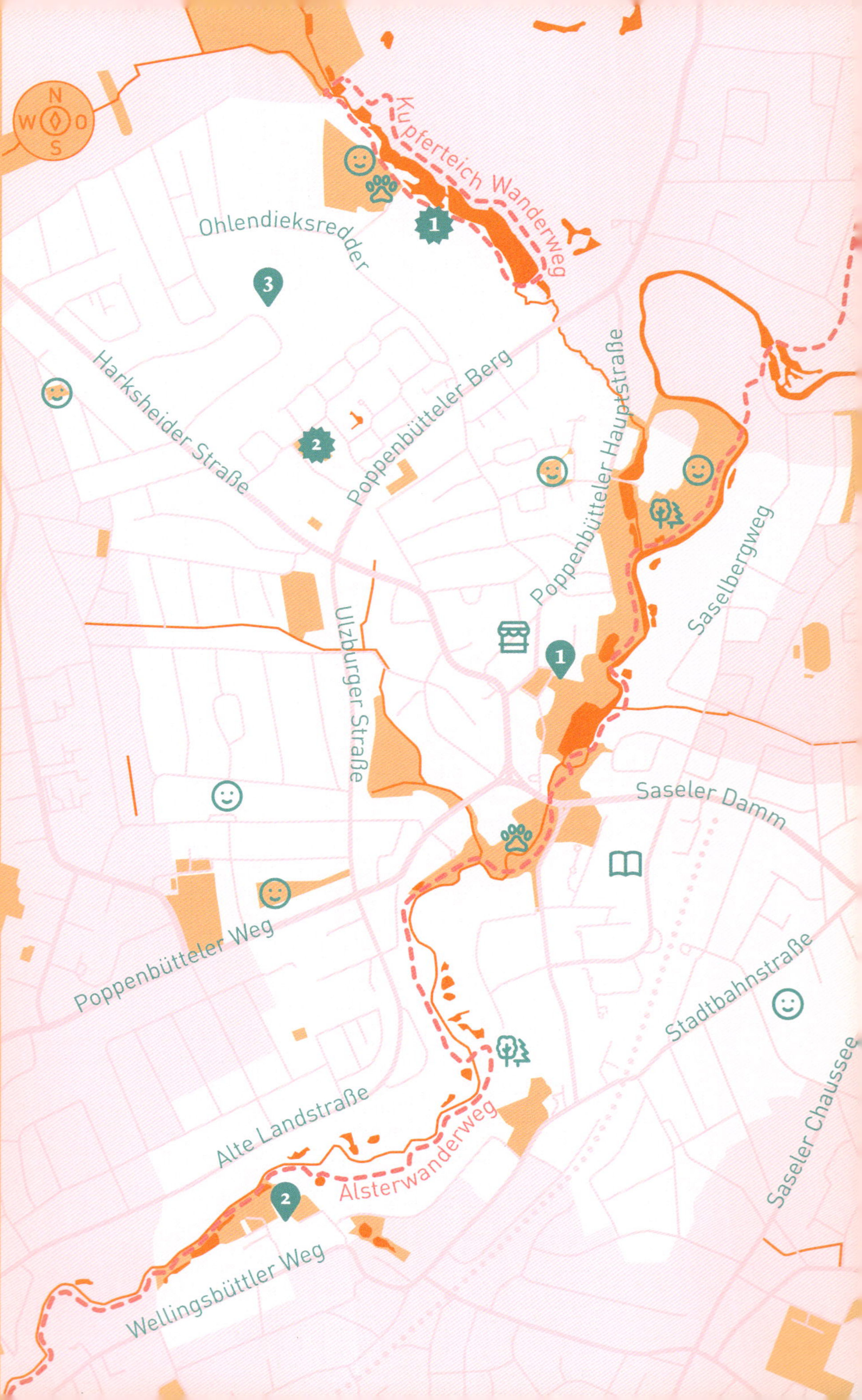
N
W
O
S
Kupferteich Wanderweg
Ohlendieksredder
Harksheider Straße
Poppenbütteler Berg
Poppenbütteler Hauptstraße
Saselbergweg
Ulzburger Straße
Saseler Damm
Poppenbütteler Weg
Stadtbahnstraße
Alte Landstraße
Alsterwanderweg
Saseler Chaussee
Wellingsbüttler Weg
1
2
3

Poppenbüttel
Wo ein Schlösschen über der Alster thront

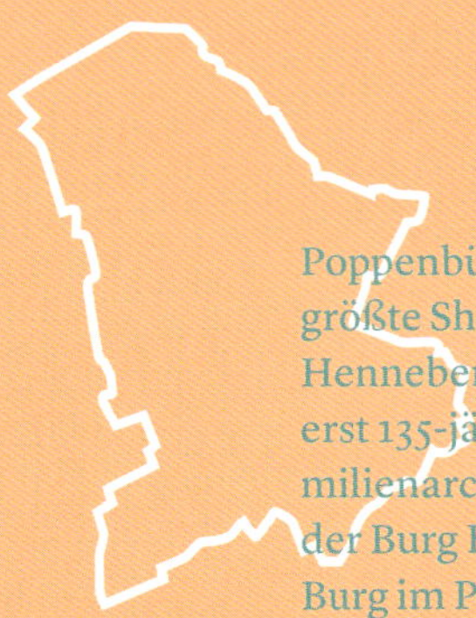

Poppenbüttel liegt im malerischen Alstertal, verfügt über das größte Shoppingcenter Norddeutschlands und nennt die Burg Henneberg, das sogenannte Alsterschlösschen, sein Eigen. Die erst 135-jährige, aber mittelalterlich wirkende Burg diente als Familienarchiv der Grundbesitzer Henneberg und ist ein Nachbau der Burg Henneberg in Thüringen im Maßstab 1:4. Heute ist die Burg im Privatbesitz und steht unter Denkmalschutz.

Nachweise für erste Siedlungen im heutigen Poppenbüttel deuten auf das Ende der letzten Kaltzeit hin. In der Jungsteinzeit und Bronzezeit entstanden die ersten festen Besiedlungen. Urkundlich erwähnt wurde „Poppelenbotle“ zum ersten Mal 1336. Der Name des Dorfs leitet sich von „Poppilo“, einer mittelalterlichen Bezeichnung für „Priester“, und „Botle“, einer Häusergruppe, ab. Zunächst für Jahrhunderte dem Hamburger Domkapitel unterstellt, gingen die grundherrlichen Rechte 1803 an den dänischen König über. Nach dem Deutsch-Dänischen Krieg fiel 1867 ganz Schleswig-Holstein an Preußen und mit ihm Poppenbüttel. Wegen der Schönheit des Alstertals wurde es dann im 19. Jahrhundert von den Hamburgern als Ausflugsziel sehr geschätzt. Villen, Wochenendhäuser und Schrebergärten entstanden. 1937 wurde das Dorf durch das Groß-Hamburg-Gesetz nach Hamburg eingemeindet.

Stadtteilnachbarn sind Hummelsbüttel, Wellingsbüttel, Sasel und Lemsahl-Mellingstedt. Im Norden grenzt Schleswig-Holstein an. Die S-Bahn-Haltestelle ist Poppenbüttel.

Highlights

1

Kupferteich

Der Kupferteich liegt direkt auf der Grenze zu Lemsahl-Mellingstedt. Mit einer Länge von 900 Metern entstand der ehemalige Mühlenteich durch Aufstauung der Mellingbek. In der längst abgerissenen Kupfermühle wurde von 1765 bis 1808 eine Münzprägeanstalt mit einer Silberschmelze betrieben. Heute ist die Umgebung des Teichs ein Naherholungsgebiet. Wer ganz genau hinschaut, kann im Sumpfgebiet Krokodile finden (zum Glück keine echten) oder Graureiher beobachten, die still am klaren Wasser stehen. Das Gewässer hat zur Zeit ein Angelverein gepachtet. Ein kleiner Spielplatz und eine große Hundeauslaufzone sind ebenfalls vorhanden. Die Wege auf der Poppenbütteler Seite sind breit und eben. Besonders eindrucksvoll sind die tiefen Schluchten (dicht bei der Lemsahler Landstraße), durch die sich die Mellingbek weiter zum Hohenbuchenpark schlängelt. Hier führt auch der Wanderweg Kupferhammer entlang.

↗ *zum Beispiel Kupferhammer, 22399 Hamburg*

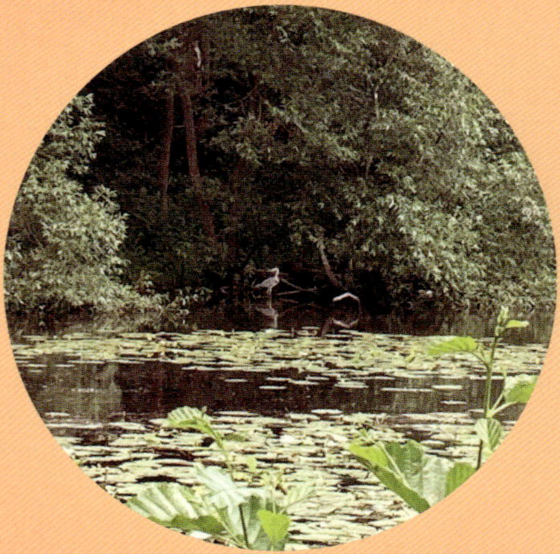

2

Spielplatz Kreienstieg

Der Spielplatz Kreienstieg, im Piepenbrinkweg, hat alles, was es braucht, um zum Lieblingsspielplatz zu werden. Im umzäunten Kleinkinderbereich befinden sich Spiel- und Kletterhäuser, eine Rutsche, Schaukeln, Drehscheiben und eine Wippe. Daneben liegt eine große Skaterbahn mit vielen kleinen Hügeln, außerdem gibt es einen weitläufigen Kletterparcours für die größeren Kinder, der sehr großzügig angelegt und mit vielen kleinen Details versehen ist. Die große Wiese bietet genügend Platz zum Spielen und Toben.

↗ *Piepenbrinkweg, 22399 Hamburg*

Wälder, Parks & Naturschutzgebiete

Hohenbuchenpark

Der etwa elf Hektar große Hohenbuchenpark wurde nach englischem Vorbild angelegt und gehörte im 18. Jahrhundert zum Besitz des Zuckerbäckers Hinrich Christian Olde. Von den steilen Abhängen ergibt sich ein toller Blick auf die Alster und das Umland. Die Mellingbek fließt hier in die Alster hinein, die Hohenbuchenteiche werden als Rückhaltebecken genutzt. Der breite Wanderweg nimmt einen leicht bergigen Verlauf durch den alten Buchenbestand. Im Park befinden sich auch ein überschaubarer Waldspielplatz für Kleinkinder sowie eine Spiel- und Liegewiese. Für von der Anleinpflicht befreite Hunde besteht kein Leinenzwang. Am Hohenbuchenpark führt auch der Alsterwanderweg entlang.

↗ *zum Beispiel Mellingburgredder, 22395 Hamburg*

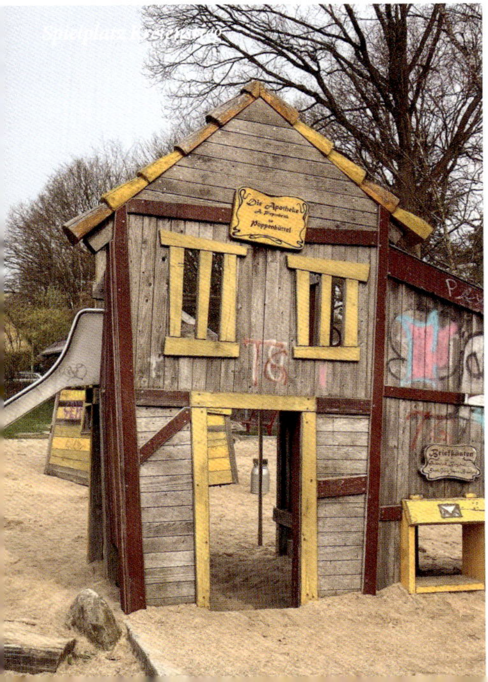

Alstersteilhänge

An den Alstersteilhängen, auch oft als „Drachenschlucht“ bezeichnet, zeigt sich die Alster von ihrer wilden Seite. Fast mystisch wirkt das Gebiet, das sich bis zum Torhaus Wellingsbüttel erstreckt. Für Kinder ist die Schlucht ein kleines Abenteuer-Eldorado, weil sich wunderbar auf umgekippten Bäumen balancieren und toben lässt. Zwei Wanderwege führen hier entlang – einer direkt an der Alster und ein höher gelegener Weg mit Blick auf die Alster direkt an den Steilhängen. Eine Hundeauslaufzone befindet sich etwas weiter nördlich, wo die Minsbek in die Alster mündet.

↗ *zum Beispiel Kritenbarg, 22391 Hamburg*

Hundewiesen

↗ Hundeauslaufzone Minsbek

Direkt am Alsterwanderweg befindet sich eine große Hundeauslaufzone, die sich bis zur Mündung der Minsbek in die Alster erstreckt.

↗ Hundeauslaufzone Kupferteich

Auf dem ehemaligen Campingplatz befindet sich eine große Hundeauslaufzone, direkt am Kupferteich.

Spielplätze

Spielplatz Hartje-Rüter-Weg

Etwas versteckt im Grünen liegt dieser Spielbereich. Verschiedene Angebote für große und kleine Kinder sind vorhanden, unter anderem eine Rutsche, ein Kletterturm, Schaukeln und Wippen. Die Spielgeräte sind auf dem Gelände gut verteilt, so dass auch eine ruhigere Ecke zu finden ist. Auch einen Basketballkorb und eine Tischtennisplatte gibt es im Spielbereich. Im Frühling wird der Spielplatz durch die Blüten des Kirschbaums verschönert.

↗ *Maike-Harder-Weg, 22399 Hamburg*

Spielplatz Zwitscherland

Dieser von Kindern mitgestaltete Spielplatz befindet sich etwas versteckt in einem Grünbereich. Besonders toll sind das Kletterhaus im Baumhausstil mit kurviger Tunnelrutsche und das kleinere Kletterhäuschen mit Rutsche. Schaukeln, Wippen, ein kleines Fußballfeld und eine Tischtennisplatte ergänzen das Spielgelände. Viele kleine Details und Holzschnittvögel, die zum Erkunden und Entdecken einladen, wurden in den Spielbereich integriert. Vor dem Spielplatz gibt es eine große Spiel-

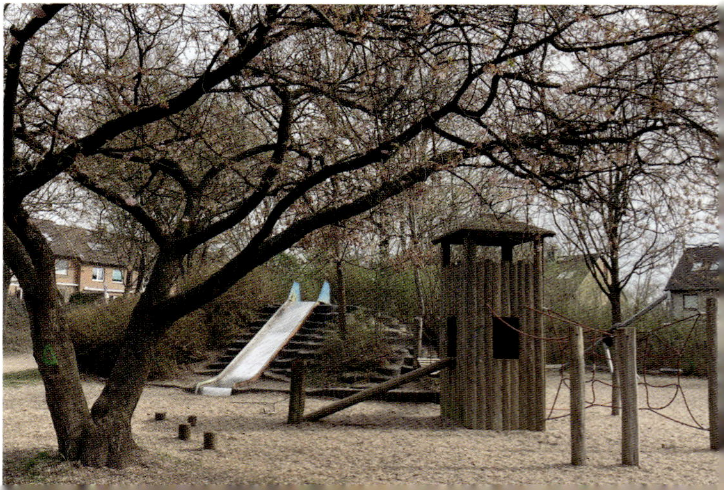

Spielplatz Hartje-Rüter-Weg

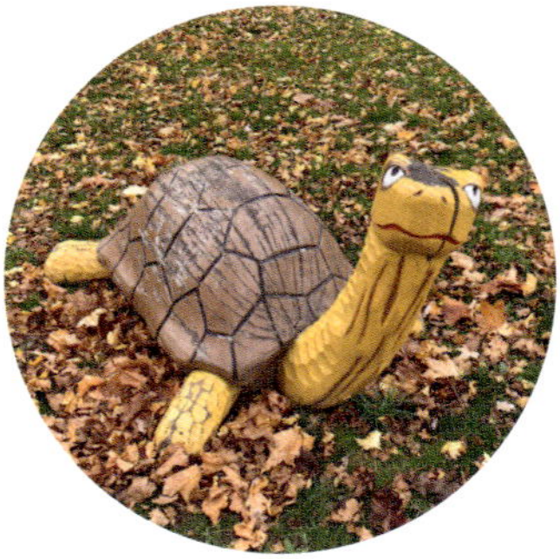

und Liegewiese mit einem Minihügel. Es besteht dort ebenfalls Leinenpflicht für Hunde.

↗ *zum Beispiel Wanderweg Poppenbütteler Weg, Höhe Hausnummer 127, 22399 Hamburg*

Waldspielplatz Hohenbuchenpark

Der offene Waldspielplatz ist eher für kleinere Kinder konzipiert. In einem überschaubaren Bereich befinden sich Schaukeln, Wippen, Spielhäuser, ein Karussell und eine Rutsche. Der Hohenbuchenpark lädt zu einem ausgiebigen Spaziergang ein. Hier befindet sich auch eine große Spiel- und Liegewiese. Im Park besteht kein Leinenzwang für von der Anleinpflicht befreite Hunde.

↗ *über den Wanderweg an der Poppenbüttler Hauptstraße, Höhe Hausnummer 44, 22399 Hamburg*

Spielplätze im Müssenredder

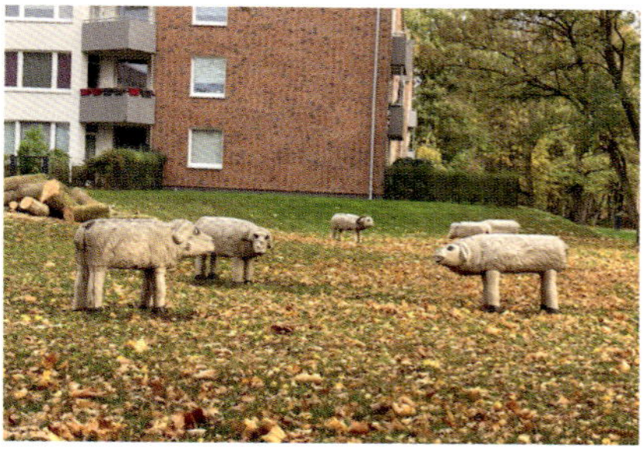

Waldspielplatz Ohlendieksredder Kupferteich

Der eingezäunte Waldspielplatz am Kupferteich bietet viel Platz zum Toben und Spielen. Wippen, Schaukeln, Klettermöglichkeiten und ein Spielhaus sind hier zu finden. Eine Hundeauslaufzone befindet sich in unmittelbarer Nähe. Der Kupferteich lädt zu einem ausgiebigen Spaziergang ein. Mit Glück kann man Reiter mit ihren Pferden beobachten.

↗ *Ohlendieksredder/am Parkplatz Kupferteich, 22399 Hamburg*

Spielbereiche Lüttmelland

Direkt im Grünbereich der Straße Lüttmelland befindet sich ein kleiner, eingezäunter Kleinkind-Spielplatz mit Sandbereich, Schaukeln und Wippen. Ganz in der Nähe gibt es auch eine Spielburg für größere Kinder mit Kletter- und Balanciermöglichkeiten sowie einer Rutsche.

↗ *Lüttmelland, 22393 Hamburg*

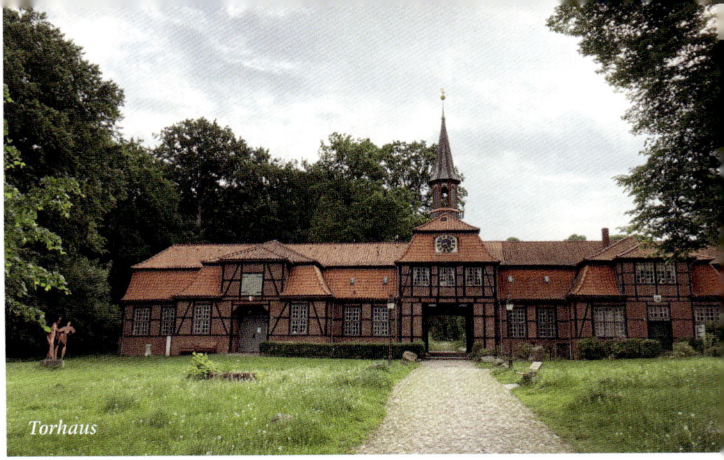

Torhaus

Spielplätze im Müssenredder

Mehrere schöne Spielbereiche befinden sich im Grünbereich der Wohnanlage Müssenredder. So kann zum Beispiel ein Piratenschiff erkundet werden, auch viele Kletter- und Balancierangebote für größere Kinder gibt es. Ein weiterer offener Spielbereich für kleinere Kinder umfasst eine Wippe, ein Kletterhaus mit Rutsche, einen Sandkasten und eine Schaukel. Ein Basketballkorb befindet sich ebenfalls in der Anlage. Über einen Wanderweg erreicht man den Spielplatz Zwitscherland, der sich ganz in der Nähe befindet.

↗ *Müssenredder, Höhe Hausnummer 76–94, 22399 Hamburg*

Spielplatz und Bolzplatz Haubenlerchenweg

Zwischen den Straßen Haubenlerchenweg und Heimgarten befinden sich ein Bolzplatz sowie ein eingezäunter kleiner Spielplatz. Der Bolzplatz besteht aus einem großen Fußballfeld, der übersichtliche Spielplatz aus einem Sandspielbereich mit Kletterhaus und Rutschen, Schaukeln sowie Wippen.

↗ *Haubenlerchenweg, 22399 Hamburg*

Büchertauschschrank

Eine Bücherbörse befindet sich im Alstertal Einkaufszentrum, beim Restaurant EMILIA.

Wochenmarkt

Ein kleiner Wochenmarkt findet immer freitagnachmittags im Moorhof statt.

Besondere Orte

Arboretum Marienhof 1

Das Arboretum Marienhof ist ein kleines verstecktes Paradies und ein Eldorado für Pflanzenliebhaber. Seine Pforten öffnet es nur für Führungen von angemeldeten Gruppen. Angelegt im Stile eines englischen Landschaftsgartens, sind auf dem knapp drei Hektar großen Grundstück viele exotische und seltene, aber auch eine Menge heimische Baum- und Straucharten zu finden. Verwaltet wird das Gelände von der Otto Henneberg-Poppenbüttel Stiftung, die 1986 gegründet wurde und das Lebenswerk der Familie Henneberg-Poppenbüttel weiterführt.

↗ *Poppenbüttler Markt 10,*
22399 Hamburg
www.arboretum-marienhof.de

Torhaus und Herrenhaus Wellingsbüttel 2

Das reichsfreie Rittergut Wellingsbüttel wurde erstmals 1296 urkundlich erwähnt. Im Jahr 1750 ließ Theobald Joseph von Kurtzrock hier das Herrenhaus errichten. Das Torhaus folgte 1757 und diente ursprünglich als Pferdestall des Gutes. Die Räumlichkeiten des Torhauses werden heute vom Alstertal-Museum genutzt, das über die Geschichte des Alstertals informiert. Der Eintritt ist kostenlos. Bekannt ist der Kulturkreis Torhaus für ein abwechslungsreiches Programm aus Kunst, Literatur und Musik. Das Torhaus wurde 2023 aufwendig saniert und wird 2024 wiedereröffnet. Auf dem Gelände des Herrenhauses befinden sich außerdem ein Altersheim und eine Kita.

↗ *Wellingsbüttler Weg 75 B,*
22391 Hamburg
www.kulturkreis-torhaus.de

JUMP House Hamburg-Poppenbüttel 3

Mit Action, Adrenalinkick und spannendem Parcours wird das Springen im JUMP House zu einem Erlebnis. Die moderne Trampolinhalle bietet ein sehr vielfältiges Springangebot, darunter ein Sky-Ninja-Hindernisparcours in acht Metern Höhe. An zwölf verschiedenen Attraktionen gibt es unterschiedliche Challenges für jede Altersklasse zu bewältigen. Kinder im Alter von vier und fünf Jahren müssen während der Sprungzeit von einer erwachsenen Person begleitet werden, die Altersempfehlung für das Trampolinspringen im JUMP House liegt bei sechs Jahren. Geburtstagsfeiern und Team-Events sind im Trampolinpark natürlich ebenfalls möglich.

↗ *Poppenbütteler Bogen 46, 22399 Hamburg*
www.jumphouse.de/hamburg/poppenbuettel

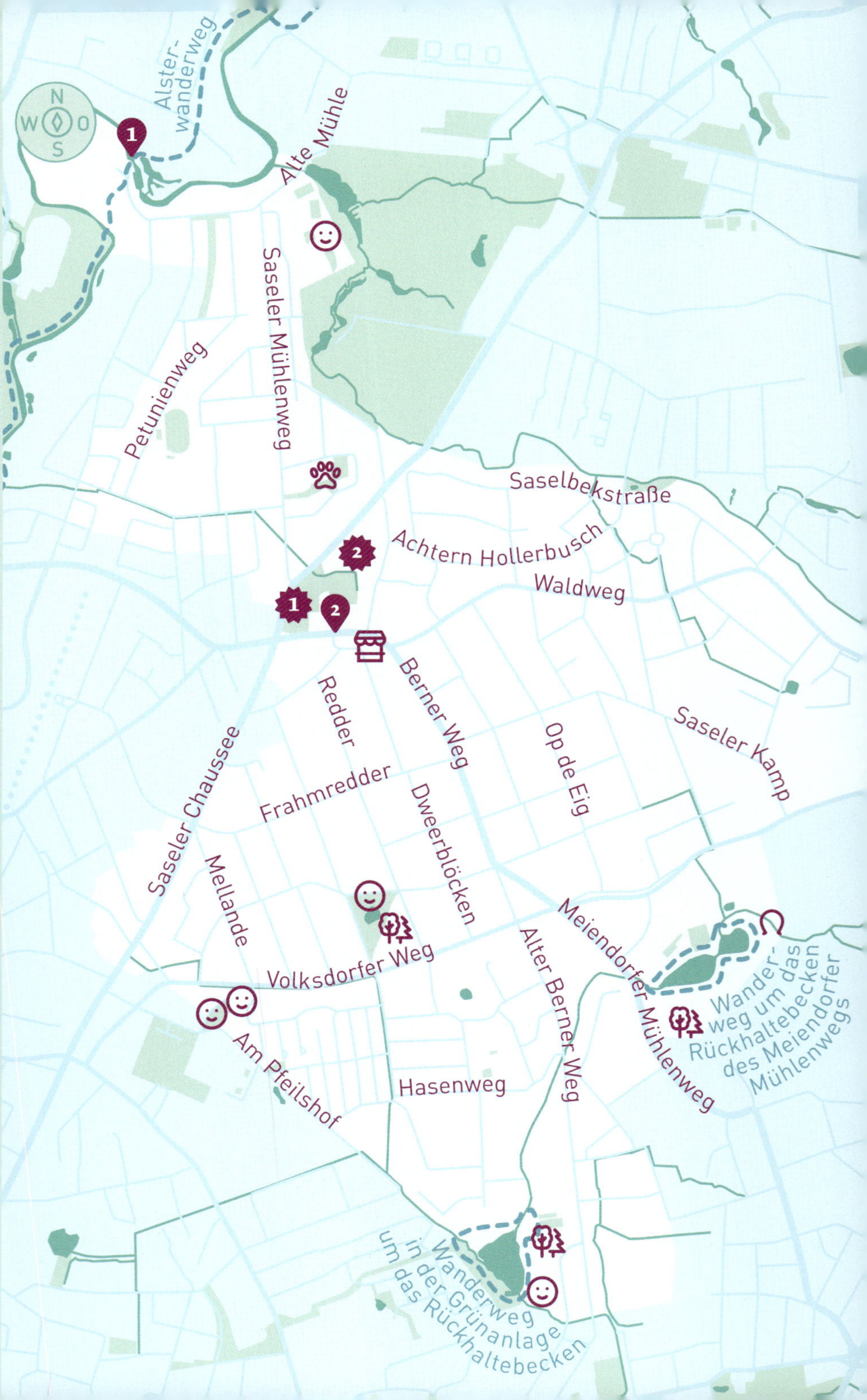
N
W
O
S
Alsterwanderweg
Alte Mühle
Saseler Mühlenweg
Petunienweg
Saselbekstraße
Achtern Hollerbusch
Waldweg
Berner Weg
Redder
Saseler Chaussee
Frahmredder
Dweerblöcken
Op de Eig
Saseler Kamp
Mellande
Meiendorfer Mühlenweg
Alter Berner Weg
Volksdorfer Weg
Am Pfeilshof
Hasenweg
Wanderweg um das Rückhaltebecken des Meiendorfer Mühlenwegs
Wanderweg in der Grünanlage um das Rückhaltebecken

Sasel
Wo das Wetter vorhergesagt wird

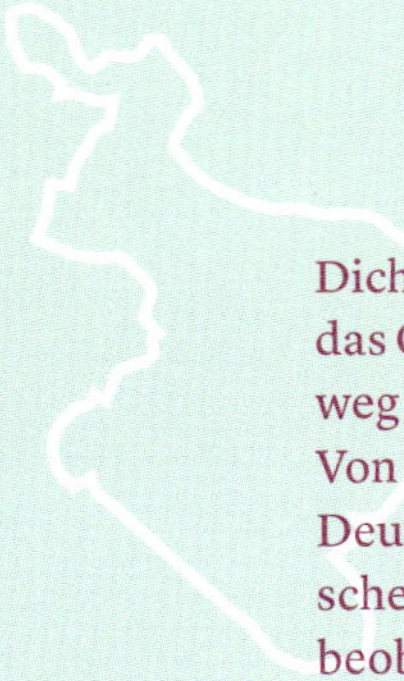

Dicht besiedelte Wohngebiete und belebte Straßen bestimmen das Ortsbild von Sasel. Etwas ruhiger wird es am Alsterwanderweg und im benachbarten Naturschutzgebiet Hainesch-Iland. Von einiger Bedeutung ist im Stadtteil die Niederlassung des Deutschen Wetterdienstes, mit hochtechnisiertem meteorologischen Geräten werden von hier aus Wetter und Klima permanent beobachtet.

Historisch bedeutsam ist die Mellingburg, auch Mellenburg genannt, die sich auf der Halbinsel im Alstertal befand und deren Entstehung zwischen 700 und 800 datiert wird. Das Dorf Sasle entstand in direkter Nachbarschaft und wurde urkundlich erstmals im Jahr 1293 erwähnt. Der Name entstammt dem Altsächsischen und ist eine Zusammensetzung aus den Wörtern für Stein (sahs) und Lichtung (loh). Bis es endgültig bei „Sasel" blieb, durchlief der Name aber noch etliche weitere Schreibformen. Politisch war Sasel dem Herzogtum Schleswig-Holstein-Gottorp unterstellt, bis es 1771 an Dänemark fiel und Mitte des 19. Jahrhunderts von Preußen verwaltet wurde. Ab etwa 1920 begann man mit der Aufsiedelung der Feldmark. Durch das Groß-Hamburg-Gesetz im Jahr 1937 kam das Dorf an die Stadt Hamburg. Die großen Grundstücke sollten weiterhin der Selbstversorgung dienen und prägten bis in die 1980er Jahre das Ortsbild. Danach wurden die Anwesen stark parzelliert und als Baugrundstücke freigegeben.

Stadtteilnachbarn sind Poppenbüttel, Lemsahl-Mellingstedt, Bergstedt, Volksdorf, Farmsen-Berne, Wellingsbüttel und Bramfeld.

Highlights

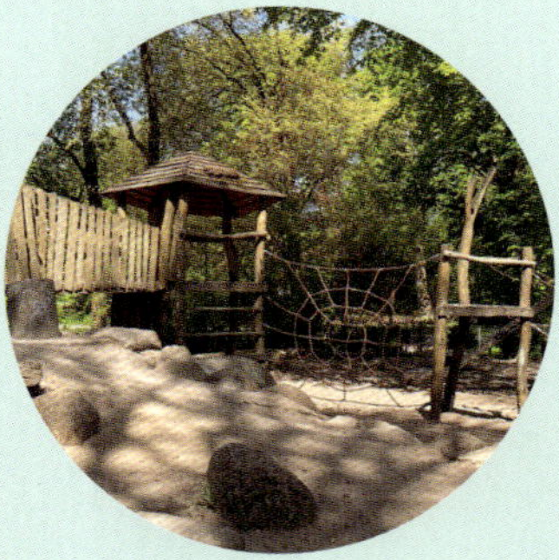

1

Saseler Park

Der im Jahr 2012 neu gestaltete Saseler Park ist genau genommen ein alter Gutspark. Dieser gehörte zum Saseler Gutshof, dem heutigen Sasel-Haus, und wurde 1897 von einem Viehwirt erworben, der auf dem Hof mit 170 Kühen hauptsächlich Milchwirtschaft betrieb. Der Gutspark wurde aber bereits vom Vorbesitzer mit seinen Wegen, Rasenflächen und Baumgruppen so angelegt, wie er bis heute weitgehend besteht. In der heutigen Parkanlage befinden sich ein eingezäunter Waldspielplatz, eine kleine Skateanlage, eine Streetballfläche, Platz zum Boulespielen und reichlich Sitzmöglichkeiten. Der Saseler Park ist eine kleine Oase zwischen den lebendigen Straßen Stadtbahnstraße und Saseler Chaussee.

↗ *zum Beispiel über Saseler Parkweg, 22393 Hamburg*

Spielplatz im Saseler Park

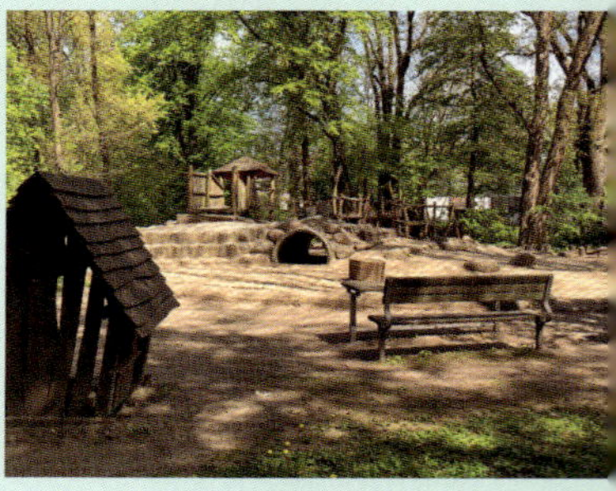

2

Spielplatz im Saseler Park

Ein ganz besonderer Waldspielplatz befindet sich im Saseler Park. Der naturnahe, umzäunte Spielbereich bietet vor allem für größere Kinder viel Platz zum Toben und Klettern. Besondere Magneten sind der Kriechtunnel und das Kletterhaus mit Rutsche und seinen zahlreichen Kraxelmöglichkeiten. Schaukeln, Balancierbalken und kleine Spielhäuser gibt es außerdem auf dem Spielplatz. Direkt daneben befinden sich im Saseler Park auch eine Seilbahn, eine Tischtennisplatte, eine kleine Skateanlage und eine Streetballfläche.

↗ *Saseler Parkweg 14, 22393 Hamburg*

Wälder, Parks & Naturschutzgebiete

Hühnermoor

Das Hühnermoor ist ein kleiner übersichtlicher Park. Die breiten, ebenen Wege führen um einen Teich herum. Zum Grüngebiet gehören außerdem ein kleines Wäldchen und große Rasenflächen, wo man sich für eine längere Weile niederlassen kann. Auf dem Teich lassen sich Blässhühner und Stockenten beobachten. Ein kleiner Spielplatz gehört ebenfalls zum Park.

↗ *Redder/Ecke Auf der Heide, 22393 Hamburg*

Grünanlage um das Rückhaltebecken

Ein weiterer sehr schöner Grünbereich befindet sich im südlichen Teil Sasels, direkt am großen Rückhaltebecken der Berner Au sowie am Wellingsbütteler Grenzgraben. In der Frühlingszeit brüten hier viele Wildgänse, der Nachwuchs wird in der Grünanlage aufgezogen. Große Wiesen bestimmen das Bild und verbinden sich mit weiten Weideflächen. Im Winter ist das Rückhaltebecken vor allem bei Schlittschuhläufern sehr beliebt. Zur Grünanlage gehören ein schöner Dino-Spielplatz und ein kleines Fußballfeld. Der Hauptweg vom Wellingsbütteler Grenzgraben bis zum Spielplatz ist breit und eben angelegt. Danach wird er deutlich schmaler und holpriger und führt einmal um das Rückhaltebecken herum.

↗ *zum Beispiel über Curt-Goetz-Straße/ Ecke Wedekindstieg, 22175 Hamburg*

Waldanlage am Meiendorfer Mühlenweg

Eine weitere schöne Waldanlage befindet sich am Meiendorfer Mühlenweg. Die Berner Au speist hier ein weiteres großes Rückhaltebecken, auf dessen Wasser-

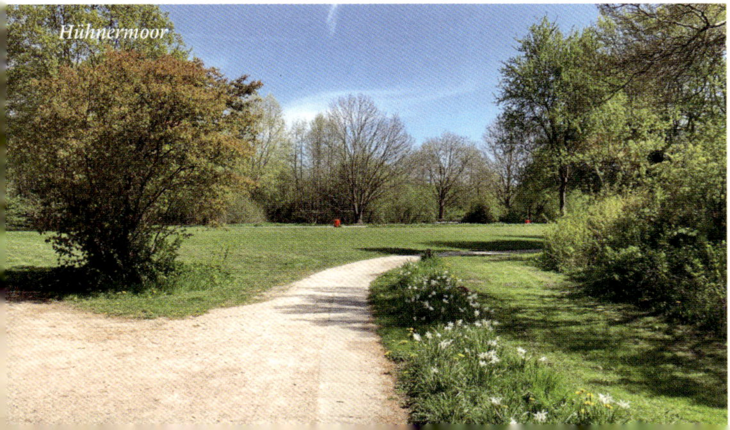

Hühnermoor

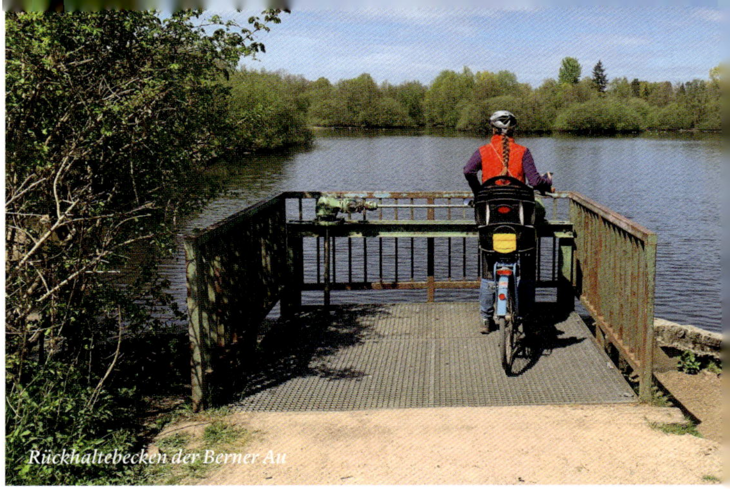

Rückhaltebecken der Berner Au

flächen sich unter anderem Graureiher beobachten lassen. Der Wanderweg führt einmal um den Weiher herum. Außerdem ist er Ausgangspunkt einiger Wanderwege Richtung Volksdorf, ab hier müssen Hunde an der Leine geführt werden. Mitten durch den Wald, im Ufergebiet der Berner Au, gelangt man zur Streuobstwiese Volksdorf, zum Spielplatz Schemmannstraße und zum Naturschutzgebiet Volksdorfer Teichwiesen. Reitwege sind separat ausgewiesen.

↗ *Meiendorfer Mühlenweg, 22393 Hamburg*

Wanderwege

Wanderweg in der Grünanlage um das Rückhaltebecken

Dieser Wanderweg führt einmal um das Rückhaltebecken der Berner Au herum. Die Wege sind dabei sehr unterschiedlich, von breit und eben bis schmal und wurzelübersät. Gesäumt wird der Weg von Weideflächen, Wiesen und dem Ufer des Rückhaltebeckens. Für die Umrundung kann man etwa vierzig Minuten einplanen.

Wanderweg um das Rückhaltebecken des Meiendorfer Mühlenwegs

Direkt am Ufer des Rückhaltebeckens schlängelt sich der Wanderweg entlang. Der Weg ist sehr beliebt bei Hundebesitzern, da es hier keine Hundeanleinpflicht gibt. Am Weiher kann man mit etwas Glück Graureiher beobachten. Für die Umrundung werden ungefähr dreißig Minuten benötigt.

Hundewiese

↗ Eine kleine und überschaubare offizielle Hundeauslaufzone befindet sich im Grünbereich zwischen den Straßen Ilsenweg und Zinnkrautweg.

Spiel- & Sportplätze

Spielplatz im Hühnermoor

Dieser übersichtliche Kleinkind-Spielplatz, direkt in der Grünanlage im Hühnermoor, bietet neben einem Sandbereich viel Platz zum Toben und Spielen. Eine Rutsche, Schaukeln, Wipptiere, ein Karussell und ein Spielhaus vervollständigen den offenen Spielbereich.

↗ *Auf der Heide/Ecke Redder, 22393 Hamburg*

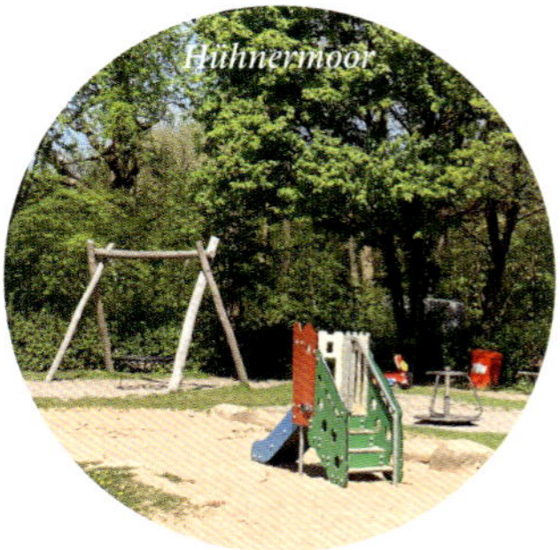

Hühnermoor

Spielplatz Kipps Weg

Ein weiterer toller eingezäunter Spielbereich befindet sich im Kipps Weg. Wippen, Schaukeln, Rutschen und ein Sandspielbereich warten darauf, entdeckt zu werden. In der Woche wird der Spielplatz vormittags von der Aktion Kinderparadies e.V. genutzt. Eltern können hier für einen sehr geringen Stundenpreis Kinder von ein bis sechs Jahren betreuen lassen. In dieser Zeit ist auch das kleine Wetterschutzhaus mit Toilette geöffnet. Der Spielplatz ist in der angegebenen Betreuungszeit ausschließlich der Aktion Kinderparadies e.V. vorbehalten.

↗ *Kipps Weg, 22393 Hamburg*
www.aktion-kinderparadies.de

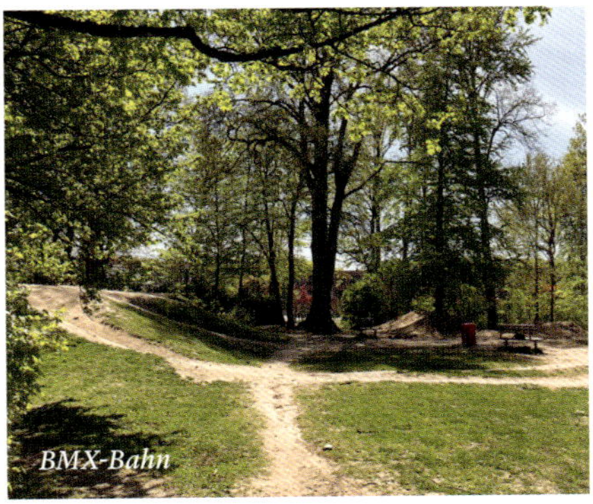

BMX-Bahn

Kleine BMX-Bahn

Direkt neben dem Spielplatz Kipps Weg befindet sich eine kleine BMX-Strecke, die durch ein überschaubares hügeliges Gelände führt. Die BMX-Bahn ist frei zugänglich und kann von angehenden und fortgeschrittenen Talenten jederzeit kostenfrei zum Trainieren genutzt werden.

↗ *Kipps Weg, 22393 Hamburg*

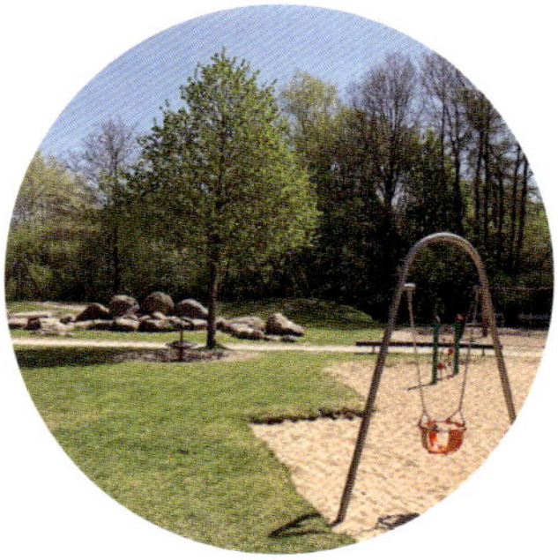

Dino-Spielplatz am Wellingsbüttler Grenzgraben

Der schöne Spielplatz liegt direkt in der Grünanlage beim Rückhaltebecken der Berner Au. Neben einer Drehscheibe, einer Seilbahn, Schaukeln und einer Rutsche befindet sich hier auch ein etwas separat gelegener Kleinkindbereich mit Wipptieren, einer Kleinkindschaukel und einer Spiellokomotive. Die große Wiese bietet viel Platz zum Spielen und Toben. Etwas abseits des Spielplatzes liegt ein kleiner Fußballplatz. Den Namenszusatz „Dino" bekam der Spielplatz durch die großen Findlinge, die in Form von Dinos angelegt wurden.

↗ *zum Beispiel über Erich-Kästner-Ring, 22175 Hamburg*

Waldspielplatz Hainesch-Iland

Der kleine Waldspielplatz liegt etwas versteckt auf der Saseler Seite im Hainesch-Iland. Der neu gebaute Spielplatz umfasst einen tollen Kletterbereich, Schaukeln und einen Bereich zum Fußballspielen. Ein Besuch auf dem Spielplatz sollte unbedingt mit einem Spaziergang durch das malerische Naturschutzgebiet verbunden werden.

↗ *über den Wanderweg Schönsbergredder/ Ecke Saselhörn, 22395 Hamburg*

Wochenmarkt

Donnerstag- und samstagsvormittags findet am Saseler Markt, wie sollte es anders sein, der Saseler Wochenmarkt statt. Über vierzig Stände sorgen für eine große Auswahl.

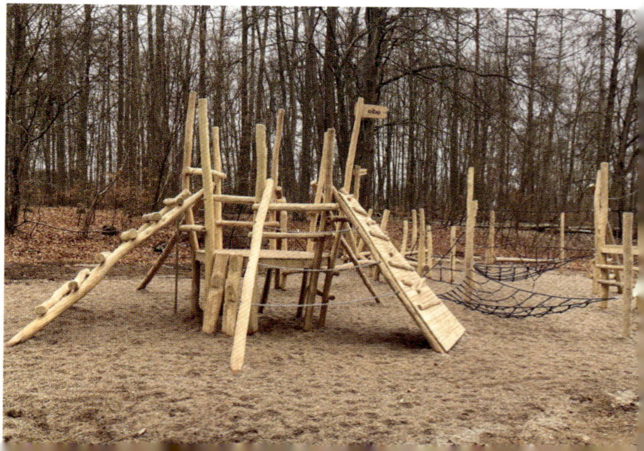

Waldspielplatz Hainesch-Iland

Besondere Orte

Mellingburger Alsterschleife und Mellingburger Schleuse 1

Die Mellingburger Schleuse gibt es bereits seit dem Jahr 1529, in dem sie als Schiffsschleuse angelegt wurde. Das benachbarte reetgedeckte Fachwerkhaus wurde 1717 erbaut und beheimatete ein „Schleusenmeisterhaus", das einst Treidelschiffer versorgte. Heute befinden sich auf dem Gelände ein Hotel und ein Restaurant. Ob hausgebackener Kuchen oder rustikale Leckereien, die vielfältige Speisekarte lässt kaum Wünsche offen. Beliebt bei Radlern, Wanderern und Kanufahrern ist im Sommer die Sonnenterrasse, von der aus sich ein malerischer Blick auf die Alster bietet. Die Schleuse gehört zu den Kulturdenkmälern der Stadt Hamburg. Eine Sanierung sowie die Errichtung einer Fischaufstiegsanlage sind für 2023/2024 vorgesehen. Die Mellingburger Alsterschleife befindet sich direkt neben der Schleuse. Der naturgeschützte Halbtrockenrasen bietet für zahlreiche Pflanzen- und Tierarten einen sicheren Rückzugs- und Lebensort. Es besteht absolutes Betretungsverbot, das Areal wird vom NABU Hamburg betreut. In den Sommermonaten bietet der NABU auch Führungen durch das Naturschutzgebiet an. Nur gut zweihundert Meter westlich des historischen Gasthofs stand ursprünglich die Burganlage der Mellingburg. Heute ist sie nur noch durch die hohen Erdwälle zu erahnen. Der Alsterwanderweg führt hier entlang.

↗ *Mellingburgredder 1, 22395 Hamburg*
www.mellingburgerschleuse.de

Sasel-Haus 2

Eins der größten Stadtteilkulturzentren Hamburgs befindet sich im Sasel-Haus und bietet im ehemaligen Gutshof regelmäßige Kurse, Workshops, Veranstaltungen und Konzerte an. Klassikliebhaber kommen hier voll auf ihre Kosten, denn das Sasel-Haus zieht international renommierte Musiker und Ensembles an. Kinder bekommen ein abwechslungsreiches Kinderprogramm aus Musik, Theater und Literatur geboten. Besonders beliebt ist der regelmäßige kostenfreie Kinder-Leseclub, in dem die Kinder die Welt der Bücher entdecken. Regelmäßig finden außerdem Veranstaltungen wie zum Beispiel Bilderbuchkinos, Autorenlesungen und Bastelaktionen statt. Aber auch Klassik-Konzerte für Kinder sowie Babykonzerte gehören im Sasel-Haus zum Programm. Ein Café und eine Kita runden das Angebot ab.

↗ *Saseler Parkweg 3, 22393 Hamburg*
www.sasel-haus.de

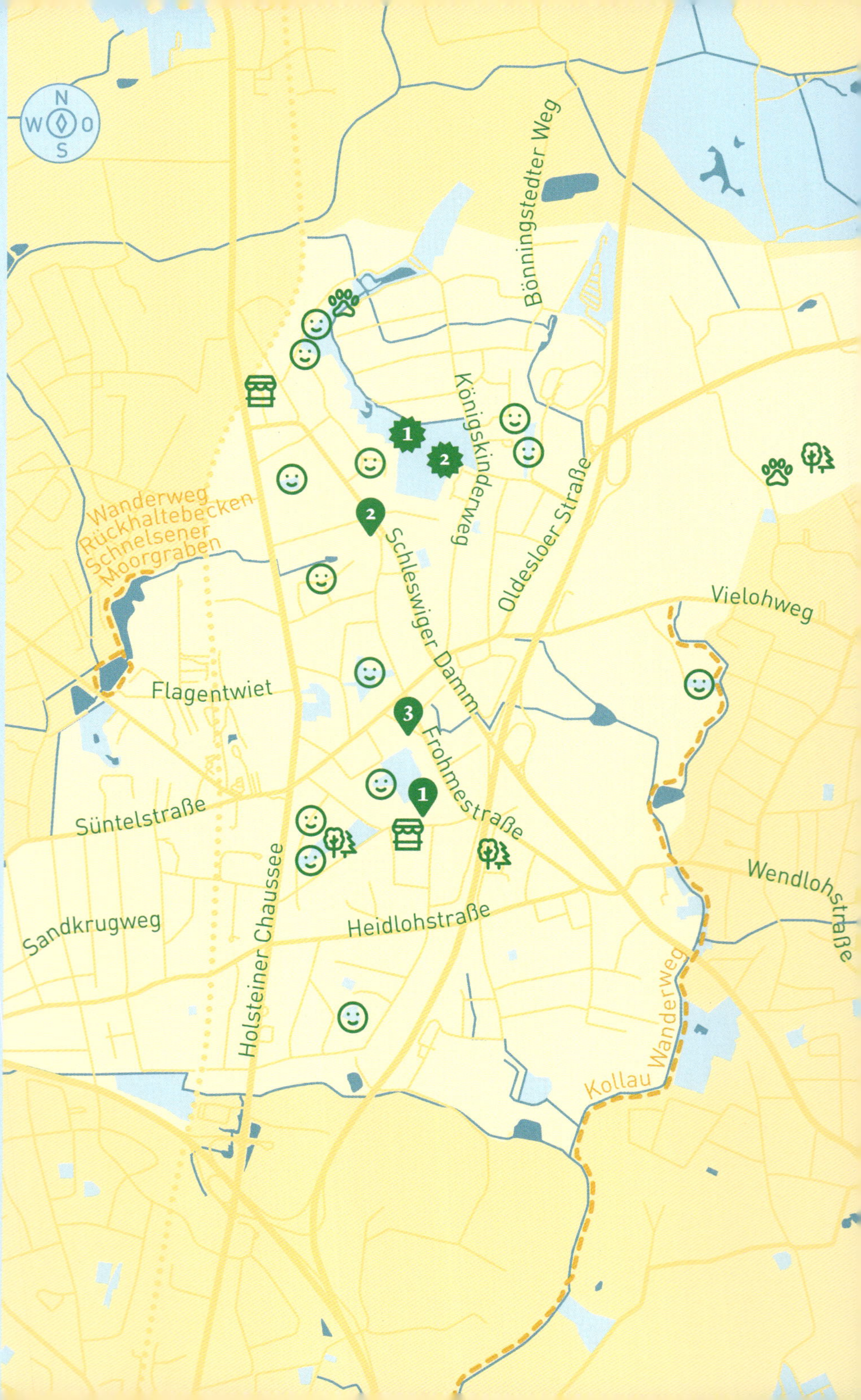
N
W
O
S
Bönningstedter Weg
Königskinderweg
Oldesloer Straße
Wanderweg
Rückhaltebecken
Schnelsener
Moorgraben
Schleswiger Damm
Vielohweg
Flagentwiet
Frohmestraße
Süntelstraße
Wendlohstraße
Sandkrugweg
Heidlohstraße
Holsteiner Chaussee
Kollau Wanderweg

Schnelsen *Heimat der „Swatthacken“*

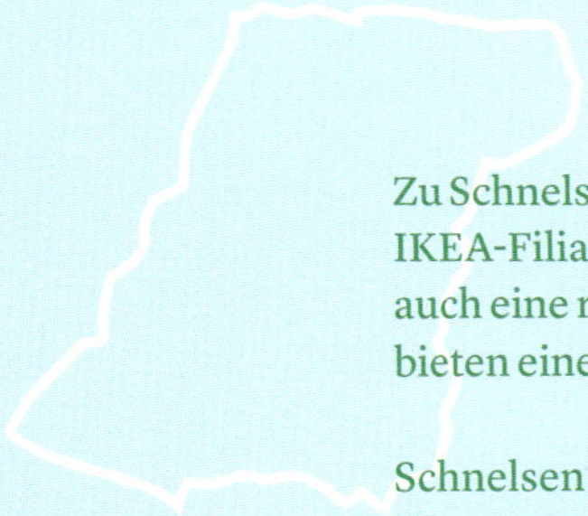

Zu Schnelsen gehört nicht nur die bei vielen Hamburgern bekannte IKEA-Filiale und die immer volle Autobahn A7 – der Stadtteil hat auch eine ruhige Seite. Parks, Pferdewiesen und kleine Teiche bieten einen Naherholungsraum direkt vor der Haustür.

Schnelsen geht auf eine sehr alte Siedlung zurück. Man vermutet, dass ein Mann namens „Snel“ das nach ihm benannte „Snelsingh“ gründete. Erstmals urkundlich erwähnt in 1253, erfuhr die kleine bäuerliche Siedlung im Jahr 1347 eine Namensänderung in „Sneltzen“. Umgeben von Sümpfen und Moor, erzielten viele Bewohner des holsteinischen Dorfes ihre Einkünfte durch Torfstechen. Da die Wege zum sonntäglichen Gottesdienst in Eppendorf verschlammt und matschig waren und ihre Schuhe nach dem Besuch der Kirche entsprechend aussahen, bekamen die Einwohner irgendwann den Spitznamen „Swatthacken“. In den 1930er Jahren erhielt Schnelsen eine bessere Verkehrsanbindung, die ersten Fernstraßen und eine Haltestelle der Altonaer-Kaltenkirchener-Eisenbahn (heute AKN) entstanden. Mit dem Groß-Hamburg-Gesetz wurde Schnelsen 1937 nach Hamburg eingemeindet. Einer der bedeutendsten archäologischen Funde am Ort ist ein spätsächsisches Reitergrab. Hier wurde im frühen Mittelalter ein Krieger zusammen mit einem Hauspferd begraben. Das Grabinventar lässt sich im Archäologischen Museum Hamburg besichtigen.

Stadtteilnachbarn sind Eidelstedt und Niendorf. Im Norden und Westen grenzt Schleswig-Holstein an. Die A1 der AKN-Bahn fährt durch Schnelsen hindurch, die Haltestellen sind Schnelsen und Burgwedel.

Highlights

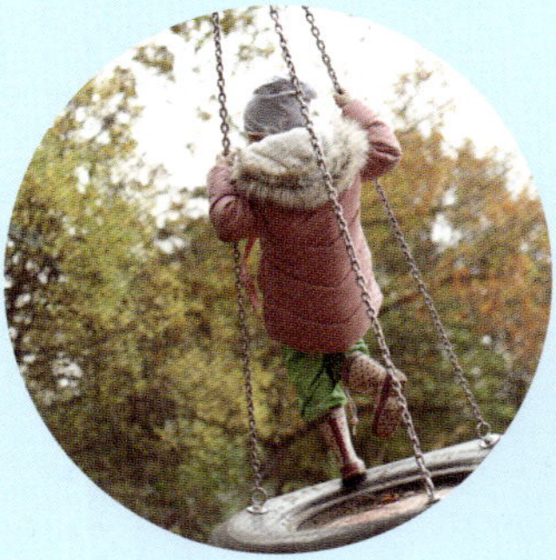

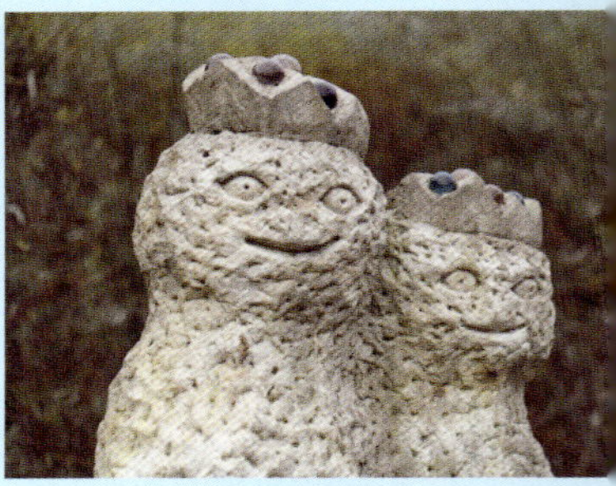

1

Wassermannpark

Der 1955 fertiggestellte Park bietet auf 28 Hektar ein grünes Naherholungsgebiet. Kleine Wasserflächen und der Burgwedelau-Nebengraben führen hier entlang, es gibt Picknickflächen, eine große Hundeauslaufwiese und zwei Spielplätze sowie ein Spielhaus. Außerdem wurden eine große Sportanlage und ein Skatepark angelegt. Namenspatin für den Park ist ein kleines polnisches Mädchen, das ein Opfer der Kindermorde des NS-Regimes am Bullenhuser Damm wurde. Mit 19 weiteren Kindern wurde das Mädchen mit Nachnamen Wassermann im ehemaligen Schulgebäude Bullenhuser Damm, das während des Krieges als Nebenlager des KZ Neuengamme diente, im Keller des Gebäudes erhängt.

↗ *zum Beispiel Rönnkamp, 22457 Hamburg*

2

Spielplatz Königskinder

Der Spielplatz Königskinder im Wassermannpark gehört zu den schönsten Spielplätzen in Schnelsen. Kinder durften bei der Planung im Jahr 2016 ihre Ideen einfließen lassen, und so entstand ein abgeschlossener Spielbereich für alle Altersstufen. Eine Burg, Rutschen, Schaukeln, Klettermöglichkeiten, ein Spielhaus, eine Seilbahn, Wippen und ein Kleinkind-Spielbereich warten darauf, erobert zu werden. Ein Besuch lohnt sich vor allem in der Mittagszeit, da ist der Spielplatz nicht ganz so stark frequentiert. Ein Skatepark mit zwei größeren Rampen sowie ein Sportplatz befinden sich direkt hinter dem Spielplatz.

↗ *Königskinderweg, 22457 Hamburg*

Wälder, Parks & Naturschutzgebiete

Parkanlage Voßbarg

Die Parkanlage Voßbarg gehört vermutlich noch zu den echten Hamburger Geheimtipps. Hier befinden sich wunderschöne große Wiesen und zwei recht kleine Spielbereiche, bestehend aus Wipptieren und einer Schaukel. Die Parkanlage ist optimal für einen Spaziergang geeignet, auch mit einem Rollstuhl kann man hier gut entlangfahren. Eine große Hundeauslaufzone befindet sich ebenfalls in der Anlage, außerdem besteht im Park kein Leinenzwang für von der Leinenpflicht befreite Hunde. Ab und zu finden kleinere Events in der Parkanlage statt, der Kollauwanderweg führt an ihr vorbei.

↗ *zum Beispiel Margaretha-Rothe-Weg, 22455 Hamburg*

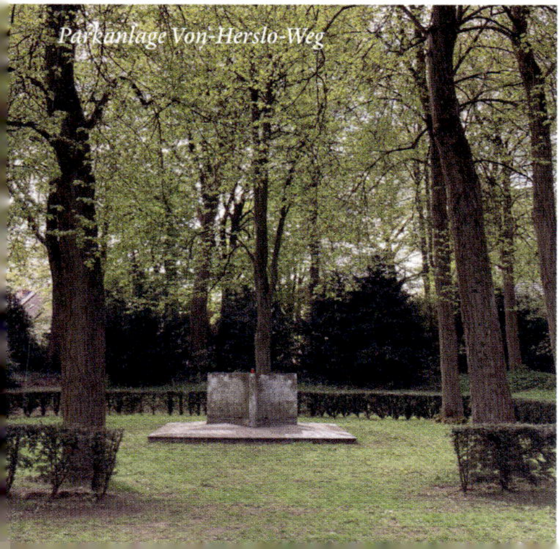

Parkanlage Von-Herslo-Weg

Parkanlage Von-Herslo-Weg

Eine kleine Parkanlage befindet sich mitten im Grünstreifen zwischen den Straßen Von-Herslo-Weg und Kriegerdankweg. Die Wege sind breit und eben angelegt, und es gibt einige Sitzmöglichkeiten, um sich niederzulassen. Ein kleiner Spielplatz befindet sich ebenfalls in der Anlage. Im Zuge der Neugestaltung der Grünanlage im Jahr 1967 wurde das vorige Denkmal zur Erinnerung an die 157 Gefallenen aus den beiden Weltkriegen durch eine neue Skulptur in Sternenform ersetzt. Die Arbeit mit dem Titel „Das Friedensmal“ entwarf D. Rytlewski. Auf dem sehr kleinen Grünstreifen, der zwischen der Straße Von-Herslo-Weg und Holsteiner Chaussee weiterführt, besteht kein Leinenzwang für von der Anleinpflicht befreite Hunde.

↗ *Kriegerdankweg, 22457 Hamburg*

Wanderweg

Dorothea-Buck-Park

Direkt auf dem „Deckel“ des 550 Meter langen Lärmschutztunnels über der A7 sind unlängst der Dorothea-Buck-Park und der Geschwister-Töllke-Platz mit seinem schönen Baumraster aus Tokio-Kirschen entstanden. Der Bau des Tunnels wurde in der Zeit von 2014 bis 2019 realisiert. In der neugeschaffenen öffentlichen Parkanlage, die nach der Kämpferin für eine menschlichere Psychiatrie Dorothea Buck benannt wurde, entstanden große Wiesen, die zur Freizeitgestaltung im Grünen einladen sollen. Für den längeren Aufenthalt stehen zahlreiche Bänke zur Verfügung. Außerdem wurden hier zahlreiche Kleingärten angesiedelt, die ab dem Jahr 2023 bezogen werden können.

↗ *Jungborn, 22459 Hamburg*

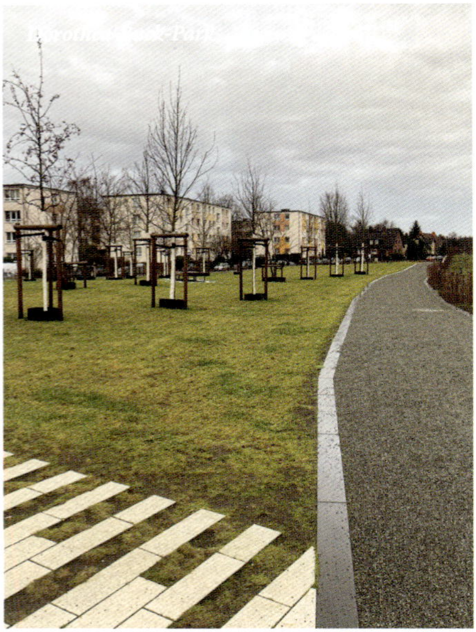

Wanderweg am Rückhaltebecken des Schnelsener Moorgrabens

Ein kleiner Wanderweg führt an dem kleinen und dem großen Rückhaltebecken des Schnelsener Moorgrabens entlang. Am Ende der Straße Kulemannstieg beginnt der erste Abschnitt des naturnahen Wegs, der an dem langen Weiher vorbeiführt. Der kleinere Weiher wird anschließend ein Mal umrundet, bevor es wieder zurück zum Kulemannstieg geht. Mit Glück kann man auf dem Weg Graureiher beobachten. Das Gewässer hat derzeit ein Angelverein gepachtet, das Gebiet befindet sich auf der Hamburger Stadtgrenze zu Schleswig-Holstein. Hunde müssen hier ganzjährig angeleint werden.

Hundewiesen

↗ Hundeauslaufzone Wassermannpark

Ein schöner großer Wiesenbereich direkt im Wassermannpark.

↗ Hundeauslaufzone Voßbarg

In diesem „Hunde-Eldorado“ in Schnelsen gibt es einen großen Wiesenbereich für die Vierbeiner, für von der Anleinflicht befreite Hunde entfällt in der gesamten Parkanlage Voßbarg der Leinenzwang.

Spielplätze

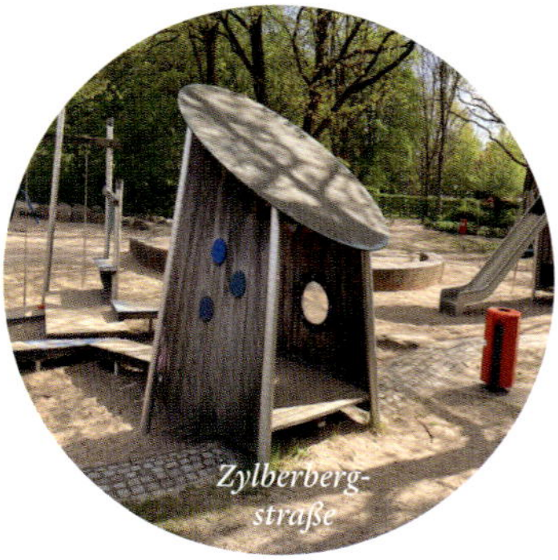

Spielplatz Grothwisch

Ein weiterer offener Spielbereich im Wassermannpark liegt direkt beim Spielhaus. Ein schöner Sandbereich, ein Kletterhaus mit Rutsche, Wippen, Schaukeln, eine Drehscheibe und ein Doppel-Skate-Swinger sorgen für etwas Abwechslung. Im Sommer laden die großen Wiesen am Teich zu einem Picknick ein. Im Frühling blühen die Obstbäume, die direkt neben dem Spielplatz stehen. Die Hundeauslaufzone befindet sich in unmittelbarer Nähe.

↗ *Grothwisch, Höhe Hausnummer 4, 22457 Hamburg*

Spielplatz Zylberbergstraße

Ein weiterer toller Spielbereich für größere Kinder befindet sich in der Zylberbergstraße, Höhe Zylberbergstieg. Viele Kletter- und Balanciermöglichkeiten gibt es hier zu entdecken. Spielhäuser, Schaukeln, eine Rutsche und Sandspielgeräte runden das Angebot ab. Der sportliche Bereich wird durch ein Fußballfeld, einen Basketballkorb und eine Tischtennisplatte abgedeckt. Der Spielplatz befindet sich mitten in einem Wohngebiet.

↗ *Zylberbergstraße/Ecke Zylberbergstieg, 22457 Hamburg*

Spielplatz Wunderbrunnen

Direkt hinter der Lärmschutzmauer von IKEA und mitten im Grünen ist der Spielplatz Wunderbrunnen zu finden. Der Motto-Spielplatz verfügt über Kletterboote, einen langen Steg mit einem Spielhäuschen und eine Schatzkiste. Mit viel Liebe zum Detail entführt der Spielplatz zu neuen Ufern und lässt kleine Piratenherzen höherschlagen. Schaukeln, eine Drehscheibe, ein Sandkasten und Wippen ergänzen den thematischen Spielbereich.

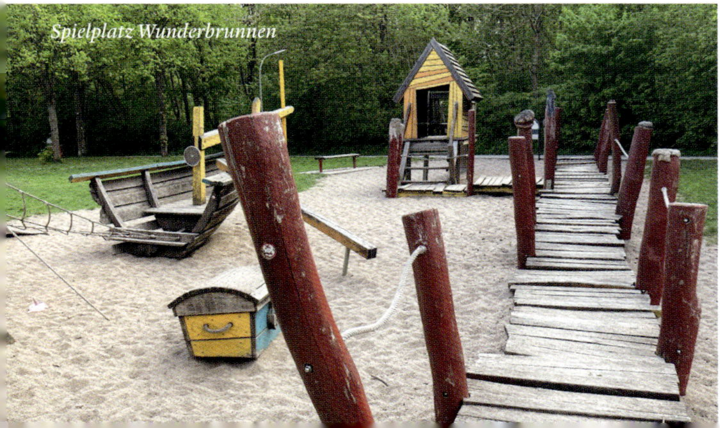
Spielplatz Wunderbrunnen

Der Spielplatz ist recht überschaubar, aber unbedingt einen Besuch wert!

↗ *Wunderbrunnen/Wanderweg an der Lärmschutzmauer vorm Kreisel, 22457 Hamburg*

Spielplatz Klabautermannweg

Ein weiterer kleiner Motto-Spielbereich befindet sich ebenfalls in der Nähe des Wunderbrunnens. Der umzäunte Kleinkind-Spielplatz bietet Balanciermöglichkeiten und einen schönen Sandbereich mit zwei Goldfischen aus Holz. Ein kleines Hochhaus mit Rutsche, eine Nestschaukel und ein kleines Bodentrampolin sorgen für Abwechslung. Besonders schön ist der Boden des Spielbereichs, der in Form einer Sonne angelegt und angemalt wurde.

↗ *Wunderbrunnen/Wanderweg an der Lärmschutzmauer vor dem Kreisel, 22457 Hamburg*

Spielplatz Graf-Ernst-Weg

Im Grünbereich zwischen der Wohnanlage Graf-Ernst-Weg gibt es mehrere Spielmöglichkeiten. Das Angebot reicht von Kletter- und Balancierbereichen bis hin zum Spielhäuschen und Wippen und richtet sich an alle Altersstufen. Ein großes Basketballfeld und eine asphaltierte Buckelpiste sind ebenfalls auf dem Gelände zu finden. Etwas abseits vom Spielbereich befindet sich ein eingezäuntes Fußballfeld.

↗ *zum Beispiel Vörn Brook, 22459 Hamburg*

Spielplatz Burgwedel/Voßkamp

In der kleinen Grünanlage Burgwedel/Voßkamp befinden sich eine Kletterburg mit Rutsche sowie Schaukeln und ein Wipptier. Die große Wiese und die angrenzenden Büsche bieten viel Freiraum zum Toben, Spielen und Verstecken.

↗ *zum Beispiel Voßkamp, Höhe Fuchsversteck, 22457 Hamburg*

Spielplatz Brüder-Hornemann-Straße

Der Spielbereich, mitten in einer Wohnanlage, umfasst Schaukeln, Wippen, eine Kletterburg mit Rutsche, zwei Sandkästen und ein Karussell. Betrieben werden die Spielbereiche vom Bauverein der Elbgemeinden. Die Spielbereiche können in den Zeiten von 8 bis 13 Uhr sowie von 15 bis 20 Uhr benutzt werden.

↗ *Brüder-Hornemann-Straße, Höhe Hausnummer 10, 22457 Hamburg*

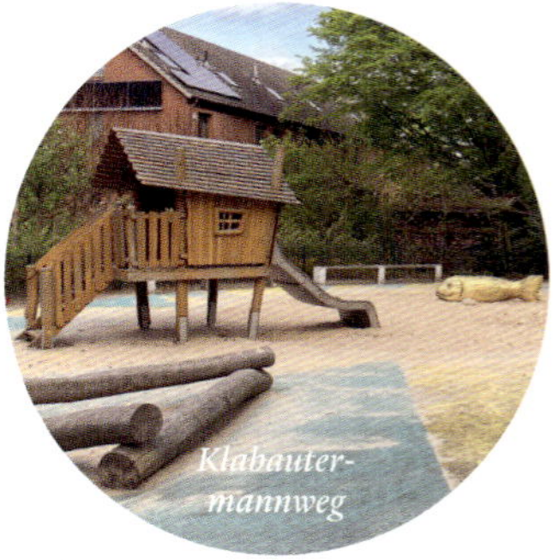

Klabautermannweg

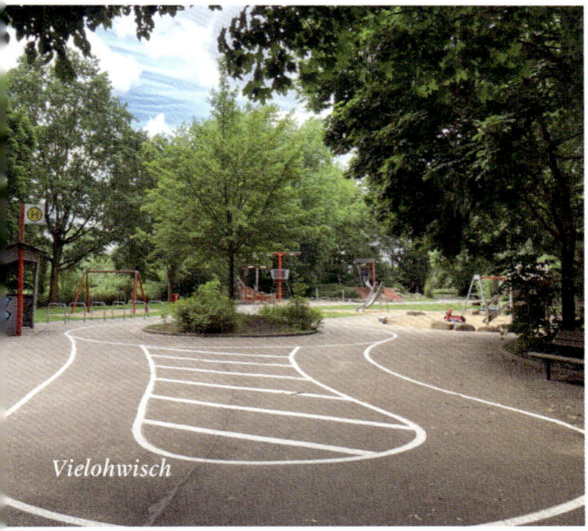

Vielohwisch

Spielplatz Scheelring

Im Grünbereich am Rückhaltebecken Schnelsener Moorgraben, zwischen den Straßen Scheelring und Burgwedelkamp, befinden sich zwei offene Spielbereiche. Eine Rutsche, Wipptiere, Schaukeln und eine Kletterburg mit integrierter Rutsche sind hier zu finden.

↗ *zum Beispiel Scheelring, Höhe Hausnummer 21, 22457 Hamburg*

Spielplatz Vielohwisch

Der am Kollauwanderweg liegende Spielplatz ist weitläufig und umfasst sehr viele Spielangebote. Herzstück ist das große Schiff „Red Bird", das sehr variantenreiche Spielmöglichkeiten bietet. Eine Seilbahn, Rutsche, Schaukeln und ein separater Kleinkindbereich sind hier außerdem zu finden. Eine Tischtennisplatte, ein Basketballkorb und eine asphaltierte Rollerbahn ergänzen den umzäunten Spielplatz. Das Gelände bietet sehr viel Platz zum Toben, und die Büsche eignen sich ideal als Versteck. Ein besonderer Hingucker ist die nachgebaute überdachte Bushaltestelle, in der man auch picknicken kann.

↗ *Vielohwisch, 22455 Hamburg*

Spielplatz Von-Herslo-Weg

In der Parkanlage Von-Herslo-Weg befindet sich ein kleiner Spielbereich bestehend aus Schaukeln, Wippen und einem Fußballfeld. Der Rasenbereich bietet genügend Platz zum Spielen und Toben.

↗ *Von-Herslo-Weg, 22457 Hamburg*

Spielplatz Von-Herslo-Weg

Ein weiterer kleiner Spielbereich im Von-Herslo-Weg verfügt über eine Tischtennisplatte, eine Nestschaukel und einen Bereich für Kleinkinder mit Kletterhäuschen und Rutsche.

↗ *Von-Herslo-Weg, Höhe Hausnummer 22, 22457 Hamburg*

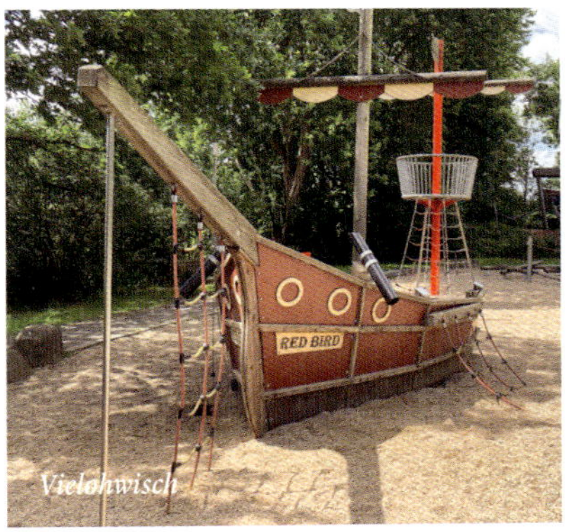

Vielohwisch

Spielplatz Kriegerdankweg

Dieser „Piratenspielplatz" hat einen tollen Mottobereich für große und kleine Besucher. Auf einem offenen Gelände gibt es zwei Riesenrutschen, einen Wasser-Matsch-Spielbereich, ein Kletter-Spinnennest, Schaukeln, eine Drehscheibe und viele weitere Klettermöglichkeiten zu entdecken. Viel Platz zum Spielen und Toben ist außerdem vorhanden. Besonders beliebt ist der Spielplatz als Ausflugsziel bei Kitas.

↗ *Kriegerdankweg, Höhe Hausnummer 32, 22457 Hamburg*

Spielhaus

Spielhaus Surcis Goldinger

Von Montag- bis Donnerstagnachmittag richtet sich das Spielhausangebot an alle Kinder zwischen sechs und zwölf Jahren. Hier kann getobt und gespielt werden, und die Kinder dürfen sich ausprobieren. Es werden auch einige kreative und sportliche Aktivitäten angeboten. Bei schönem Wetter lockt der Spielplatz Grothwisch, der sich direkt neben dem Spielhaus befindet. Das Spielhaus wird vom Verband für offene Kinder- und Jugendarbeit Hamburg e.V. geführt. Die Räumlichkeiten können auch gemietet werden.

↗ *Grothwisch 10, 22457 Hamburg*
www.kifaz-schnelsen.de/weitere-projekte/spielhaus-surcis-goldinger

Wochenmärkte

Dienstag- und freitagvormittags sorgt der kleine Schnelsener Wochenmarkt mit regionalen Anbietern für die Nahversorgung in der Wählingsallee 16.

Jeden Donnerstagnachmittag findet ein weiterer Wochenmarkt am Roman-Zeller-Platz, direkt am Bahnhof Burgwedel, statt.

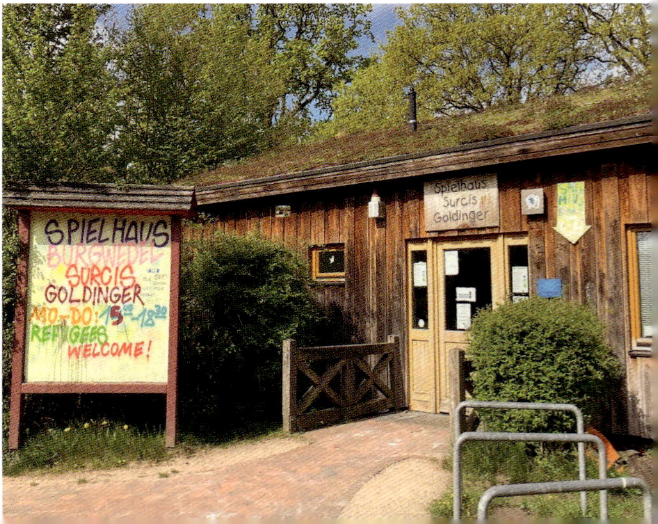

Besondere Orte

Freizeitzentrum Schnelsen e.V. 1

In diesem Stadtteilkulturzentrum findet regelmäßig ein buntes Programm aus Kursen und Gruppentreffen statt. Angesichts des vielfältigen Angebots wird hier jede Altersstufe fündig, von Kindertanzkursen bis zum Bauch-Beine-Po-Kurs ist fast alles vertreten. Aber auch die regelmäßigen Veranstaltungen lassen kaum Wünsche offen und reichen vom Jazz-Frühschoppen bis zum Weihnachtsmärchen. Die Räumlichkeiten können auch für private Feiern gemietet werden.

↗ *Wählingsallee 16, 22459 Hamburg*
www.fz-schnelsen.de

Eis-Café Höft 2

Ein sehr kreatives Eiscafé befindet sich direkt an der Straße Burgwedel. Mit seinen unterschiedlichen und immer neuen Eissorten überrascht das Eis-Café sogar eisliebende Kenner. Die Sorten werden eigens für das Café kreiert und zubereitet. Im Sommer muss mit einer längeren Warteschlange gerechnet werden, bis man die köstlichen Kugeln genießen kann.

↗ *Burgwedel 67, 22457 Hamburg*
eishoeft

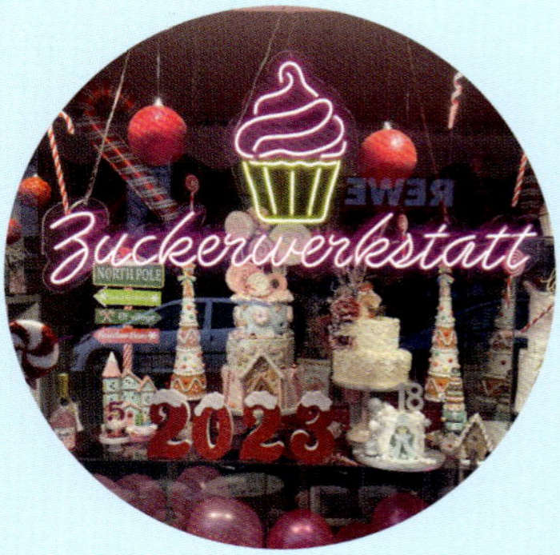

Zuckerwerkstatt 3

Ein Geheimtipp ist die Zuckerwerkstatt im Glißmannweg. Hier werden mit viel Liebe zum Detail große und kleine Torten auf Bestellung kreiert. Jede Torte wird individuell in Handarbeit gefertigt und zu einem kleinen Kunstwerk gemacht. Wer nicht nur eine Torte bestellen, sondern auch selbst die Kunst der Verzierung von Cupcake und Co. erlernen möchte, findet hier eine tolle Location für Kindergeburtstage, Junggesellenabschiede und Workshops. Jedes Event wird von der Zuckerwerkstatt liebevoll und individuell organisiert. Naschen ist natürlich erlaubt, und die süßen Werke dürfen anschließend mit nach Hause genommen werden.

↗ *Glißmannweg 5, 22457 Hamburg*
zuckerwerkstatt_hamburg

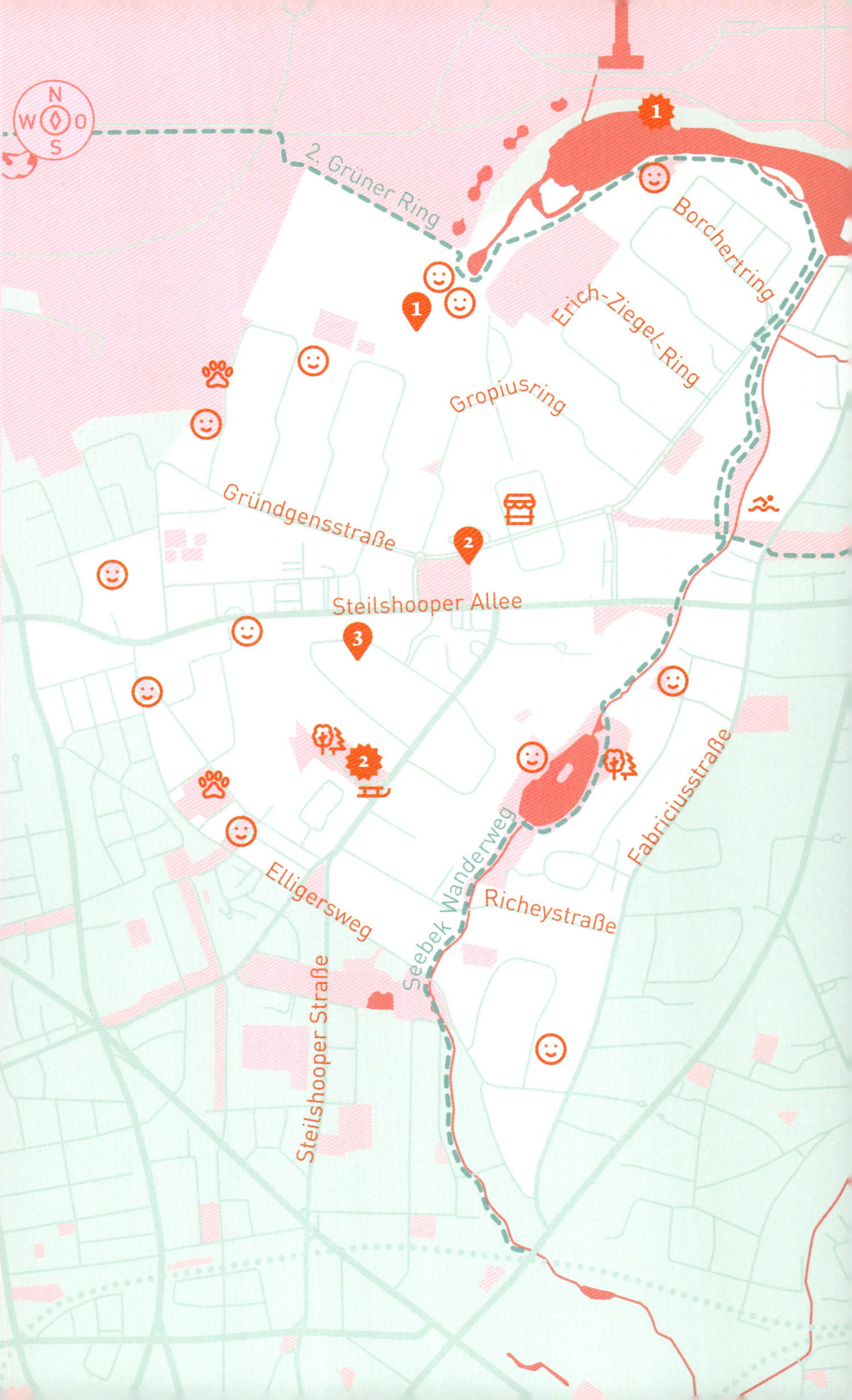
N
W
O
S
2. Grüner Ring
Borchertring
Erich-Ziegel-Ring
Gropiusring
Gründgensstraße
Steilshooper Allee
Fabriciusstraße
Seebek Wanderweg
Richeystraße
Elligersweg
Steilshooper Straße

Steilshoop
Experimentier-platz für Groß-siedlungen

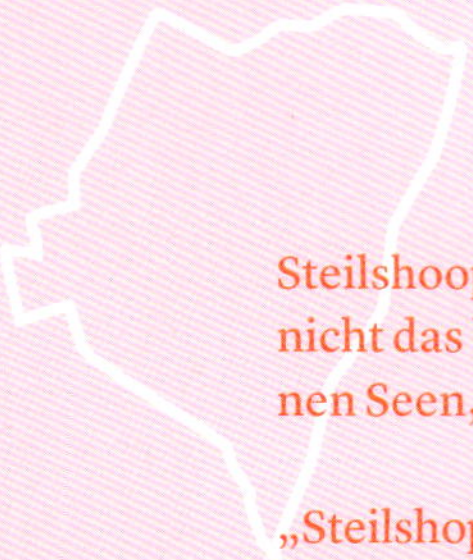

Steilshoop hat durch seine Großsiedlungen aus Plattenbauten nicht das beste Image. Dabei gibt es auch eine grüne Seite mit kleinen Seen, Abenteuerspielplätzen und Wanderwegen.

„Steilshop" wurde erstmals 1350 urkundlich erwähnt. Der Namensbestandteil „Hoop" kommt aus dem Niederdeutschen und bedeutet nichts anderes als „Hof". „Steils" könnte sich von der Lage des Hofs ableiten, der dann wohl auf einer steilen Anhöhe gelegen hätte. Es könnte aber auch der Name der früheren Bauernfamilie gewesen sein. Steilshoop war im Mittelalter Schauplatz zahlreicher Kämpfe zwischen holsteinischen und lauenburgischen Rittern. Seit der Schlacht bei Königgrätz im 19. Jahrhundert gehörte Steilshoop zu Preußen, und bevor es 1937 durch das Groß-Hamburg-Gesetz nach Hamburg eingemeindet wurde, entstanden zahlreiche Kleingärten und Grünparzellen mit kleinen Sommerhäuschen. Der Zweite Weltkrieg veränderte Hamburg schlagartig, die zentralen Stadtteile waren zu großen Teilen zerstört. Die Sommerhäuschen wurden nun als Unterkunft für Hamburger genutzt. Und um neuen Raum für die wohnungslos gewordenen Hamburger zu schaffen, wurde Steilshoop in den Nachkriegsjahrzehnten zur Experimentierstelle für Großsiedlungsprojekte. Die eintönigen gigantischen Betonsiedlungen schufen Platz für viele Menschen, und die ringförmig angelegten Häuserblocks wurden zum Sinnbild für die Betonmoderne dieser Zeit.

Stadtteilnachbarn sind Bramfeld, Barmbek-Nord und Ohlsdorf. An einer U-Bahn-Verbindung wird derzeit gebaut.

Highlights

1

Bramfelder See

Ursprünglich bestand der Bramfelder See aus zwei Teichen, die später durch eine Ausbaggerung miteinander verbunden wurden. Die Teiche befanden sich in Besitz eines Bramfelder Bauernvogts, 1772 wurde den Bramfelder und Steilshooper Bürgern urkundlich ein Nutzungsrecht an ihnen eingeräumt. Der Bramfelder See grenzt heute an Ohlsdorf und ist ein schönes Naherholungsgebiet. Vier Inseln, die unter Naturschutz stehen, befinden sich im „Brami". Eine Graureiherkolonie ist hier in den Sommermonaten beheimatet und nistet sich schon seit Jahren auf einer kleinen Insel im See zur Brut ein. Der See wird durch einen Angelverein gepflegt. Die Wege um den See herum sind breit und eben angelegt, also auch ein schönes Ausflugsziel für Rollstuhlfahrer. Ein kleiner Fitnessbereich, zwei Spielplätze und eine Feuerstelle befinden sich direkt am See. Es besteht kein Leinenzwang für von der Leinenpflicht befreite Hunde. Ein Spaziergang am See kann zum Ohlsdorfer Friedhof erweitert werden.

↗ *zum Beispiel Seehofstraße, 22177 Hamburg*

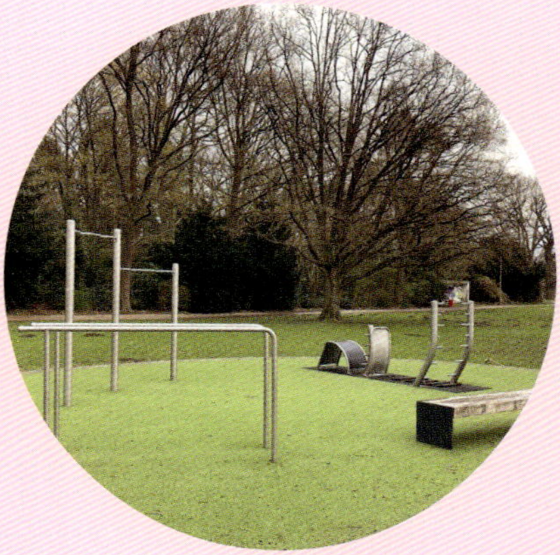

2

Spielplatz Steilshooper Straße

Der Spielplatz Steilshooper Straße kann sich ganz schnell zum Lieblingsspielplatz entwickeln und ist besonders für kletterbegeisterte Kinder ein Muss. Ob im Bambus verstecken spielen, die lange Giraffenrutsche herunterdüsen oder die Geschicklichkeit trainieren – langweilig wird es hier so schnell nicht. Für kleinere Kinder gibt es einen eigenen Bereich mit Rundschaukel, Rutsche und Sandspiel-Häuschen. Mit Glück sitzen im Gras am Giraffenberg Kaninchen, im Winter ist er ein toller Rodelberg. Neben dem Spielplatz befindet sich der Calisthenics Park mit verschiedenen Trainingsgeräten für Sportler. Ein Basketballkorb, eine Tischtennisplatte, ein Fußballfeld und eine Feuerstelle ergänzen das Angebot.

↗ *Steilshooper Straße, Höhe Hausnummer 277, 22309 Hamburg*

Wälder, Parks & Naturschutzgebiete

Appelhoffweiher

Der Appelhoffweiher gehört zur schönen Seite Steilshoops. Noch vor etwa fünfzig Jahren wuchsen hier unzählige Apfelbäume, denn das Gebiet gehörte zu einem Apfelhof. Der angestaute Weiher der Seebek entstand erst 1973 und wird inzwischen von einem Angelverein bewirtschaftet. Wo heute die kleine Insel im Weiher liegt und nun ein Rückzugsort für viele Wasservögel entstanden ist, war früher die Hofwiese. Um den See herum befinden sich einige Fitnessgeräte. Auf dem großen Spielgelände gibt es einen Bolzplatz sowie Sitzplätze mit Tischen und zwei Standgrills. Der Appelhoffweiher lässt sich entspannt umrunden, die Wege sind eben und können auch mit dem Rollstuhl befahren werden. Eine Kennlernbank steht direkt vor dem roten Holzhaus. Hier kann man ungezwungen mit anderen Menschen ins Plaudern kommen. Im Park des Appelhoffweihers besteht keine Leinenpflicht für von der Leinenpflicht befreite Hunde.

↗ *zum Beispiel Appelhoff, 22309 Hamburg*

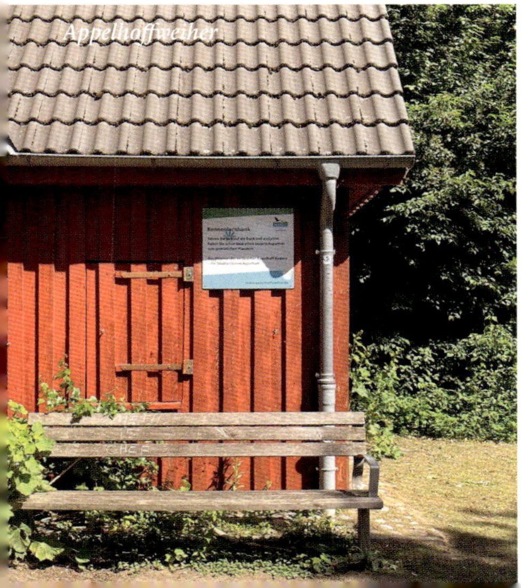
Appelhoffweiher

Calisthenics Park

Der Calisthenics Park ist ein Trainingsangebot für Sportler, die mit dem eigenen Körpergewicht trainieren und auf zusätzliche Gewichte und Geräte verzichten. In Hamburg entstehen derzeit immer mehr solcher Bereiche. Ein recht neuer Calisthenics Park liegt direkt im Grünzug an der Steilshooper Straße. Kleingärten, ein großer Abenteuerspielplatz und eine Feuerstelle befinden sich hier ebenso. Viele Sitzmöglichkeiten und Liegen laden zu einem längeren Aufenthalt im Park ein. Im Winter ist der Giraffenberg bei kleinen und großen Rodlern sehr beliebt.

↗ *Steilshooper Straße, Höhe Hausnummer 277, 22309 Hamburg*

Hundewiesen

↗ Hundeauslaufzone Edwin-Scharff-Ring

Ein kleiner Auslaufbereich mitten im Grünen neben dem Friedhof Ohlsdorf. Hier geht auch ein kleiner Wanderweg entlang, der am Friedhof vorbeiführt und am Jüdischen Friedhof Ohlsdorf, an der Ilandkoppel, endet.

↗ Hundeauslaufzone Schmachthäger Straße

Ein kleiner Wiesenbereich beim Trainingsgelände des SV Barmbek.

Spiel- & Sportplätze

Spielplatz Appelhofweiher

Auf dem großen Motto-Spielplatz direkt am Appelhoffweiher können sich große und kleine Besucher nicht nur an Seilbahn, Klettergerüst, Spielhäusern, Rutsche und Trampolin erfreuen, auch ein großer Bolzplatz lockt mit mehreren Fußballfeldern, einem Basketballfeld, einer Tischtennisplatte, einem großen Schach- und einem großen Beachvolleyball-Feld. Sitzplätze mit Tischen und zwei Standgrills befinden sich direkt am Spielplatz. Der Appelhofweiher mit seinen unzähligen Enten und Wildgänsen lädt anschließend zu einem ausgiebigen Spaziergang ein. Es besteht hier kein Leinenzwang für von der Leinenpflicht befreite Hunde.

↗ *Appelhoff, 22309 Hamburg*

Spielplatz Borchertring

Direkt am Bramfelder See befindet sich der Spielplatz Borchertring. Auf einem großen, weitläufigen Gelände gibt es unter anderem eine Riesenrutsche, eine Seilbahn, verschiedene Schaukeln, ein Bodentrampolin und Karussells zu entdecken. Der umzäunte Kleinkindbereich mit dem Charme eines Waldspielplatzes umfasst Spielhäuser, ein Spielschiff, einen Kletterturm mit Rutsche sowie eine Nestschaukel. Neben dem Kleinkindbereich befindet sich die Sportecke mit kleinem Hockey-/Fußballfeld, Basketballkorb und Tischtennisplatte. Das Gelände bietet reichlich Platz zum Toben und Spielen. Im Oktober 2022 wurde der Spielplatz vollständig renoviert.

↗ *zum Beispiel Otto-Burmeister-Ring, 22309 Hamburg*

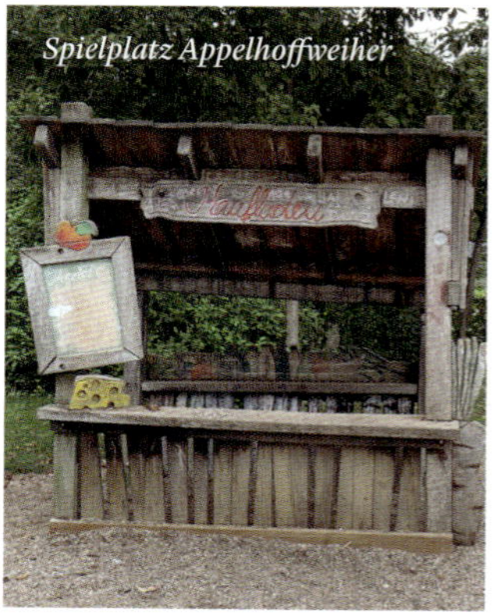

Spielplatz Appelhoffweiher

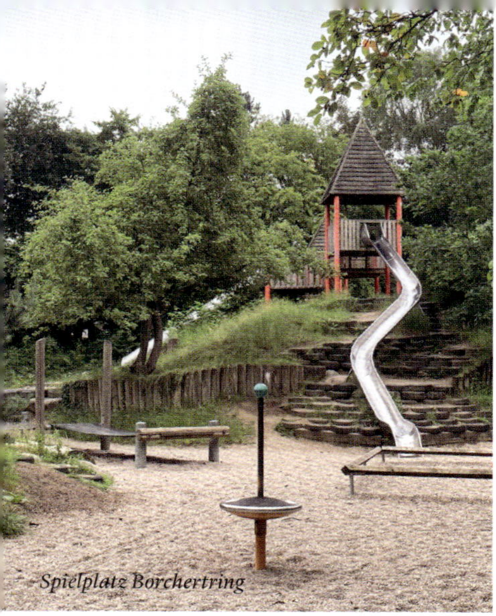

Spielplatz Borchertring

Bolzplatz und Kleinkindspielplatz Edwin-Scharff-Ring

Ein weiteres großes Fußballfeld befindet sich etwas versteckt im Grünzug am Edwin-Scharff-Ring. Hinter dem Fußballfeld und direkt am Wanderweg liegt ein übersichtlicher Kleinkindspielbereich. Schaukeln, ein Wipptier, ein Spielhaus und eine Rutsche gehören zum Spielangebot. Eine Hundeauslaufzone befindet sich in unmittelbarer Nähe.

↗ *Edwin-Scharff-Ring, 22309 Hamburg*

Spielplatz am Bramfelder See

Ein weiterer Spielbereich befindet sich am Bramfelder See, Richtung Kleingartenverein. Vier breite, nebeneinander liegende Rutschen, Wippen, ein Spielhaus und Schaukeln können hier entdeckt und ausprobiert werden. Ein kleines Fußballtor befindet sich direkt auf der großen Wiese. Am Bramfelder See besteht kein Leinenzwang für von der Leinenpflicht befreite Hunde.

↗ *zum Beispiel Wanderweg am Fritz-Flinte-Ring, 22309 Hamburg*

Fußballfeld Edwin-Scharff-Ring

Ein kleines, eingezäuntes Fußballfeld befindet sich direkt im Edwin-Scharff-Ring, Höhe Hausnummer 43–55.

↗ *Edwin-Scharff-Ring, Höhe Hausnummer 43–55, 22309 Hamburg*

Innenhofspielplätze

Die begrünten Innenhöfe der großen Ringwohnsiedlungen oberhalb der Gründgensstraße bestehen nicht nur aus schönen Gärten, sondern beheimaten auch mehrere Spielplätze. Die verschiedenen Angebote reichen von Spielbereichen für

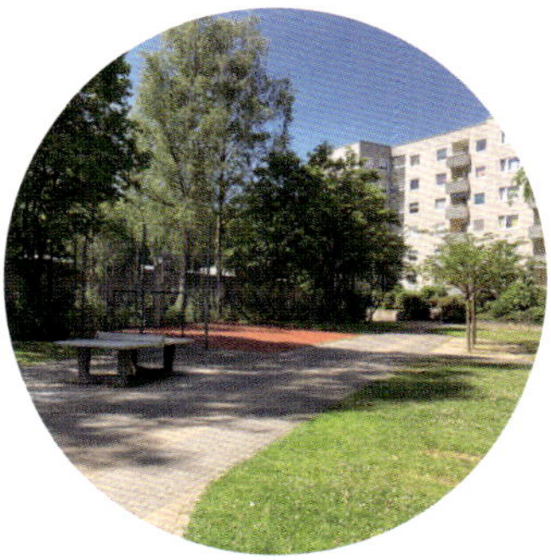

Innenhofspielplatz Schreyerring

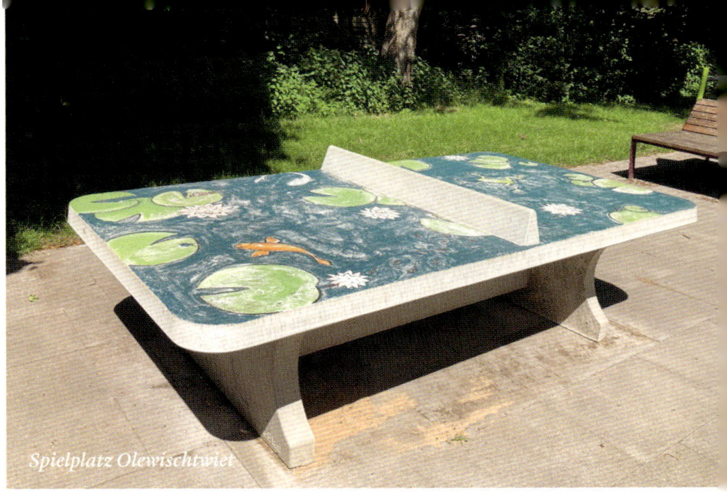

Spielplatz Olewischtwiet

kleinere Kinder bis hin zu großen Klettergerüsten. Aber auch ganze Fußballfelder, Basketballkörbe, Bodenschachfelder und Tischtennisplatten sind hier zu finden. Viele Bereiche sind für externe Besucher frei zugänglich und benutzbar, einem längeren Spaziergang mit Kindern durch die vielen sehr unterschiedlich angelegten Gärten und einem Spielplatz-Hopping steht also nichts im Wege. Die Innenhofspielplätze sind ein beliebtes Ausflugsziel von Kitas und Grundschulen.

↗ *ab Gründgensstraße, 22309 Hamburg*

Runge Spielplatz

Ein kleiner eingezäunter Spielplatz befindet sich mitten im Grünen in der Rungestraße. Eine Kletterburg mit Rutsche und Schaukeln stehen für die größeren Kinder bereit. Ein separater Kleinkindbereich mit kleinem Kletterhaus und integrierter Rutsche sowie Sandspielgeräten gehören ebenso zum Angebot, das von Wippen und einem Spielhaus ergänzt wird. Der Spielplatz bietet viel Platz zum Toben und Spielen.

↗ *Rungestraße, 22307 Hamburg*

Spielbereich Benzstraße

Ein kleiner Spielbereich mit Rutsche, Schaukeln, Wippen und Sandkasten befindet sich im Grünzug zwischen den Wohnhäusern an der Benzstraße.

↗ *Benzstraße, 22177 Hamburg*

Spielplatz und Bolzplatz Nordheimstraße

Direkt hinter dem Famila-Gebäude befinden sich im Grünzug ein Bolzplatz und zwei Spielplätze. Der Bolzplatz besteht aus einem Fußballfeld sowie einem Basketballkorb. Der offene Spielbereich verfügt über einen Drehring, mehrere Kletter- und Balancierelemente, Schaukeln, eine Rutsche und ein Spielhaus. Zum kleinen eingezäunten Kleinkindbereich gehören eine Rutsche, Schaukeln, Wipptiere, ein Spielhaus sowie ein Kletterbereich.

↗ *Wanderweg an der Nordheimstraße, 22309 Hamburg*

Spielbereiche Steilshooper Straße

Folgt man dem Wanderweg am Calisthenics Park in Richtung der Kleingärten, kommt man an verschiedenen Spielbereichen vorbei. Auf einer großen Wiese stehen eine Nestschaukel und eine Tischtennisplatte. Etwas versteckt bei den Bäumen, kurz vor der Steilshooper Allee, befindet sich ein kombiniertes Basketball-Fußball-Feld. In der daneben liegenden Häuserreihe liegt ein weiterer Spielbereich mit verschiedenen Spielmöglichkeiten für große und kleine Kinder.

↗ *Steilshooper Allee, Höhe Hausnummer 16, 22309 Hamburg*

Spielplatz Olewischtwiet

Ganz versteckt in der Olewischtwiet befindet sich dieser von Kindern mitgestaltete sogenannte Tunnelspielplatz. Die schöne eingezäunte Spielfläche bietet eine Menge Platz zum Toben, und hier steht wohl auch die schönste Tischtennisplatte Hamburgs. Ein weiteres Highlight sind die drei mit viel Liebe gestalteten Kriechtunnel, in denen gespielt werden kann. Außerdem gibt es auf dem Spielplatz ein großes Klettergerüst mit Rutsche, eine kleine Rutsche, Schaukeln, Wipptiere, einen Drehbogen und ein kleines Fußballfeld. Der Appelhoffweiher liegt direkt in der Nähe.

↗ *Olewischtwiet, Höhe Hausnummer 10, 22177 Hamburg*

Spielplatz Schmachthäger Straße

Ein kleiner, eingezäunter Spielplatz befindet sich zwischen der Schmachthäger Straße und der Meister-Francke-Straße. Zum Spielangebot gehören ein großer Sandbereich, Schaukeln, ein Klettergerüst mit integrierter Rutsche, ein Spielhaus, eine Wippe und ein Einzeldrehgerät. Eine Wasserpumpe mit einer kleinen Wasser-Matsch-Station ist ein Highlight des Spielplatzes.

↗ *Schmachthäger Straße/Ecke Meister-Francke-Straße, 22309 Hamburg*

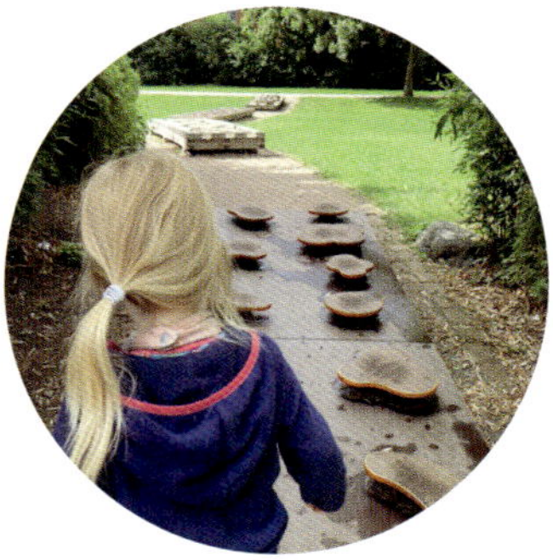

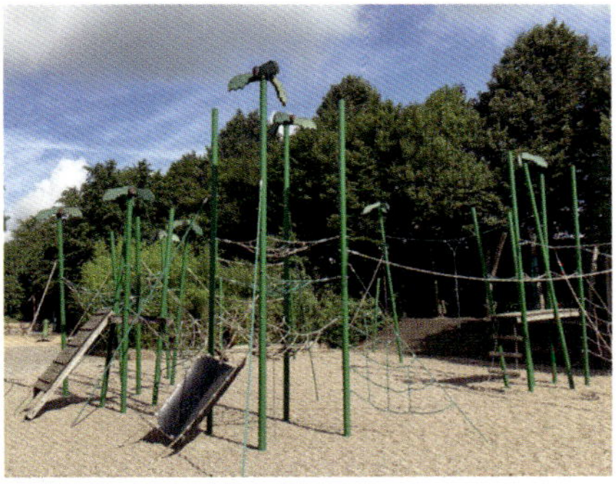

Spielplatz Steilshooper Straße

Bauspielplatz/ Spielhaus

DRK Aktivspielplatz Villa Kunterbunt

Der Aktivspielplatz existiert bereits seit den 1970er Jahren, 1996 wurde er neu eröffnet. Ein vielseitiges Angebot richtet sich von Montag bis Freitag sowie an zwei Samstagen im Monat an alle Kinder von fünf bis vierzehn Jahren. Ob in der Fahrradwerkstatt schrauben, mit der Seilbahn fahren, an Hütten bauen, zusammen kochen oder etwas eigenes töpfern – langweilig wird es hier so schnell nicht. Highlight in der Woche ist der gemeinsame Schwimmausflug jeden Freitag. Alle Angebote sind kostenfrei nutzbar, die Teilnahme bedarf keiner Anmeldung. Die Einrichtung wird durch das Deutsche Rote Kreuz geleitet und befindet sich direkt beim Bramfelder See.

↗ *Fritz-Flinte-Ring 41 D, 22309 Hamburg*
www.drk-kiju.de/einrichtungen/villa-kunterbunt/willkommen.html

Wochenmarkt

Dienstag- und freitagnachmittags findet ein Wochenmarkt direkt am Schreyerring beim Einkaufszentrum Steilshoop statt.

Schwimmbad

Bäderland Bramfeld

Das Bäderland Bramfeld ist zwar klein, hat aber für jedes Alter ein passendes Angebot parat. Im großen Mehrzweckbecken kann man gemütlich seine Bahnen schwimmen oder mit dem Nachwuchs die ersten Schwimmversuche unternehmen. Das Highlight im Schwimmbad ist aber wohl die fast achtzig Meter lange Rutsche mit bunten Lichteffekten. Hier wird jede „Abfahrt" zu einem Erlebnis. Ein Sprungturm, ein Frühschwimmerclub und verschiedene Kurse runden das Angebot der Schwimmhalle ab. Die Schwimmhalle ist komplett barrierefrei.

↗ *Fabriciusstraße 223, 22177 Hamburg*
www.baederland.de/baeder/standorte/bramfeld

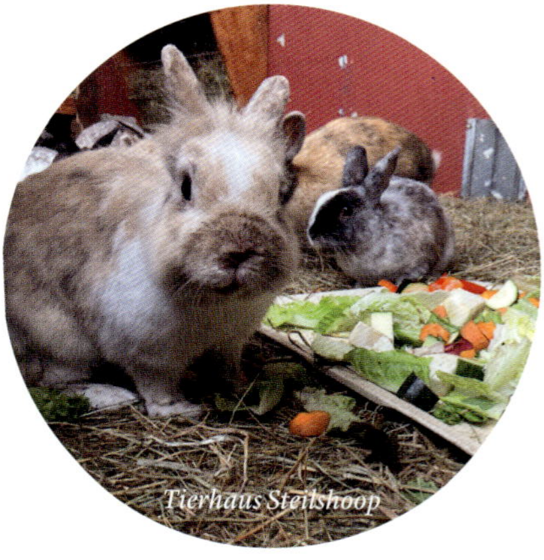

Tierhaus Steilshoop

Besondere Orte

Tierhaus Steilshoop 1

Im Tierhaus können Kinder und Erwachsene Tiere aus der Nähe beobachten und den Umgang mit ihnen erlernen. Ein Besuch ist von Dienstag bis Sonntag ohne Anmeldung und kostenfrei möglich. Für größere Besuchergruppen wird eine Voranmeldung erbeten. Neben Meerschweinchen, Kaninchen, Ziegen, Schafen und Goldfischen leben auch Graupapageien, eine Dreikielschildkröte, Krallenfrösche und viele weitere Tiere im Tierhaus. Die meisten Tiere kommen aus dem Tierheim und finden hier ein endgültiges Zuhause. Das Futter wird hauptsächlich durch Spenden finanziert. Es besteht die Möglichkeit, im Tierhaus eine Tierpartnerschaft zu übernehmen. Nicht zuletzt unterstützt das Tierhaus Langzeitarbeitslose dabei, sich wieder in die Arbeitswelt zu integrieren.

↗ *Fritz-Flinte-Ring 41 C, 22309 Hamburg*
www.alraune-hamburg.de/index.php/projekte/unser-tierhaus

Kulturtreff Jetzt 2

Das kleine Bistro und Café bietet neben einer übersichtlichen Speisekarte und einem täglich wechselnden Mittagstisch auch regelmäßig verschiedene Abendevents an. Live-Konzerte werden vom Musikclub JETZT ausgerichtet, unbekannte, aber begabte Musiker erhalten hier eine Bühne. Die Events sind meist kostenfrei oder können auf Spendenbasis besucht werden, das Gebäude befindet sich direkt am ehemaligen Verkehrsübungsplatz, wo die neue U-Bahn-Haltestelle der U5 entsteht. Die Räumlichkeiten können auch für Geburtstage und Feierlichkeiten angemietet werden.

↗ *Gründgensstraße 22, 22309 Hamburg*
www.alraune-hamburg.de/index.php/projekte/kulturtreff-jetzt

CAKE KING/My Cake 3

Einen süßen kulinarischen Ausflug nach Persien kann man im CAKE KING im Gewerbegebiet Schwarzer Weg machen, wo man sich zwischen Baklava, einer großen Auswahl an persischen Keksen und orientalischen Sahnestückchen kaum entscheiden kann. Alle Leckereien können auch mit nach Hause genommen werden, am bekanntesten ist CAKE KING aber für seine aufwendigen Torten, die vorab bestellt werden müssen. Von einer bunten Kindertorte bis hin zur voluminösen Hochzeitstorte geht hier alles. Die Torten werden individuell nach den Wünschen der Kunden hergestellt und entstehen durch deutsche Konditorenkunst mit einem leicht orientalischen Hauch.

↗ *Schwarzer Weg 13, 22309 Hamburg*
www.cakeking-de.myshopify.com

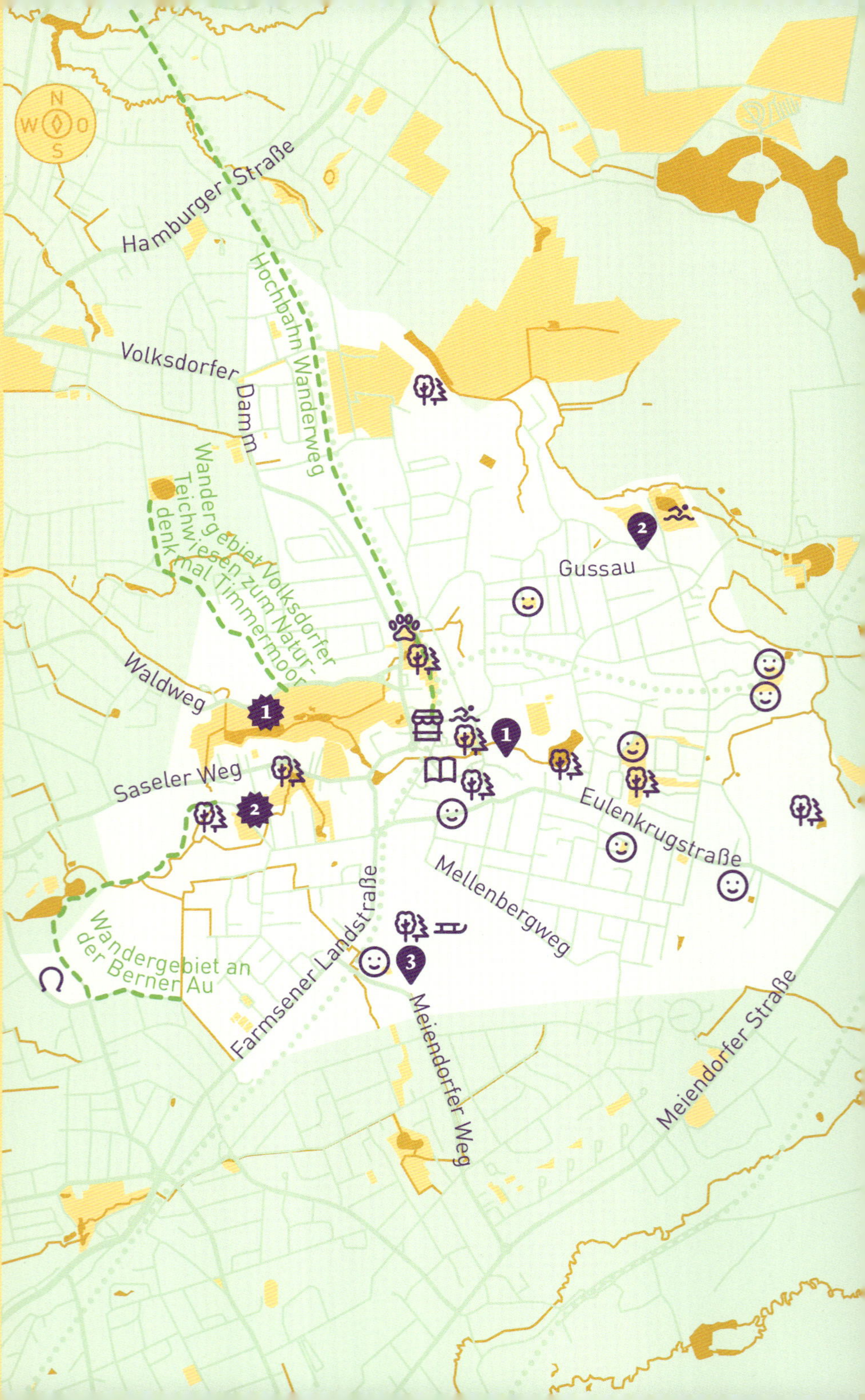
N
W
O
S
Hamburger Straße
Hochbahn Wanderweg
Volksdorfer Damm
Wandergebiet Volksdorfer Teichwiesen zum Naturdenkmal Timmermoor
Waldweg
Saseler Weg
Gussau
Eulenkrugstraße
Mellenbergweg
Farmsener Landstraße
Wandergebiet an der Berner Au
Meiendorfer Weg
Meiendorfer Straße
1
2
1
2
3

Volksdorf
Ein Dorf mitten in der Großstadt

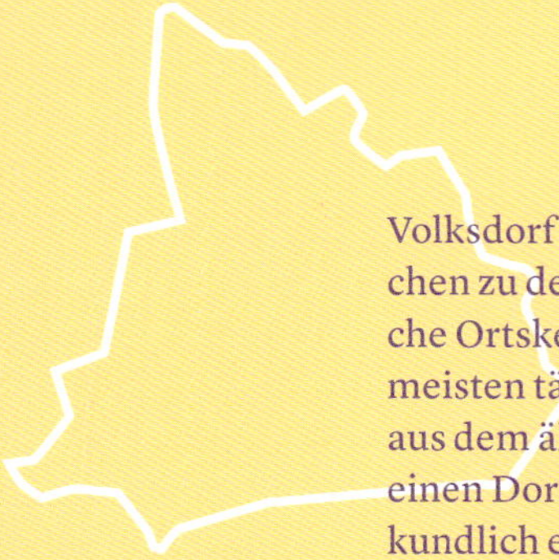

Volksdorf gehört mit seinen vielen parkähnlichen Erholungsflächen zu den grünsten Stadtteilen Hamburgs. Der quirlige dörfliche Ortskern und die kurzen Fußwege machen ein Auto für die meisten täglichen Erledigungen überflüssig. Der Name hat sich aus dem älteren Namen „Volcwardesdorpe“ gebildet, der auf einen Dorfgründer namens Volkward zurückführt. Erstmals urkundlich erwähnt im Jahr 1296, gehörte Volksdorf zu Stormarn, wurde jedoch 1437 durch den damaligen Gutsherrn mit anderen Dörfern an Hamburg verpfändet. Das Pfand wurde nie eingelöst und Volksdorf wurde Teil der Walddörfer, zu deren Ortsamtsbereich im Bezirk Wandsbek es bis zum Jahr 2007 gehörte.

Volksdorf ist an vielen Ecken geschichtsträchtig. So wurde zum Beispiel das Walddörfer Gymnasium im Jahr 1929 nach Plänen des Hamburger Oberbaudirektors Fritz Schumacher gebaut. Die zentrale Einkaufsmeile und Fußgängerzone „Weiße Rose“ ist nach der Widerstandsgruppe aus der NS-Zeit benannt. Das Museumsdorf Volksdorf informiert über das frühere Leben der Menschen im Dorf. Und das alteingesessene Kino Koralle Lichtspielhaus konnte unlängst durch eine engagierte Volksinitiative vor der Schließung bewahrt werden.

Volksdorf grenzt östlich an Ahrensburg und die Gemeinde Ammersbek. Die Hamburger Stadtteilnachbarn sind Bergstedt, Sasel, Farmsen-Berne und Rahlstedt. Die U-Bahn-Haltestellen Meiendorfer Weg, Volksdorf, Buckhorn und Buchenkamp sorgen für die Mobilität der Volksdorfer.

Highlights

1

Naturschutzgebiet Volksdorfer Teichwiesen

Im Naturschutzgebiet Volksdorfer Teichwiesen befindet sich eines der letzten erhalten gebliebenen Tunneltäler von Hamburg. Es entstand in der Eiszeit durch die abtragende Wirkung der Schmelzwässer unter dem Gletschereis. Zurückgeblieben ist ein für die Pflanzen- und Tierwelt besonders attraktiver Ort. Wiesen, Weiden, Gewässer, Bruchwald und Gehölzbestände sind hier eng miteinander verbunden. So konnten sich etwa durch den feuchten bis moorigen Untergrund einige gefährdete Pflanzenarten, die bereits auf der Roten Liste Hamburgs aufgeführt sind, wieder entfalten und vermehren. Ab Juni erwarten den Besucher Tausende blühende Orchideen. Schottische Hochlandrinder sind im Dauereinsatz für die „Landschaftspflege" zuständig. Der Wanderweg um die Volksdorfer Teichwiesen ist eben und breit angelegt, Hunde müssen ganzjährig angeleint bleiben.

↗ *zum Beispiel über den Waldweg, 22359 Hamburg*

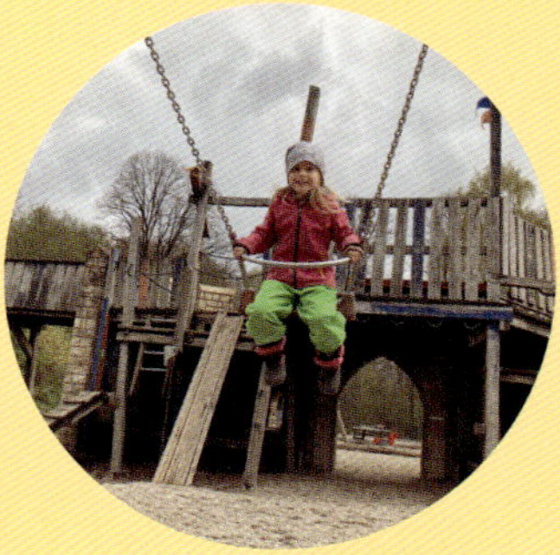

2

Spielplatz Schemmannstraße

Der Spielplatz Schemmannstraße, auch gerne „Schemmi" genannt, gehört zu den schönsten und größten Spielplätzen in Hamburg. Er liegt inmitten der Natur in einer Kehre, die Streuobstwiese sowie die Wanderwege der Berner Au befinden sich in unmittelbarer Nähe. Eine Besonderheit des Spielplatzes ist die behindertengerechte Ausstattung wie etwa ein mit dem Rollstuhl zu befahrendes Karussell sowie entsprechende Kletter- und Spielgerüste. Die weitläufige Anlage bietet allerlei Spielmöglichkeiten für alle Altersstufen. Ein besonderer Blickfang ist die große Ritterburg aus Naturkalkstein mit zwei Holzbrücken. Bei schlechtem Wetter sorgt der Holzpavillon für Schutz. In den Sommermonaten öffnet am Spielplatz ein kleiner Kiosk. Eine separate Toilette sowie ein Parkplatz für Spielplatzbesucher sind ebenfalls vorhanden.

↗ *Weidwiese 8, 22359 Hamburg*

Wälder, Parks & Naturschutzgebiete

Allhorndiek

Der kleine See, auch Allhornteich genannt, liegt mitten im Wäldchen in der Nähe des Walddörfer Gymnasiums. Ein kleiner Rundweg führt um den See herum. Er gehört zu Hamburgs Angelgewässern und wird stark befischt, von Hechten bis zur Rotfeder tummelt sich hier so einiges im kühlen Nass. Aus dem See entspringt die Saselbek, die sich durch Volksdorf und Sasel schlängelt, um dann oberhalb der Mellingburger Schleuse in die Alster zu münden. Auf den Wanderwegen im Allhorn sowie Im Alten Dorfe besteht kein Leinenzwang für von der Anleinpflicht befreite Hunde.

↗ *zum Beispiel über den Pastorenstieg oder Im Allhorn, 22359 Hamburg*

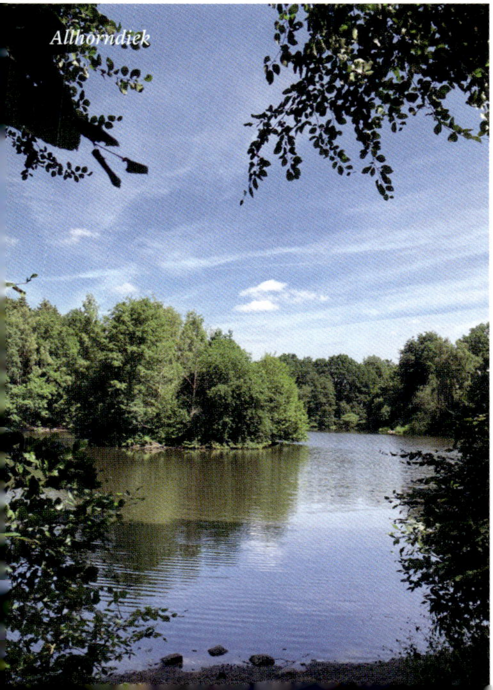

Allhorndiek

Naturschutzgebiet Duvenwischen

Auf knapp 44 Hektar zeichnet sich das noch junge Naturschutzgebiet besonders durch seine Waldflächen sowie das Feucht- und Nassgrünland aus. Das Gebiet grenzt direkt an das schleswig-holsteinische Naturschutzgebiet Heidkoppelmoor und Umgebung sowie an den Waldfriedhof Volksdorf. Im Jahr 2019 wurde es als Naturschutzgebiet ausgewiesen und wird vor allem für bedrohte Pflanzen- und Tierarten immer mehr zu einer wichtigen Heimat, wozu nicht zuletzt die leicht urwaldähnliche Beschaffenheit beiträgt. Das Gelände ist recht weitläufig, und die Hauptwege sind in der Regel eben. Hunde müssen ganzjährig angeleint werden.

↗ *Duvenwischen, 22359 Hamburg*

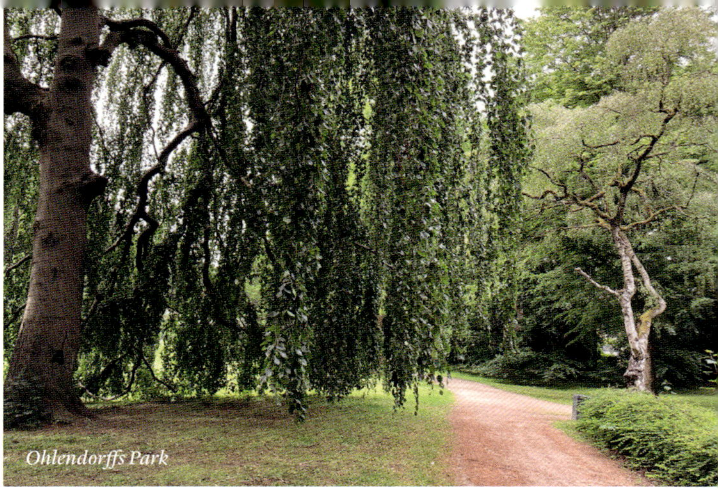

Ohlendorffs Park

Grünanlage Hempenkamp Eichenrehmen

Diese geschützte Grünfläche ist mit ihren großen Wiesen ideal für ein Picknick, denn unter den Bäumen findet man immer das eine oder andere schattige Plätzchen. Mit dem Spielplatz Aalheitengraben/Hempenkamp gibt es auch einen Spielbereich, bei Kitas und Schulen ist er ein beliebtes Ausflugsziel. Nach dem Hundegesetz ist hier für von der Anleinpflicht befreite Hunde kein Leinenzwang vorgesehen. Dies gilt aber nur auf Wegen, Pfaden und auf Rasenflächen, die nicht als Liegewiese genutzt werden.

↗ *über den Hempenkamp oder den Buchenstieg, 22359 Hamburg*

Katthorstpark

Besonders beliebt ist dieser etwa vier Hektar große Park, der eine schöne Verbindungsstelle der Straßen Kattjahren und Buckenhorn bildet, bei Hundebesitzern, denn hier befindet sich die einzige öffentliche Hundeauslaufzone in Volksdorf. Und er ist der Beginn des Hochbahnwanderwegs, der durch Schleswig-Holstein bis nach Ohlstedt führt.

↗ *Halenreie oder Kattjahren, 22359 Hamburg*

Klöpperpark

Der Klöpperpark ist ein kleiner Grünbereich am Klosterwiesengraben. Der Park verbindet den Saseler Weg mit der Schemmannstraße. Vor allem von Fahrradfahrern und Fußgängern wird er gern als Abkürzung genutzt. Der Klosterwiesengraben ist ein kleiner Bach, der in einem Teich an der Ecke Klosterwisch/ Schemmannstraße entspringt. Im Klöpperpark bildet er mehrere Teiche, um anschließend in die Berner Au zu münden.

↗ *über Saseler Weg oder Schemmannstraße, 22359 Hamburg*

Naturdenkmal Kiebitzmoor

Das knapp zwei Hektar kleine Gebiet wurde erst 2014 in die Liste der Naturdenkmale aufgenommen. Es handelt sich um ein kleines Restmoor, in dem niedermoortypische Pflanzen- und Tierarten zu finden sind. In der letzten Eiszeit durch eine wasserstauende Senke entstanden, bietet das naturnahe Moorgewässer einen wertvollen Feuchtlebensraum für Amphibien und Libellen. Damit dieses Naturdenkmal erhalten bleibt, ist es sehr wichtig, auf den Wegen zu bleiben und Hunde in diesem Bereich an kurzer Leine zu führen. Das Kiebitzmoor wird derzeit vom NABU Hamburg und der Schutzgemeinschaft Deutscher Wald betreut.

↗ *über Tonradsmoor oder Eulenkrugstraße, 22359 Hamburg*

Ohlendorffs Park

Der Park gehörte einst der Hamburger Kaufmannsfamilie Ohlendorff, die durch den Verkauf von Vogelmist (Guano) zu einer der reichsten Familien der Stadt wurde. Der ehemalige Familiengarten, angelegt im englischen Stil, wurde 1930 an die Stadt Hamburg verkauft und der Öffentlichkeit zur Verfügung gestellt. Zu den besonderen Bäumen im Park gehören eine immergrüne Eiche, eine über 135 Jahre alte Blutbuche, ein Urweltmammutbaum sowie eine riesige Trauerbuche. Neben dem denkmalgeschützten Park ist auch die Ohlendorffsche Villa erhalten geblieben, in der sich heute eine Kita und ein Café befinden. Im Park besteht kein Leinenzwang für von der Anleinpflicht befreite Hunde.

↗ *über Eulenkrugstraße oder Im Alten Dorfe, 22359 Hamburg*

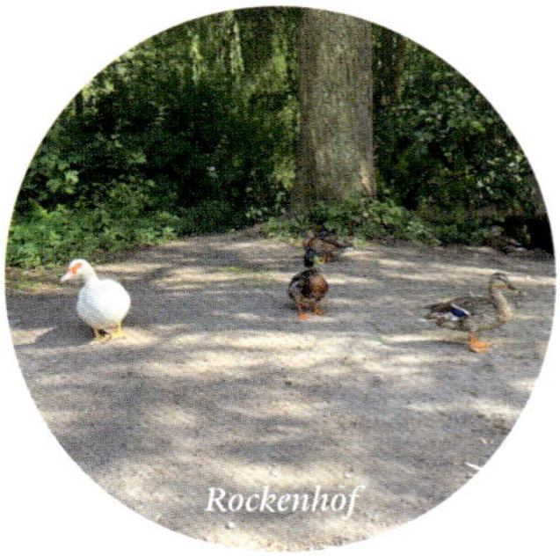

Rockenhof

Rockenhof

Der parkähnliche Grünstreifen verläuft parallel zur Straße Im Alten Dorfe und führt an der Saselbek entlang. Der Dorfteich bildet das Herzstück. Enten und Wildgänse lassen sich hier gut beobachten, und mit etwas Glück ist auch eine ganz normale weiße Gans aus dem Museumsdorf Volksdorf dazwischen, die sich auf dem Dorfteich sichtlich wohlfühlt. Entlang des Wegs besteht kein Leinenzwang für von der Anleinpflicht befreite Hunde.

↗ *über Rockenhof oder Pastorenstieg, 22359 Hamburg*

Streuobstwiese Volksdorf

Zwischen dem Naturschutzgebiet Volksdorfer Teichwiesen und der Berner Au liegt diese Streuobstwiese in einem Wald- und Feuchtwiesenbereich. Die öffentlich zugängliche Wiese ist mit rund 115 Obstbäumen bepflanzt. Angelegt wurde sie in den 1920er Jahren zur Selbstversorgung des Pestalozzi-Kinderheims. Nach dem Verkauf des Heims verbuschte die Wiese immer mehr, da sie nicht mehr bewirtschaftet wurde. Seit 1987 wird die Obstwiese, auf der sich viele über einhundert Jahre alte Apfelbäume befinden, ehrenamtlich durch den BUND betreut. Ab September werden die Früchte für die Kitas und Schulen in Volksdorf geerntet.

↗ *Weidwiese (hinter dem Spielplatz Schemmannstraße), 22359 Hamburg*

Volksdorfer Wald

Der Volksdorfer Wald besteht aus den Resten eines größeren Waldgebiets, bildet mit rund 92 Hektar aber immer noch einen nicht ganz kleinen städtischen Erholungswald. Eine elektrische Kleinbahn fuhr von 1904 bis 1923 durch den Forst und beförderte Personen zwischen Rahlstedt und Volksdorf. Der Verlauf der Strecke kann jedoch nur noch erahnt werden, lediglich ein Denkmalstein weist auf die frühere Haltestelle hin. Im Volksdorfer Wald findet sich Wandsbeks höchste natürliche Erhebung, die ein Relikt aus der Eiszeit ist: der Mellenberg. Die Reste seines früheren Aussichtsturms sind kaum mehr zu erkennen, nur ein Findling auf dem Gipfel ist noch erhalten geblieben. Im Winter verwandelt sich der Mellenberg in eine bei den Volksdorfern beliebte Schlittenpiste. Ein Kletterwald sowie ein kleiner Waldspielplatz bilden eine schöne Ergänzung des Walderlebnisses für Kinder. Hunde müssen im Wald ganzjährig angeleint bleiben.

↗ *zum Beispiel über Meiendorfer Weg oder Mellenbergweg, 22359 Hamburg*

Wanderweg

Wanderwege an der Berner Au

Die Berner Au hat keine eindeutig zu identifizierende Quelle. Sicher ist aber, dass sie in dem Wiesengebiet hinter dem Spielplatz Schemmannstraße entspringt. Von hier aus nehmen viele Wanderwege, die durch die Streuobstwiese und ein Waldgebiet führen, ihren Anfang. Abzweigungen führen zum Saseler Kamp in Volksdorf, zum Rückhaltebecken des Meiendorfer Mühlenwegs in Sasel und zum Andreasweg in Farmsen-Berne. Wer hier wandert, hat nicht nur eine große Auswahl an Wegen zur Verfügung, sondern kann sich auch an einer naturbelassenen ruhigen Gegend erfreuen. Ein ausgewiesener Reitweg ist auch vorhanden.

Hundewiese

Volksdorf besitzt eine einzige offizielle Hundeauslaufwiese, die sich direkt im Katthorstpark/Ecke Halenreie befindet.

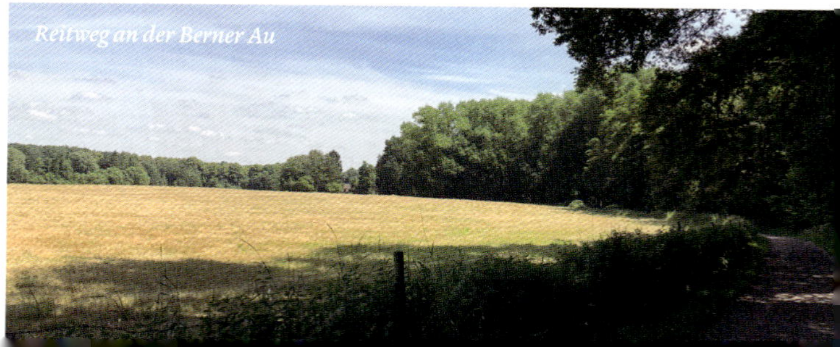
Reitweg an der Berner Au

Spielplätze

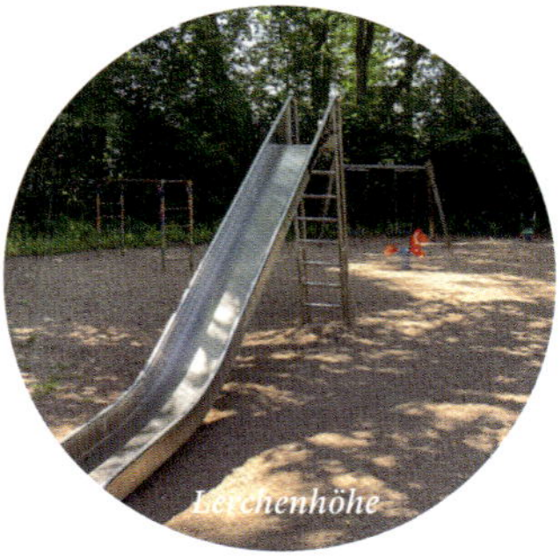

Spielplatz Aalheitengraben/ Hempenkamp

Einen weiteren weitläufigen Spielplatz mit viel Platz zum Toben gibt es in der geschützten Grünanlage Hempenkamp-Eichenrehmen. Eine Besonderheit ist hier, dass der Kleinkindbereich etwas abgetrennt vom übrigen Spielplatz liegt. Neben Seilbahn, Kletterkugel, Schaukeln und Rutschen gibt es auch ein Fußballfeld, einen Basketballkorb und eine Tischtennisplatte. Ein kleiner Grillplatz ist ebenfalls vorhanden.

↗ *über den Hempenkamp oder die Stüfelkoppel, 22359 Hamburg*

Spielplatz Heinsonweg

Direkt in der Kehre des Heinsonwegs liegt dieser Spielplatz auf einer erhöhten Ebene. Die eingezäunte Spielfläche bietet viel Platz zum Toben und ist vor allem bei kleineren Kindern beliebt. Neben einem Spielhaus, Klettergerüsten, Schaukeln und einer Rutsche ist hier auch ein Basketballkorb zu finden.

↗ *Heinsonweg (in der Kehre), 22359 Hamburg*

Spielplatz Lerchenhöhe

Im Grünbereich zwischen den Straßen Lerchenhöhe und Sorenfeldring befindet sich der Spielplatz Lerchenhöhe. Ein geschlossener Grünbereich (mit einer Wildblumenwiese) bietet ausreichend Platz zum Toben. Auf dem Spielplatz befinden sich eine Rutsche, Schaukeln, Wippen, ein Klettergerüst, ein Kletterhaus sowie eine Tischtennisplatte.

↗ *Lerchenhöhe, 22359 Hamburg*

Spielplatz Stüfelkoppel

Direkt bei den U-Bahn-Gleisen an der Stüfelkoppel lädt ein kleines Spielhaus zum vielfältigen Spielen ein. Der Spielbereich ist offen gestaltet, und das Fußballfeld teilt sich den Platz mit dem Wanderweg. Auf den großen Findlingen und Baumstämmen lässt sich gut balancieren, vorausgesetzt sie dienen gerade nicht als Sitzgelegenheit.

↗ *Stüfelkoppel/Ecke Moorbekring, 22359 Hamburg*

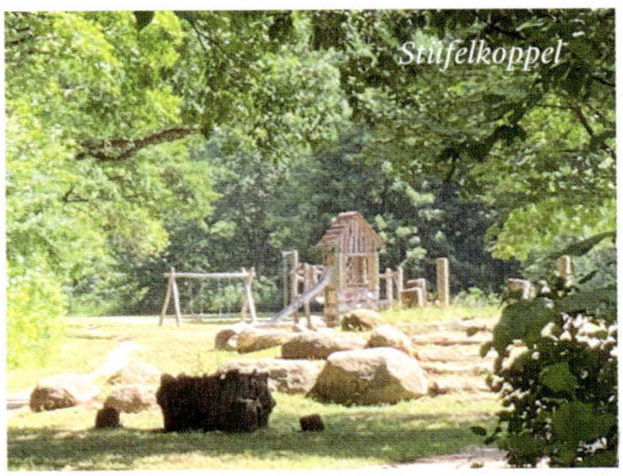

Spielplatz Wulfsdorfer Weg

Der Spielplatz Wulfsdorfer Weg befindet sich gegenüber dem Spielplatz Stüfelkoppel, direkt auf der anderen Seite der U-Bahn-Gleise beim Wulfsdorfer Weg Nr. 320. Ein Karussell, Schaukeln, Wipptiere und eine Rutsche gibt es, ein kleiner Sandbereich lädt zum Buddeln ein. Für größere Kinder stehen ein Basketballkorb sowie ein Fußballfeld bereit. Der Wanderweg verläuft parallel zu den Bahngleisen bis zum Ahrensburger Stieg.

↗ *Wulfsdorfer Weg Nr. 320, 22359 Hamburg*

Spielplatz Eulenkrugstraße

Auf diesem eingezäunten Kleinkind-Spielplatz befinden sich Wippen, Schaukeln, Rutschen, ein Sandbereich und ein Klettergerüst. Der kleine Spielplatz wird vormittags gern von Kitas aus der Umgebung genutzt.

↗ *Eulenkrugstraße, 22359 Hamburg*

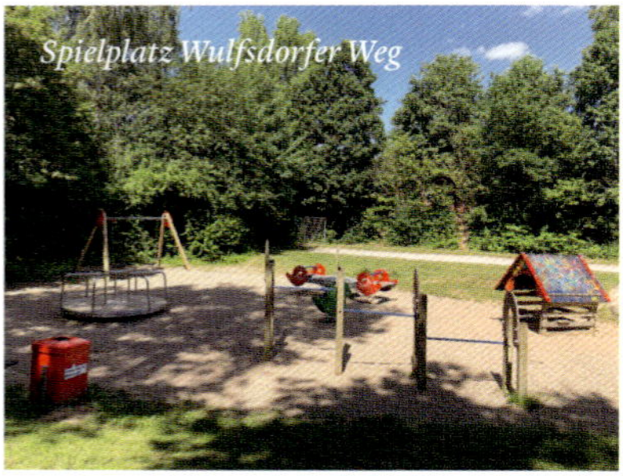

Indoor-Spielplatz

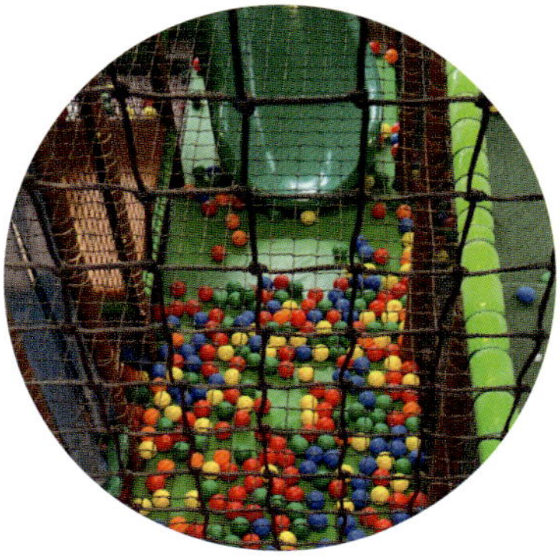

Pflanzen-Kölle

Vermutlich denkt man nicht unbedingt an einen Indoor-Spielplatz, wenn man zum Gartencenter fährt. Pflanzen-Kölle überrascht aber mit einem besonderen Angebot für Kinder. Ein großer kostenloser Indoor-Spielbereich steht den Kids zur Verfügung, während die Erwachsenen in Ruhe shoppen oder im Bambuscafé entspannt einen Kaffee trinken und sich über die große Auswahl an Torten hermachen. Das Café bietet außerdem auch Frühstück, Brunch, Mittagessen und eine Kinderkarte (zum Bemalen) an. Kindergeburtstage können hier ebenso verbracht werden. Das ganze Jahr über finden bei Pflanzen-Kölle verschiedene Events für Kinder statt wie zum Beispiel in der Adventszeit Bastelaktionen und ein Weihnachtsmärchendorf. Hunde dürfen ins Gartencenter mitgebracht werden.

↗ *Eulenkrugstraße 190, 22359 Hamburg*

Wochenmarkt

Der Volksdorfer Wochenmarkt gilt als einer der schönsten Märkte in Hamburg. Direkt bei der U-Bahn-Haltestelle Volksdorf, an den Straßen Halenreie/Ecke Kattjahren, laden etwa hundert Stände zum vielfältigen Einkauf und zum Marktbummel ein. Die Marktzeiten sind jeweils mittwoch- und samstagvormittags.

Büchertausch-schrank

Volksdorf besitzt einen Büchertauschschrank direkt in der Claus-Ferck-Straße.

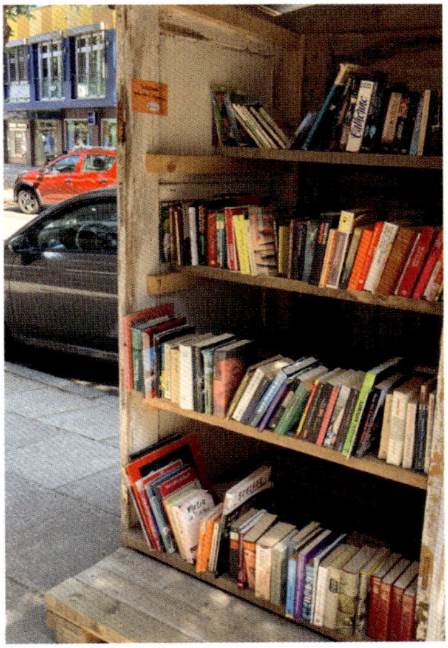

Freibäder

Sommerbad Volksdorf

Das Sommerbad Volksdorf wird vom HFK (Hamburger Bund für Freikörperkultur und Familiensport e.V.) betrieben. Der Aushub für die Anlage begann in den 1930er Jahren beim Torfabbau, später wurde sie zu einer Badeanstalt umgebaut. Das Sommerbad ist das einzige FKK-Bad in Hamburg, Gäste mit Badebekleidung sind aber auch willkommen. Das Becken ist in einen Nichtschwimmer- und einen Schwimmerbereich eingeteilt, eine Badeaufsicht ist immer anwesend. Das Bad verfügt über einen Sandstrand, Liegeflächen und über Sportbereiche für Beachvolleyball, Basketball, Federball, Tennis und Boule.

↗ *Moorbekweg 100, 22359 Hamburg*

Bäderland Parkbad

Das Familienbad in Volksdorf bietet in der Halle ein 25 Meter langes Mehrzweckbecken mit Bahnen und einen bunten Kinderbereich. Im „Taka Tuka" können die Kids ein Piratenschiff erkunden und am Wasserspielplatz unter anderem in einer Vulkanhöhle spielen. Im Außenbereich befinden sich ein beheiztes Ganzjahres-Freibad sowie eine Gartensauna. Im Bad werden regelmäßig Kurse veranstaltet, außerdem können Massage-Termine gebucht werden.

↗ *Rockenhof, 22359 Hamburg*
www.baederland.de/baeder/standorte/parkbad

Besondere Orte

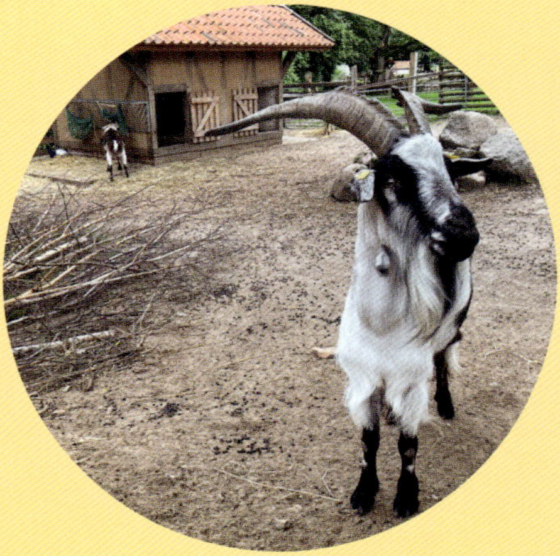

Museumsdorf Volksdorf 1

Das Museumsdorf Volksdorf ist ein kostenloses Freilichtmuseum. Es besteht aus sieben Wohn- und Wirtschaftsgebäuden aus dem 17. bis 19. Jahrhundert. An den sogenannten Gewerketagen werden alte Handwerkstechniken vorgeführt, die man auch selbst ausprobieren kann. Auf dem Gelände leben einige Nutztiere, Hühner dürfen frei herumlaufen. Viele Schautafeln informieren über die frühere Zeit des Dorfs. Die Innenräume können nur mit Führung gebucht werden. Am Wochenende ist der Krämerladen geöffnet, in dem man liebevoll gestaltete und selbstgemachte Dinge erwerben kann. Außerdem hat dann auch die „Kaffeestuuv" geöffnet, die selbstgebackenen Kuchen und Kaffee anbietet. Hunde dürfen mitgebracht werden, wenn sie an der Leine bleiben. Als ein besonderes Highlight lassen sich individuelle Kutschfahrten durch das Museumsdorf buchen. Für Schulklassen und Kita-Gruppen stehen verschiedene Kursangebote zur Verfügung. Aber auch für Erwachsene gibt es Mitmachprojekte. Mehrmals im Jahr finden öffentliche Veranstaltungen statt. Das Museumsdorf wird durch Spenden finanziert, und viele Mitarbeiter sind hier ehrenamtlich aktiv.

↗ *Im Alten Dorfe 46–48, 22359 Hamburg*
www.museumsdorf-volksdorf.de

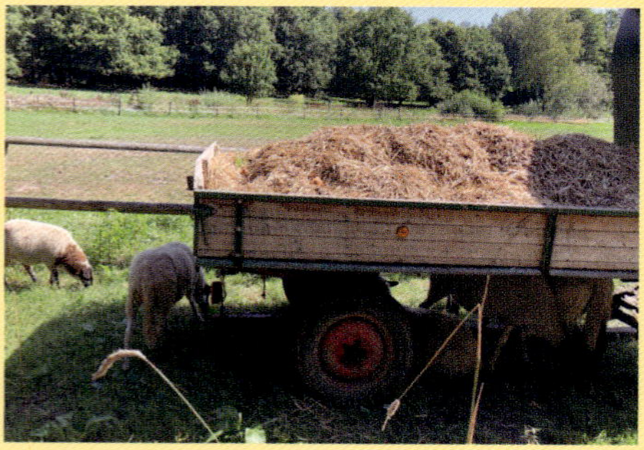

Cyclocross-Land 2

Sportlich unterwegs mit dem Mountainbike, geht es im Cyclocross-Land über hügliges Gelände. Das Crossland ist ein öffentliches Gelände, das von einem Verein betreut wird. Ob Groß oder Klein, jeder ist hier herzlich willkommen, eine Anmeldung normalerweise nicht notwendig. Das Kids Kross ist stets kostenlos

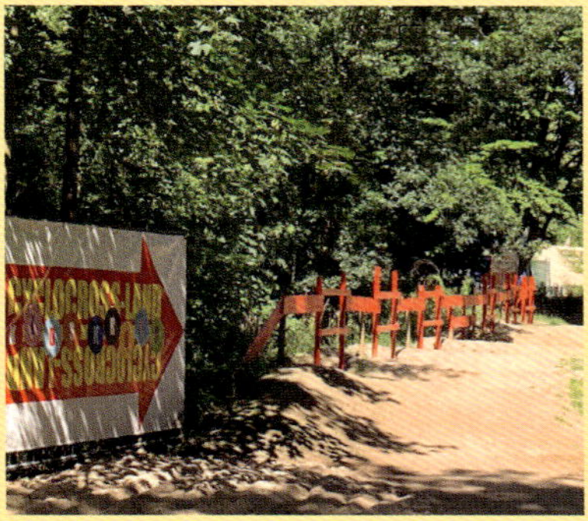

und an keinerlei Vereinszugehörigkeit gebunden. Zwanzig Leihräder (Cyclocross und Mountainbikes) in Kindergrößen können den Kids für das Training gestellt werden, aber selbstverständlich dürfen auch eigene Räder mitgebracht werden. Im Cyclocross-Land finden mehrmals in der Woche Trainingseinheiten für Kinder und Erwachsene statt, eine separate Frauengruppe gibt es auch. Außerdem werden auch Workshops und Cross-Treffen angeboten. Der Verein ist auf vielen Cross-Events vertreten und konnte schon einige Erfolge feiern.

↗ *Moorredder 57, 22359 Hamburg*
www.cyclocross-land.de

Kletterwald Hamburg 3

Der Kletterwald Hamburg im Volksdorfer Wald ist nichts für Menschen mit Höhenangst. Mitten im Wald befinden sich acht Strecken mit unterschiedlichen Schwierigkeitsgraden auf zwei bis zehn Metern Höhe. Ab fünf Jahren und einer Körpergröße von 1,10 Meter darf im Kletterwald geklettert werden, zwei Parcours stehen dafür zur Verfügung. Nach einer kurzen Sicherheitseinweisung kann direkt gestartet werden, los geht es am ersten Parcours, von da an arbeitet man sich weiter. Die ganze Zeit sind Trainer anwesend, die bei schwierigen Situationen unterstützend eingreifen. Zuschauer zahlen keinen Eintritt, ein Mini-Spielplatz ist vor dem Kletterparadies zu finden, außerdem ein kleiner Kiosk am Eingang für die Grundversorgung. Natürlich können auch Kindergeburtstage im Kletterwald gefeiert werden.

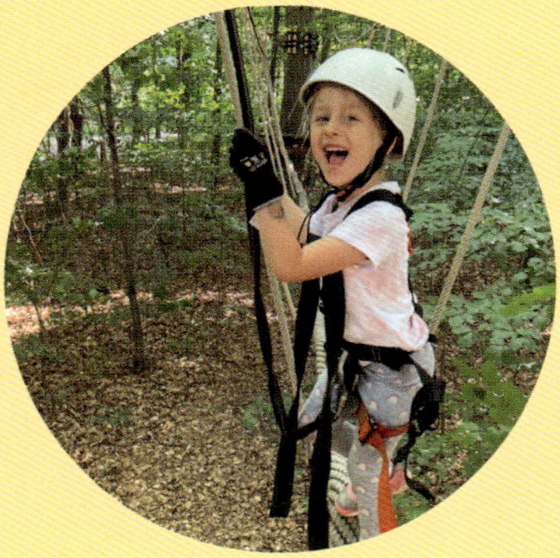

↗ *Meiendorfer Weg 122–128,*
22359 Hamburg
www.kletterwald-hamburg.com/de

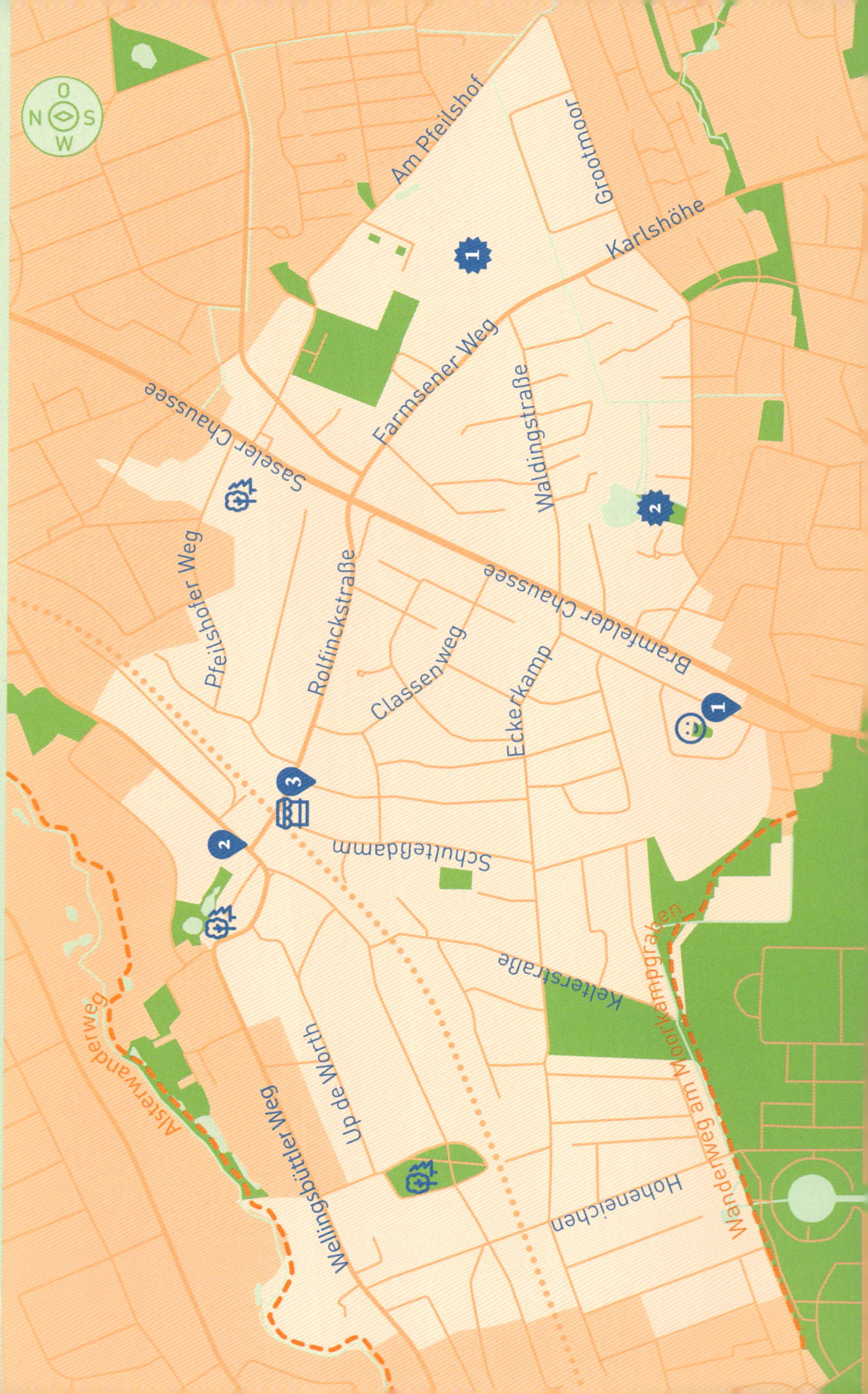

O
N
S
W
Am Pfeilshof
Grootmoor
Karlshöhe
Farmsener Weg
Saseler Chaussee
Waldingstraße
Pfeilshofer Weg
Rolfinckstraße
Bramfelder Chaussee
Classenweg
Eckerkamp
Schulteßdamm
Kelterstraße
Wanderweg am Moorkampgraben
Alsterwanderweg
Wellingsbüttler Weg
Up de Worth
Hoheneichen

Wellingsbüttel *Viel Wohnraum und ein Adelsgut*

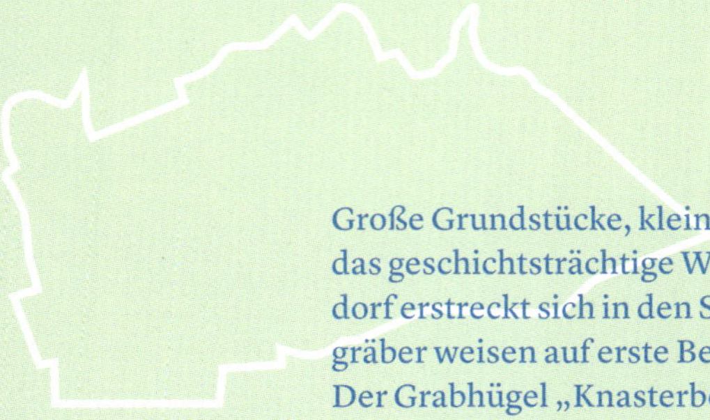

Große Grundstücke, kleine Wälder und sehr viel Grün prägen das geschichtsträchtige Wellingsbüttel. Auch der Friedhof Ohlsdorf erstreckt sich in den Stadtteil. Alte Grabstätten und Hügelgräber weisen auf erste Besiedlungen in prähistorischer Zeit hin. Der Grabhügel „Knasterberg" an der Lutherkirche entstand in der mittleren Bronzezeit.

Urkundlich wurde „Waldegesbutle" erstmals im Jahr 1296 erwähnt. Der Name geht auf einen Sachsen mit Namen „Walding" zurück, der das Dorf zwischen 800 und 900 gründete. Die kleine Siedlung wurde immer wieder verkauft, verschenkt, verpachtet oder verlehnt. Zu den vielen Eigentümern gehörten Erzbischöfe, Domherren, Familien und die schwedische Königin Christina. Im Jahr 1673 kaufte Theobald von Kurtzrock das in Wellingsbüttel entstandene Gut. Sein Enkel errichtete dort das Herrenaus und das Torhaus. 1806 wurde das Gut an den dänischen Regenten Friedrich VI. zwangsverkauft und zu einem Kanzleigut erhoben. Durch die vielen Belagerungen litt es schwer und kam 1846 bei einer öffentlichen Versteigerung in den Besitz der Familie Jauch, bevor der Kauf zusätzlicher Ländereien zu einer erheblichen Erweiterung des preußischen Wellingsbüttel führte. Mit dem Groß-Hamburg-Gesetz in 1937 fiel Wellingsbüttel an die Stadt Hamburg.

Stadtteilnachbarn sind Sasel, Bramfeld, Ohlsdorf, Hummelsbüttel und Poppenbüttel. Die S-Bahn-Haltestellen sind Hoheneichen und Wellingsbüttel.

Highlights

1

Grünanlage Grüner Jäger

Der Wald bei der Irena-Sendler-Schule, auch Grünanlage Grüner Jäger genannt, ist eine kleine grüne Oase zwischen den Straßen Farmsener Weg und Am Pfeilshof. Ein Besuch lohnt sich das ganze Jahr über, ob im Sommer, wenn man ein schattiges Plätzchen sucht, oder im Herbst, wenn das Laub raschelt. Der Hauptweg ist breit und eben angelegt, also auch gut mit dem Rollstuhl befahrbar. Der Boden der Nebenwege ist von Wurzeln durchzogen, und es liegt viel Baumholz auf den kleineren Pfaden, was diesen Teil für Mountainbiker interessant macht. Wenn man gemütlich durch den Wald wandert, kann man für eine Tour durch die Grünanlage etwa eine Stunde einplanen. Bis auf Vogelgesänge ist der Wald sehr angenehm ruhig. Ein kleiner Teilbereich musste allerdings wegen der von einem Pilz hervorgerufenen Erlenkomplexkrankheit gerodet werden. In den Jahren 2024/2025 entstehen in diesem Abschnitt eine Streuobst- und Blühwiese sowie kleinere Feuchtsenken.

↗ *zum Beispiel Waldingstraße, 22391 Hamburg*

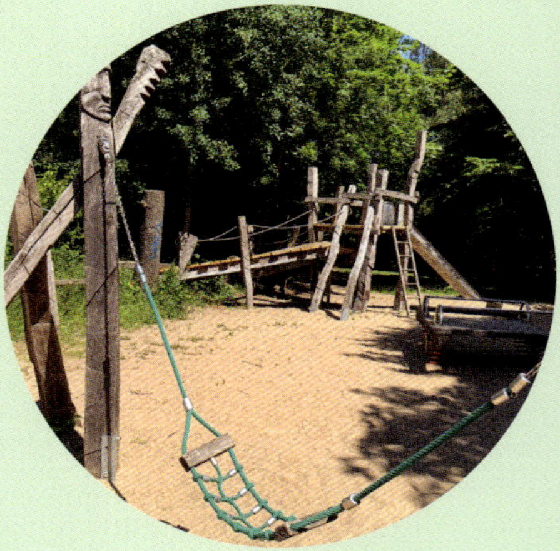

2

Spielplatz Grootmoor

Ganz versteckt in der Grünanlage Grootmoor befindet sich dieser tolle Spielplatz. Große und kleine Kinder kommen hier voll auf ihre Kosten, besonders toll ist der Balancier- und Kletterparcours. Aber auch Wippen, eine Rutsche, eine Seilbahn und Schaukeln sind vorhanden. Im großen Sandbereich kann ordentlich gebuddelt und auf der Wiese daneben getobt werden. Ein Spaziergang zum Teich ist auf jeden Fall auch lohnenswert, hier lassen sich Enten und Jungfische beobachten. Ein Gartenverein befindet sich direkt in der Nachbarschaft.

↗ *Grootmoor, 22175 Hamburg*

Wälder, Parks & Naturschutzgebiete

Heinz-Erhardt-Park

Einen amüsanten Spaziergang erlebt man im Heinz-Erhardt-Park, der dem deutschen Dichter, Schauspieler, Musiker und Entertainer gewidmet ist. Heinz Erhardt lebte über dreißig Jahre in Wellingsbüttel. Mit seinen Wortspielen und der absurden Verdrehung von Redewendungen wurde er berühmt. Die Grünanlage befindet sich nahe seinem ehemaligen Wohnhaus im Fasanenhain und wurde zum hundertsten Geburtstag des Komikers am 24.6.2010 eingeweiht. Im Park befinden sich einige Tafeln mit den bekanntesten Versen Erhardts. Es besteht kein Leinenzwang für von der Anleinpflicht befreite Hunde. Die Wege sind auch mit dem Rollstuhl gut befahrbar.

↗ *zum Beispiel Rabenhorst, 22391 Hamburg*

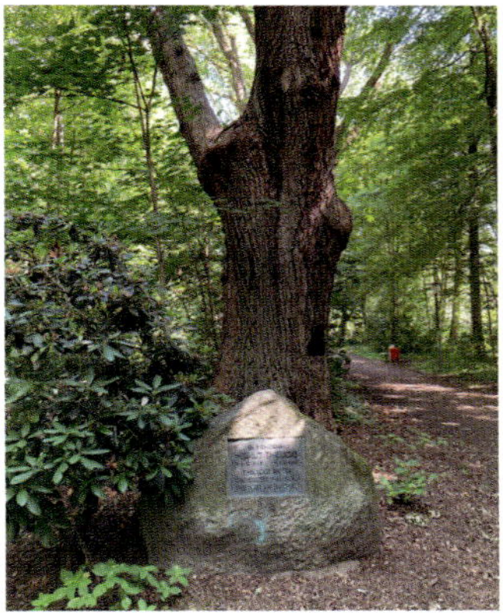

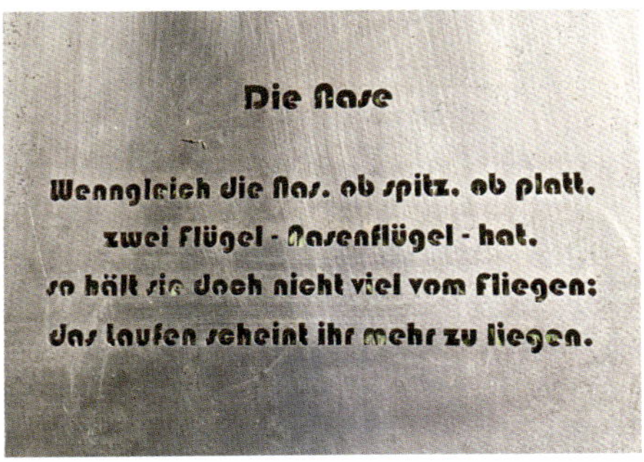

Helmut-Thielicke-Wäldchen

Ein kleiner überschaubarer Mischwald befindet sich direkt am Langwisch. Gewidmet wurde das Wäldchen dem Hamburger Theologen und Prediger Helmut Thielicke, der von 1908 bis 1986 lebte und mit seinen prägnanten Formulierungen und Reden zum Thema Ethik bekannt wurde. Thielicke gehörte zu den meistgeschätzten Kanzelrednern der evangelischen Kirche und war zudem Autor von Dutzenden theologischen Büchern, die u.a. ins Japanische übersetzt wurden. Das Wäldchen liegt nahe dem früheren Wohnhaus des Theologen. Thielicke ist in dem Wäldchen gern mit seinem Hund spazieren gegangen.

↗ *Langwisch, 22391 Hamburg*

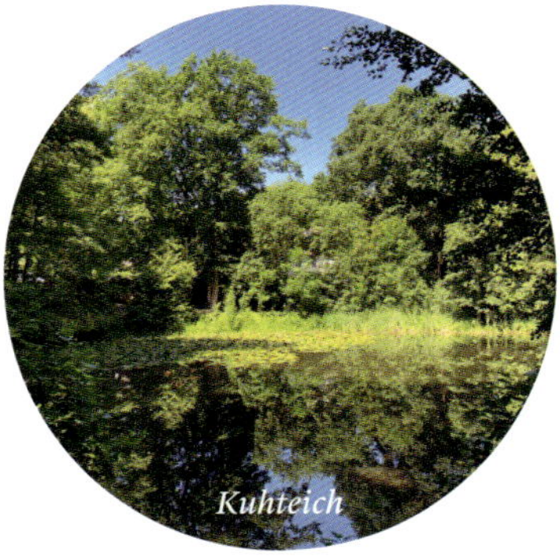

Kuhteich

Kuhteichweg

Wenn man dem geschäftigen Treiben am Wellingsbüttler Weg für ein paar Minuten entkommen möchte, folgt man am besten dem kleinen Kuhteichweg. Dieser führt auf einem schmalen Weg den Berg hinunter zu einem kleinen Grünzug. Hier befinden sich der Hindenburgteich und ein Gedenkstein für Paul von Hindenburg sowie ein Denkmal für die im Ersten Weltkrieg Gefallenen. Der kleine Teich ist ein schöner Ort zum Verweilen. Von hier aus gelangt man von der Friedrich-Kirsten-Straße schnell auf den Alsterwanderweg.

↗ *Kuhteichweg, 22391 Hamburg*

Spielplatz

Spielplatz Bramfelder Drift

Ein kleiner Spielbereich befindet sich zwischen den Wohnsiedlungen in den Straßen Haidlandsring und Bramfelder Drift. Neben viel Platz zum Toben bietet das Gelände eine Rutsche, ein Karussell, einen Sandkasten und Wippen. Ein Basketballkorb, eine Tischtennisplatte und ein Schachtisch stehen für sport- und denksportliche Aktivitäten zur Verfügung.

↗ *Bramfelder Drift, 22175 Hamburg*

Wochenmarkt

Dienstag- und freitagvormittags findet an der Rolfinckstraße, direkt an der S-Bahn-Haltestelle Wellingsbüttel, der örtliche Wochenmarkt statt.

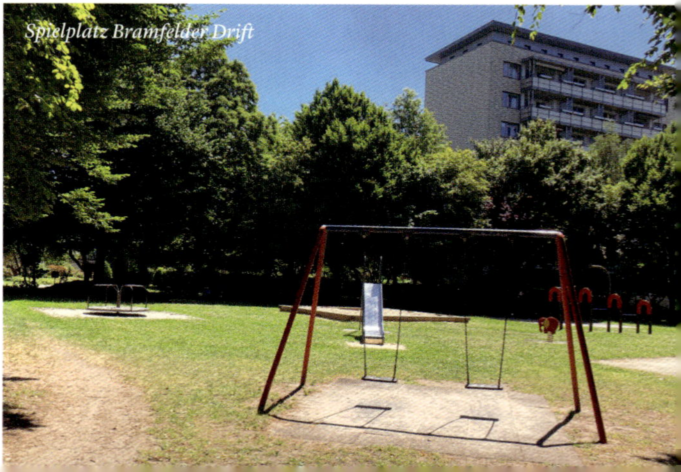

Spielplatz Bramfelder Drift

Besondere Orte

Das Frühstückszimmer 1

Das kleine gemütliche Frühstückszimmer ist noch ein Geheimtipp und kann an der Bramfelder Drift schnell übersehen werden. Hauptsächlich ist das Café ein Frühstückscafé, daneben gibt es Backwaren, Kuchen und kleine Gerichte, wobei der Kuchen und die Marmeladen aus eigener Herstellung kommen. Das ganze Angebot kann sowohl mit nach Hause genommen als auch direkt vor Ort verzehrt werden (Achtung, es gibt nur wenige Tische im Frühstückszimmer). Im Sommer lockt eine kleine Terrasse nach draußen. Besonders machen das Café der gemütliche Charme und die freundliche Atmosphäre.

↗ *Bramfelder Drift 20, 22175 Hamburg*

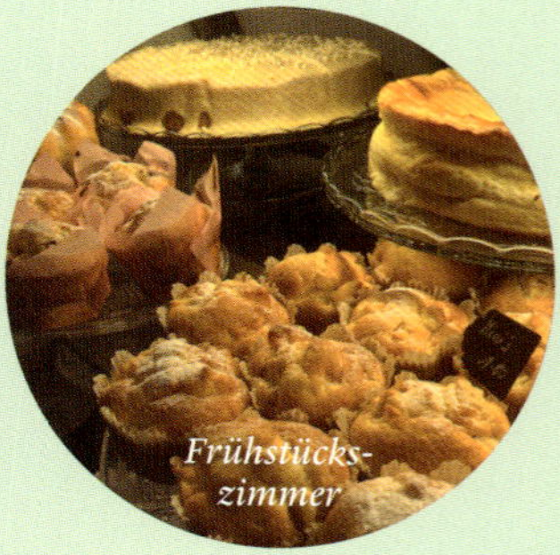

Frühstückszimmer

mama trattoria 2

Das modern eingerichtete Restaurant am Wellingsbüttler Weg bietet die Standards der italienischen Küche. Von Pasta bis Pizza ist für jeden Geschmack etwas dabei. Eine Kinderkarte ist ebenfalls vorhanden, alle Pasta-Gerichte gibt es auch als kleine Portion. Sämtliche Pizza- und Pasta-Varianten können glutenfrei bestellt werden. Im Sommer lockt die Terrasse mit Blick ins Grüne nach draußen. Nach dem Besuch bietet sich ein Spaziergang zum nahegelegenen Hindenburgteich an.

↗ *Wellingsbüttler Weg 119, 22391 Hamburg*
www.mama.eu/mama-hamburg-wellingsbuettel

Eiscuisine 3

Das kleine Eiscafé an der Rolfinckstraße hat nicht nur selbst kreierte Eissorten im Angebot, sondern auch Kuchen und Speisen. Bei den Zutaten legt man besonders viel Wert auf fairtrade gehandelte Produkte, die möglichst aus dem Umland kommen sollen. Geschmacksverstärker, künstliche Farbstoffe und Bindemittel sucht man hier vergebens. Besonders beliebt ist auch der täglich wechselnde Mittagstisch, für den eine Reservierung unbedingt empfehlenswert ist. Alle Speisen können auch mitgenommen werden.

↗ *Rolfinckstraße 12 A, 22391 Hamburg*
www.eiscuisine.de

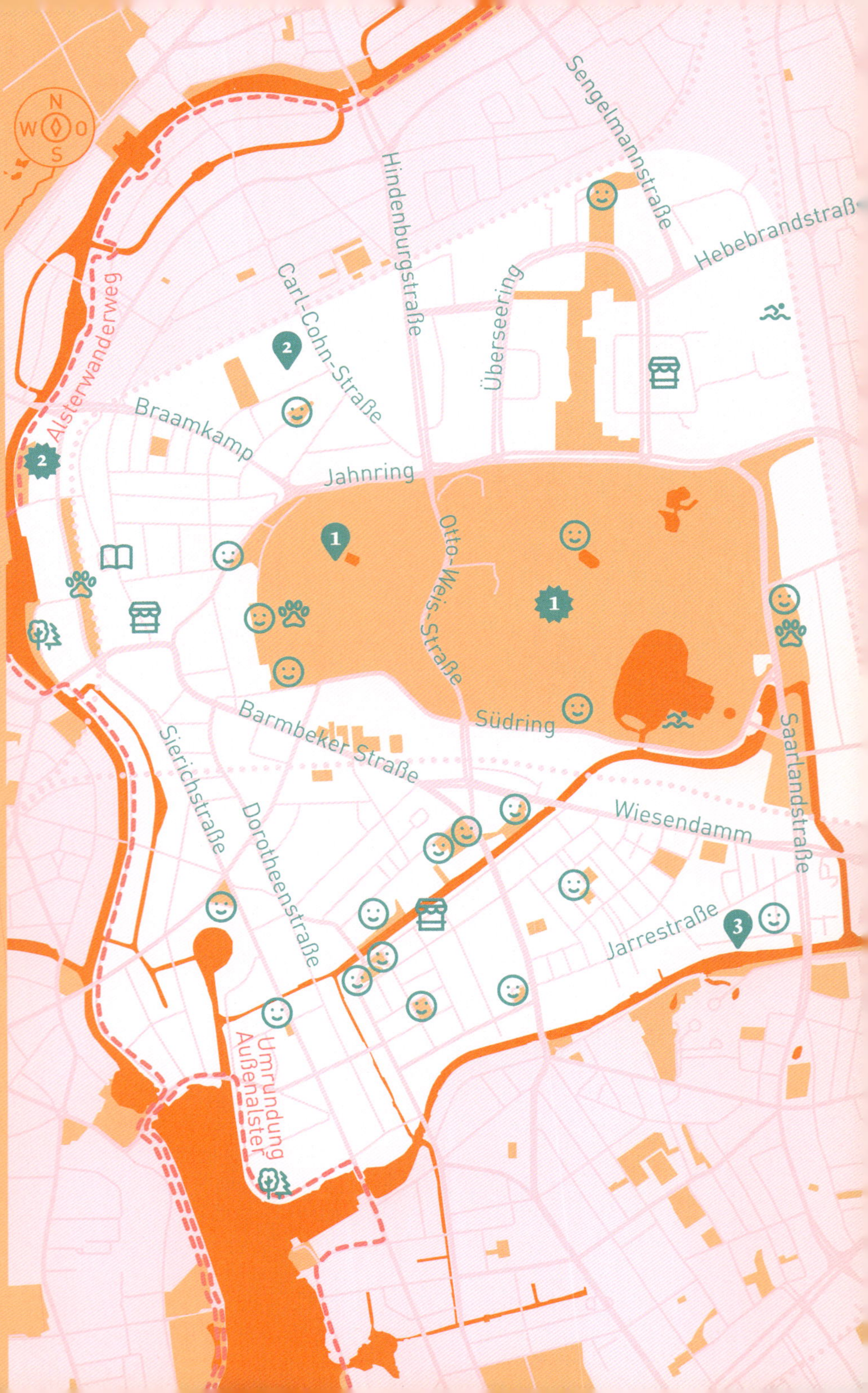

N
W
O
S
Sengelmannstraße
Hindenburgstraße
Hebebrandstraße
Carl-Cohn-Straße
Überseering
Alsterwanderweg
Braamkamp
Jahnring
Otto-Weis-Straße
Südring
Barmbeker Straße
Sierichstraße
Dorotheenstraße
Wiesendamm
Saarlandstraße
Jarrestraße
Umrundung Außenalster
1
2
3

Winterhude *Bauerndorf und Alsterschick*

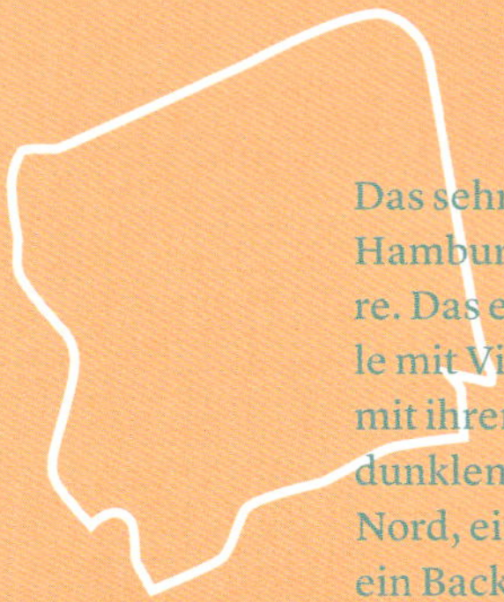

Das sehr lebendige Winterhude gehört zu den Szene-Stadtteilen Hamburgs und umfasst ganz unterschiedliche (Wohn-)Quartiere. Das eigentliche Winterhude, direkt an der Alster-Flaniermeile mit Villen, schicken Läden und Restaurants. Die Jarrestadt mit ihren denkmalgeschützten mehrgeschossigen Bauten in dunklem Klinker und der Kulturfabrik Kampnagel. Die City Nord, ein riesiger Bürokomplex. Und das neue Pergolenviertel, ein Backsteinquartier mitten im Grünen.

Urkundlich wurde das kleine Bauerndorf erstmals im Jahr 1250 erwähnt. Der Name geht entweder auf einen Landbesitzer oder die Überwinterung der Boote auf den Alsterwiesen zurück, denn „hude“ bezeichnet einen Landungsplatz für Boote und Lastkähne. Ursprünglich im Besitz Hamburger Bürger, fiel das Bauerndorf 1365 an das Kloster Harvestehude. Im 19. Jahrhundert taten sich die Familien Sierich und Gertig bei der Erschließung des Stadtteils mit Brücken und Straßen hervor. Nach ihnen benannt sind die Einbahnstraße Sierichstraße, die je nach Tageszeit die Fahrtrichtung wechselt, und die Gertigstraße. Durch die Verkehrsanbindung an die Alsterdampfer wurde die Gegend immer attraktiver. 1894 wurde Winterhude vollständig nach Hamburg eingemeindet. Die Industrie wanderte weiter in die Hamburger Randbezirke ab und hinterließ eine beliebte Wohngegend.

Stadtteilnachbarn sind Barmbek-Nord und -Süd, Uhlenhorst, Harvestehude, Eppendorf und Alsterdorf. Die U-Bahn-Haltestellen sind Hudtwalckerstraße, Lattenkamp (Sporthalle), Sierichstraße, Borgweg (Stadtpark) und Saarlandstraße.

Highlights

1

Stadtpark Hamburg

Mit knapp 150 Hektar ist der Stadtpark die drittgrößte Grünfläche Hamburgs, Teile davon waren ursprünglich ein privates Jagdrevier. Erst mit dem Verkauf an die Stadt Hamburg entstand seit dem Jahr 1902 der heutige Stadtpark, bis zu dessen Fertigstellung dann allerdings mehr als zehn Jahre vergingen. Große Liegewiesen, Grillplätze, Spielbereiche, Waldgebiete, Gartenflächen und eine eingezäunte Hundeauslaufzone sorgen an Tagen mit gutem und schlechtem Wetter für reichlich Abwechslung. Das Wahrzeichen des Stadtparks ist das Planetarium, das im ehemaligen Wasserturm beheimatet ist. Für Sportler ist der Stadtpark ein kleines Eldorado. Ein Freibad am Stadtparksee, diverse Sportbereiche, eine Minigolfanlage, viele Möglichkeiten für Wassersport und zahlreiche Wege zum Laufen und Wandern gibt es dort zu entdecken. Kunstliebhaber kommen ebenso auf ihre Kosten, in dem weitläufigen Park befinden sich viele Kunstwerke und eine Menge Skulpturenschmuck. Restaurants und die Stadtpark Open Air-Freilichtbühne machen den Stadtpark außerdem zu einem beliebten Veranstaltungsort, auf der Parkfläche finden regelmäßig öffentliche Events statt.

↗ *zum Beispiel Otto-Wels-Straße, 22303 Hamburg*

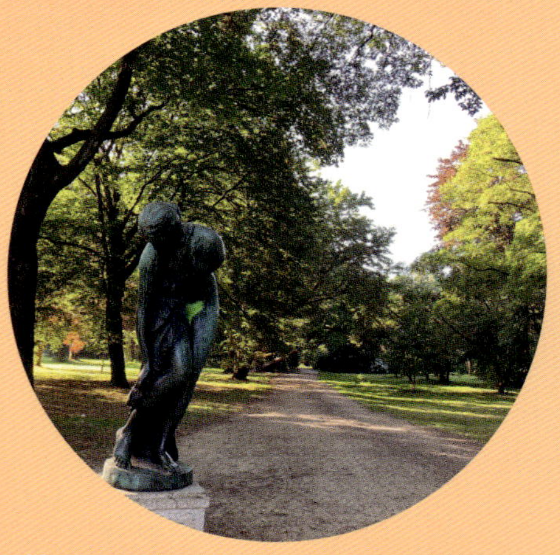

2

Spielplatz Meenkwiese

Direkt am Alsterufer im Grünbereich liegt dieser weitläufige Spielplatz, der bei großen und kleinen Besuchern kaum Wünsche offenlässt. Ob auf der Riesenrutsche heruntersausen, mit der Seilbahn fahren, wippen, schaukeln, auf dem Balancier- und Kletterparcours seine Geschicklichkeit testen, Karussell fahren oder ausgiebig buddeln – langweilig wird es hier so schnell nicht. Ein separater eingezäunter Kleinkindbereich mit vielen Spielmöglichkeiten und einer Wasser-Matsch-Station ergänzt das große Angebot. Im sportlichen Teil stehen mehrere Tischtennisplatten, ein Basketballkorb und ein Fußballfeld zur Verfügung.

↗ *Meenkwiese, 20249 Hamburg*

Wälder, Parks & Naturschutzgebiete

Liegewiese am Winterhuder Kai

Die überschaubare längliche Liegewiese direkt an der Alster bietet einen wunderschönen Blick auf das bunte sommerliche Treiben am Wasser, einige Sitzgelegenheiten laden zur entspannten Beobachtung ein. Geschätzt wurde der Ort für einige Zeit vor allem von feierfreudigen jungen Menschen, die es gern laut hatten und ihren Müll hinterließen. Nachdem dies polizeilich unterbunden wurde, ist es auf der Liegewiese deutlich stiller geworden. Der Hayns Park befindet sich direkt auf der gegenüberliegenden Seite.

↗ *Winterhuder Kai, 22299 Hamburg*

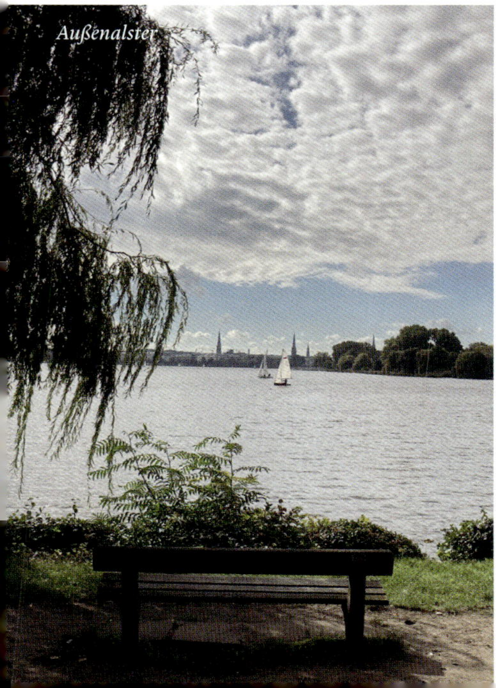

Außenalster

Alsterpark am Außenalsterufer

Die wunderschöne Flaniermeile direkt am Außenalsterufer ist ein Hotspot, Sehen und Gesehenwerden lautet die Devise. Es ist deshalb auch keine Überraschung, dass man hier mit Glück den einen oder anderen Prominenten sichten kann. Wem der Rundweg um die Außenalster zu wuselig ist, der kann aufs Wasser ausweichen. Ob bequem mit den Alsterschiffen oder sportlich aktiv mit dem Tretboot, dem Kanu oder beim Stand-Up-Paddling – es gibt kaum wassersportliche Grenzen. Die Außenalster ist auch ein beliebter Treffpunkt für Angler. An ausgewählten Stellen darf man im Uferbereich die Rute ins Wasser lassen, man benötigt lediglich einen gültigen Angelschein, während auf der Außenalster ein separater Alster-Bootsangelschein erforderlich ist. Im Grünbereich bei der Straße Fernsicht ist eine Grillzone freigegeben worden.

↗ *zum Beispiel Bellevue, 22301 Hamburg*

Wanderweg

Umrundung der Außenalster

Ebenfalls unter dem Motto Sehen und Gesehenwerden führt der 7,5 Kilometer lange Wanderweg um die Außenalster herum. Beim gemütlichen Spaziergang oder im schnellen Lauf bieten sich jedes Mal faszinierende Ausblicke. Dass hier auch der eine oder andere Prominente flanieren geht, ist kein Geheimnis, der Rundweg gehört zu den angesagtesten Adressen der Stadt. Große Rasenflächen laden zum Sonnenbad ein, kleine Cafés sorgen für ein Päuschen, und zwei Hundeauslaufzonen liegen am Weg. Ebenso gibt es eine Grillzone, kleinere Spielbereiche für Kinder und mehrere Stationen mit Trimm-Dich-Sportgeräten. Leider ist das Fahrradfahren direkt auf dem Wanderweg am Alsterufer nicht gestattet. Ein Fahrradweg, mit etwas Abstand zum Wanderweg, ist aber eingerichtet.

Hundewiesen

↗ Hundeauslaufzone Bebelallee

Eine längliche Wiese direkt im Grünbereich neben der U-Bahn-Strecke.

↗ Hundeauslaufzone Alte Wöhr

Ein kleines, sich lang erstreckendes Wäldchen parallel zum Stadtpark an der Saarlandstraße.

↗ Hundetummelplatz Stadtpark

Eine eingezäunte übersichtliche Hundeauslaufzone mitten im Stadtpark.

Spielplätze

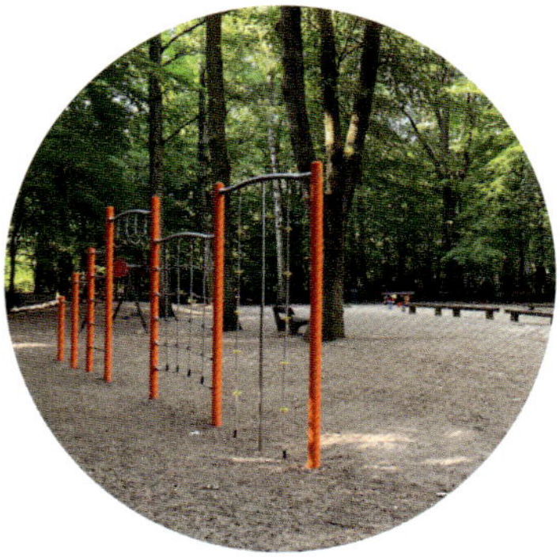

Waldspielplatz im Stadtpark

In der Nähe des Hundetummelplatzes im Stadtpark befindet sich ein kleiner Waldspielplatz. Mitten im Grünen kann balanciert, geklettert, geschaukelt und gebuddelt werden. Zum Angebot gehören auch eine Seilbahn, eine Drehscheibe, Einzeldrehgeräte, Spielhäuser, ein separater Kleinkindbereich und eine große Seilschaukel. Viel Platz zum Toben und Spielen ist auf dem Gelände ebenfalls vorhanden.

↗ *Grasweg, 22299 Hamburg*

Kleinkindspielplatz Ohlsdorfer Straße

Etwas westlich am Rand des Stadtparks, direkt am Linnering, befindet sich ein eingezäunter Spielplatz für kleinere Kinder.

Ein Sandbereich mit einer Kletterburg und integrierter Rutsche sowie Wippen und Schaukeln sind dort zu finden. Auf einer asphaltierten Rollerbahn lassen sich die ersten Fahrversuche mit dem Roller starten. Ein Fußballfeld, eine Tischtennisplatte und eine Basketball-Tor-Kombiwand ergänzen den Spielbereich.

↗ *Linnering, 22299 Hamburg*

Kleinkind-Spielplatz Grasweg

Auf dem eingezäunten Kleinkind-Spielplatz am südwestlichen Rand des Stadtparks können die Kleinsten nach Herzenslust spielen und toben. Wippen, Holzpferde, eine Holzeisenbahn, ein Karussell, Schaukeln und ein Sand-Baugerüst sorgen für viel Abwechslung. In der Woche wird der Spielplatz vormittags von der Aktion Kinderparadies e.V. genutzt. Eltern können hier für einen sehr geringen Stundenpreis ihre Kinder von ein bis sechs Jahren betreuen lassen. In dieser Zeit ist auch das kleine Wetterschutzhaus mit Toilette geöffnet. Der Spielplatz ist in der angegebenen Betreuungszeit ausschließlich der Aktion Kinderparadies e.V. vorbehalten.

↗ *Grasweg, 22303 Hamburg*
www.aktion-kinderparadies.de

Spielplatz am Planschbecken

Sehr beliebt ist der Spielplatz am Planschbecken im Stadtpark. Viele unterschiedliche Spielgeräte laden große und kleine Entdecker ein, auf immer neue Streifzüge zu gehen. Herzstück ist im Sommer das Planschbecken, das mit knöcheltiefem Wasser zum ausgiebigen Bad und Planschen lockt. Weitere Highlights des weitläufigen Areals sind die bunten Klettergerüste, das Segelschiff im Sand, der Leuchtturm mit Rutsche, die Riesenschaukeln und ein Slackline-Parcours. Ein Grillbereich, öffentliche Toiletten und ein Café befinden sich hier ebenso.

↗ *Otto-Wels-Straße, 22303 Hamburg*

Spielplatz Semperplatz

Ein kleiner eingezäunter Spielplatz für kleinere Kinder befindet sich zwischen den Wohnblöcken am Semperplatz. Ein großer Sandbereich und bunte Spielgeräte wie Spielhäuser, Schaukeln und Wippen sind hier zu entdecken. Etwas schräg gegenüber gibt es einen weiteren offenen Spielbereich für größere Kinder. Hier gehören eine Kletterburg mit Rutsche,

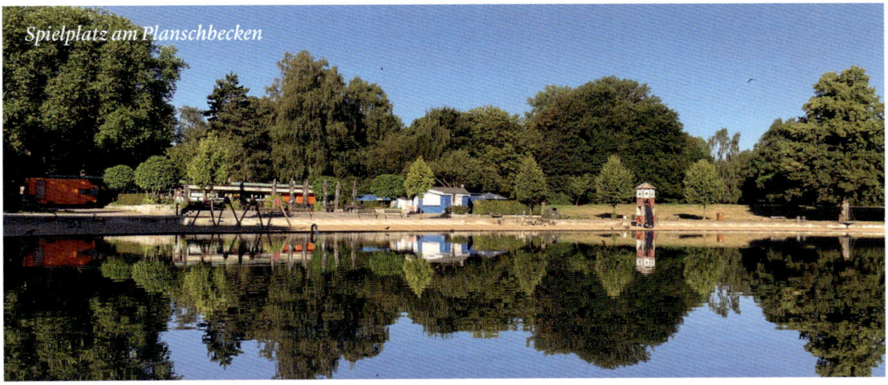
Spielplatz am Planschbecken

Schaukeln, Wippen, ein Karussell, eine Tischtennisplatte und ein Schachtisch zum Angebot.

↗ *Novalisweg, 22303 Hamburg*

Spielplatz Schinkelstraße

Der Spielplatz in der Schinkelstraße hat für große und kleine Kinder einiges zu bieten. Auf einer Erhöhung gibt es einige Spielhäuser, außerdem einen Sandbereich, eine Röhrenrutsche, die nach unten führt, einen Kleinkindbereich und das Herzstück des Spielplatzes – ein Planschbecken. Um das Planschbecken kümmern sich ehrenamtliche Helfer, die es regelmäßig säubern, chloren und das Wasser rein- und rauslassen. Im unteren Bereich des Spielplatzes befinden sich Schaukeln, ein Karussell, eine Tischtennisplatte und ein Basketballkorb.

↗ *Fersenfeldtsweg, 22303 Hamburg*

↗ *Aktuelle Informationen über das Planschbecken bekommt man auf*
Planschbecken Schinkelplatz

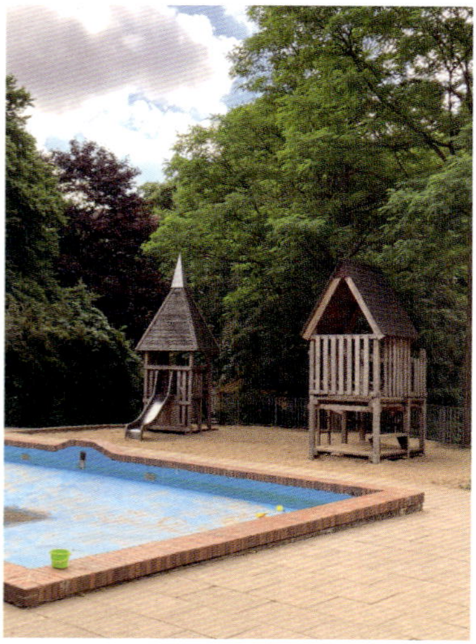

Spielplatz Rondeel

Der eingezäunte Spielplatz bietet einen übersichtlichen Kleinkindbereich mit Schaukeln, Wippen und Klettermöglichkeiten. Ein Bolzplatz mit Fußballfeld, Basketballkorb und Tischtennisplatte befindet sich ebenso im Bereich des Spielplatzes. Eine kleine Wiese zum Spielen, Toben und Picknicken rundet das Angebot ab.

↗ *Rondeel, 22301 Hamburg*

Spielplatz Poßmoorwiese

Direkt neben dem Bauspielplatz Poßmoorwiese befindet sich ein umzäunter Spielbereich. Unter anderem gibt es hier Schaukeln, eine Kletterburg, eine Drehscheibe, Wippen und ein separates Fußballfeld. Ein Wiesenbereich bietet genügend Platz zum Toben und Spielen.

↗ *Poßmoorweg, 22301 Hamburg*

Spielplatz am Goldbekufer

Im Grünzug am Goldbekufer befindet sich ein weiterer eingezäunter Spielplatz in länglicher Form. Verschiedene Klettermöglichkeiten, Wippen, Schaukeln und ein Basketballkorb laden zu unterschiedlichen Aktivitäten ein. Außerdem kann man am Ufer wunderbar einen kleinen Spaziergang machen und dabei das ein oder andere vorbeifahrende Schiff beobachten.

↗ *Wanderweg am Moorfuhrtweg, 22301 Hamburg*

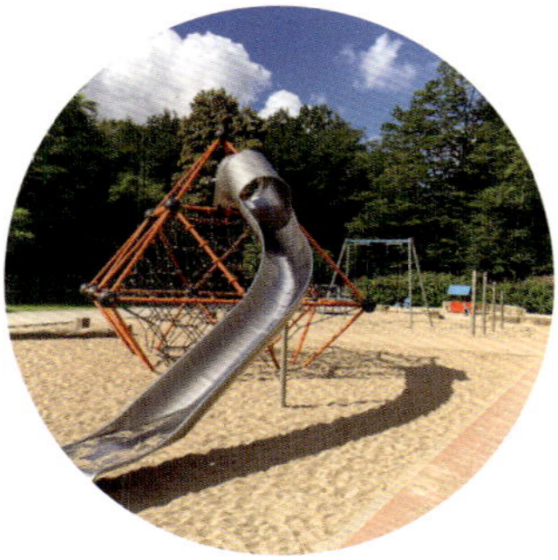

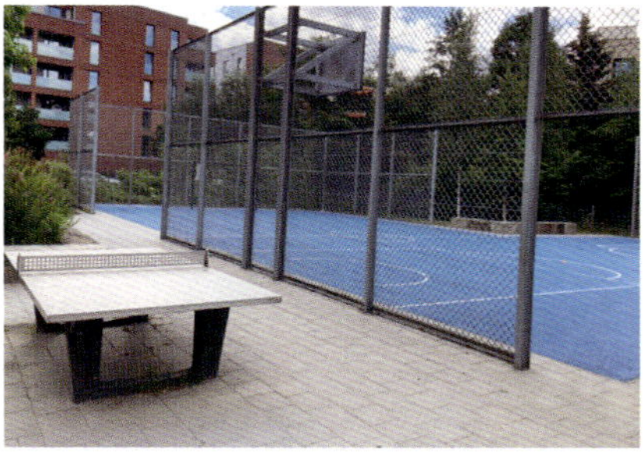

Spielplatz am Park

Spielplatz Goldbekplatz

Dieser eingezäunte Spielplatz lässt vor allem die Herzen von größeren Kindern höherschlagen. Schaukeln, ein Sandspielbereich, ein Karussell, eine Kletterburg mit integrierter Rutsche und Hängematte, verschiedene Balanciermöglichkeiten und ein großer Kletterturm mit Riesenrutsche sorgen für reichlich Abwechslung. Ein kleiner Bolzplatz zur vielfältigen Nutzung befindet sich ebenso auf dem Gelände. Gegenüber dem Spielbereich befindet sich der Spielplatz Goldbekufer.

↗ *Goldbekplatz, 22303 Hamburg*

Spielplatz Goldbekufer

Gegenüber vom Spielplatz Goldbekplatz liegt dieser übersichtliche und eingezäunte Spielbereich, der vor allem für kleinere Kinder interessant ist. Ein großer Sandspielbereich, Schaukeln und Wippen sowie ein Kletterhäuschen gehören hier zum Angebot.

↗ *Goldbekplatz, 22303 Hamburg*

Spielplatz Fiefstücken

In Dreiecksform angelegt, bietet der Spielplatz Fiefstücken genügend Platz zum Toben und Spielen. Zwei unterschiedliche Kletterhäuser mit integrierten Rutschen, Schaukeln, eine Tischtennisplatte und ein Karussell sind hier zu finden. Der Spielplatz befindet sich mitten im Grünen und bietet im Sommer viele Schattenplätze.

↗ *Fiefstücken, in der Sackgasse, 22297 Hamburg*

Spielplatz am Park

In der Nähe des Stadtparks befindet sich dieser noch recht neue Spielplatz. Hier können Kinder auf einer langgezogenen Fläche im Sand toben und spielen. Ein großes Kletternetz mit Rutsche, ein Karussell, Schaukeln und Wippen gehören zu dem eingezäunten Spielbereich. Der Sportbereich bietet eine Tischtennisplatte sowie ein großes Fußball-Basketball-Kombifeld.

↗ *Alte Wöhr, Höhe Hausnummer 50, 22307 Hamburg*

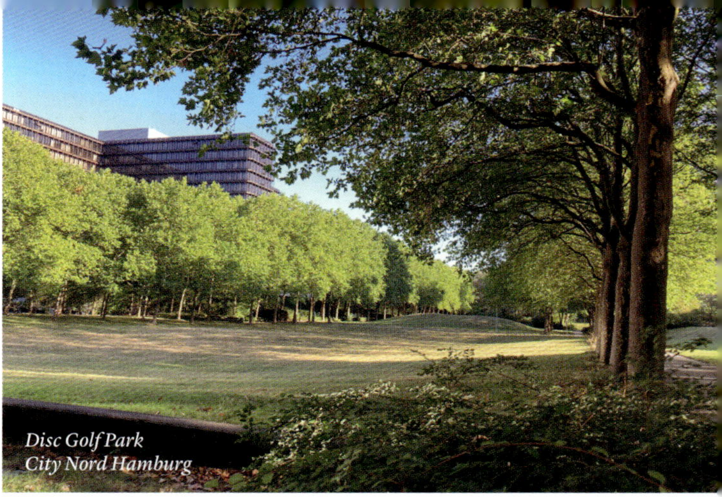

Disc Golf Park City Nord Hamburg

Spielplatz Wiesendamm

Hinter dem Polizeikommissariat befindet sich im Grünbereich am Goldbekkanal ein weiterer eingezäunter Spielplatz für Kleinkinder. Neben sehr viel Platz zum Toben und Spielen gibt es hier auch Rutschen, einen Sandkasten, Schaukeln, eine Hängebrücke und Wipptiere. Der Spielplatz wird sehr gern von Kitas als Ausflugsziel genutzt. Außerhalb des Spielbereichs befindet sich noch eine Tischtennisplatte und direkt am Ufer, bei der Einsatzstelle für die Kanus, ein Grillbereich.

↗ *Wiesendamm, Höhe Hausnummer 133, 22303 Hamburg*

Disc Golf Park City Nord Hamburg

Liebhaber von Disc Golf kommen in der City Nord voll auf ihre Kosten. Auf einer Strecke mit vierzehn Stationen kann man seine Frisbeescheibe hier in den Körben versenken. Beginn ist immer an der Abwurfzone, und Ziel ist es, wie beim Golf, mit so wenig Würfen wie möglich den Korb zu treffen. Der Parcours ist sehr weitläufig und erstreckt sich über den kompletten Grünbereich der City Nord. Veranstaltet vom Disc Golf Club Hamburg, finden dort regelmäßig Turniere statt.

↗ *Halifaxweg, 22297 Hamburg*

Spielplatz Knickweg

Mitten im Wohngebiet sorgt der Spielplatz Knickweg für etwas Abwechslung. Große und kleine Besucher können sich über eine Spielburg mit einer kleinen und einer großen Rutsche, Wippen, Schaukeln, ein Sand-Baugerüst und einen Wasser-Matsch-Bereich freuen. Eine Tischtennisplatte gehört ebenfalls zum Angebot des eingezäunten Spielplatzes.

↗ *Knickweg, 22303 Hamburg*

Spielplatz Osterbekkanal

Der eingezäunte Spielbereich befindet ich direkt am Ufer des Osterbekkanals. Das Spielangebot richtet sich stark an kleinere Kinder. Schaukeln, eine Rutsche, Wipptiere und ein großer Sandbereich mit Spielhaus sind dort zu finden.

↗ *Kaemmererufer/Ecke Saarlandstraße, 22303 Hamburg*

Spielplatz Andreasstraße

Ein sehr kleiner eingezäunter Spielplatz für Kleinkinder befindet sich in der Andreasstraße. Ein ebenfalls kleines Spielhaus mit breiter Rutsche, Schaukeln und Wippen gehört zum überschaubaren Spielangebot.

↗ *Andreasstraße/Ecke Sierichstraße, 22301 Hamburg*

Bauspielplatz

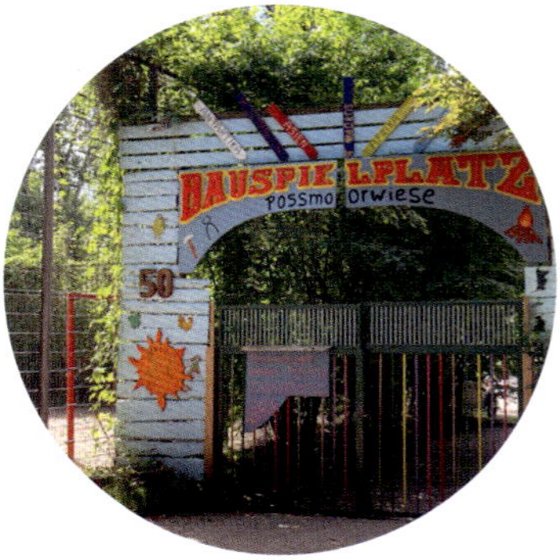

Bauspielplatz Poßmoorwiese

Im Jahr 1974 wurde dieser Bauspielplatz eröffnet, der bis heute eine kleine Abenteuerinsel mitten in der Großstadt ist. Kinder von sechs bis vierzehn Jahren können den Baui während der Öffnungszeiten kostenlos und ohne Anmeldung besuchen, auf dem großen naturbelassenen Gelände kann nach Herzenslust gespielt, gebaut und geforscht werden. Außerdem können die Kinder täglich an wechselnden Spielangeboten teilnehmen. Der Baui ist immer von dienstags bis samstags geöffnet. Nach Absprache können auch Schulen und Kitas ihn vormittags besuchen.

↗ *Poßmoorweg 50, 22301 Hamburg*

Wochenmärkte

Mittwoch- und freitagnachmittags sowie samstagvormittags findet der Wochenmarkt auf dem Winterhuder Marktplatz statt. Freitags sind vor allem Bio- und regionale Händler vertreten.

Einer der schönsten Hamburger Wochenmärkte findet immer dienstag-, donnerstag- und samstagvormittags am Goldbekufer statt. Auf dem Goldbekmarkt gibt es mit durchschnittlich siebzig Ständen eine besondere Marktvielfalt zu entdecken.

Der übersichtliche Wochenmarkt im Dakarweg in der City Nord findet immer mittwochs in der Mittagszeit statt. Mit Imbissbuden und frischen Marktständen bietet er in der Bürostadt eine schöne Abwechslung in der Mittagspause.

Büchertausch-schrank

Das kleine „Winterhuder Bücherkonsulat“ befindet sich im Lattenkamp 1, bei der Alsterdorfer Straße.

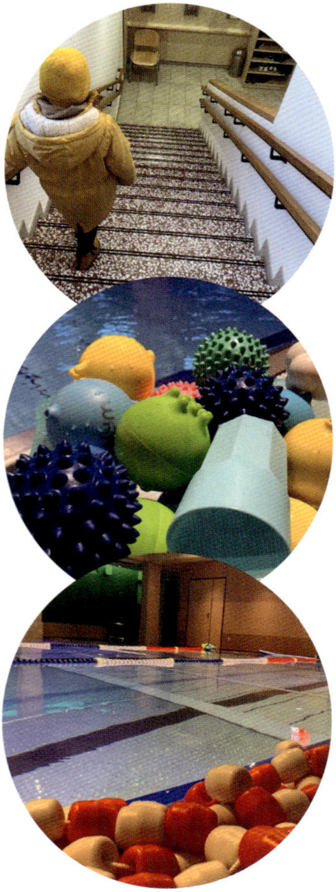

Freibäder/ Schwimmbäder

Bäderland Sommerfreibad und Naturbad Stadtparksee

Direkt am Stadtparksee befindet sich dieses stadtbekannte Freibad. Mit Blick auf das Planetarium kann man hier im Wasser trainieren, planschen oder einfach nur die Sonne genießen. Das Becken ist ideal zum Schwimmen von Bahnen geeignet und bietet mit dem naturbelassenen gefilterten Wasser ideale Trainingsbedingungen für Triathleten. Ein kleiner Spielplatz und große Liegewiesen gehören außerdem zum Freibad.

↗ *Südring 5 B, 22303 Hamburg*
www.baederland.de/baeder/standorte/sommerfreibad-naturbad-stadtparksee

SwymBAD

Das SwymBAD im Pergolenviertel bietet neben vielen Kursen für Erwachsene und Kinder auch einen Frühschwimmer-Club, verschiedene Yoga-Kurse, Check-ups und eigene Zeitslots fürs Familienschwimmen an. Das Becken ist 140 Quadratmeter groß, hat eine Wassertiefe von 1,30 Meter und besitzt eine angenehme Wassertemperatur von dreißig Grad. Das SwymBAD eignet sich hervorragend für Trainingseinheiten, ohne viel Ablenkung drum herum. Alle Angebote und Zeitslots müssen vorab gebucht werden.

↗ *Winterlindenweg 22, 22297 Hamburg*
www.swymbad.de

Besondere Orte

Planetarium 1

Direkt im Stadtpark begeistert das Planetarium Hamburg seit über neunzig Jahren kleine und große Besucher. Das Programm ist sehr vielseitig, vom klassischen Sternenhimmel bis hin zur beeindruckenden Projektionsshow mit Lasereffekten und 3D-Welten. Passende Vorstellungen gibt es bereits ab drei Jahren. Die Sitze (außer in der letzten Reihe) lassen sich bequem nach hinten klappen, um das Rundum-Spektakel in vollen Zügen genießen zu können. Im Anschluss lohnt sich ein Besuch auf der Aussichtsplattform, der im Veranstaltungsticket ohne zusätzlichen Eintritt enthalten ist.

↗ *Linnering 1, 22299 Hamburg*
www.planetarium-hamburg.de

Polizeimuseum 2

Das interaktive Polizeimuseum bietet einen spannenden Einblick in das Hamburger Polizeileben der letzten 200 Jahre. Die Mitarbeiter sind ehrenamtlich tätige ehemalige Polizisten, die jede Menge spannende Geschichten erzählen können. Verschiedene Rallyes für große und kleine Besucher führen durch die Räumlichkeiten. Mitmachangebote, ein original Polizeiauto und ein Helikopter bringen den Besuchern die Polizeiarbeit spielerisch näher. Ein Besuch ist für Kinder ab fünf Jahren empfehlenswert. Der Eintritt für Kinder und Jugendliche unter achtzehn Jahren ist kostenlos. Auf dem Polizeigelände gilt ab sechzehn Jahren eine Ausweispflicht!

↗ *Carl-Cohn-Straße 39, 22297 Hamburg*
www.polizei.hamburg/polizeimuseum-hamburg

Bootsvermietung Dornheim und Restaurant zur Gondel 3

Mit über 180 Mietsbooten und Bootszubehör bleiben hier kaum Wünsche offen. Boote können ab einer Stunde gemietet werden, eine Reservierung ist nicht erforderlich. Jugendliche ab vierzehn Jahren dürfen sich mit einer schriftlichen Erlaubnis des Erziehungsberechtigten ein Boot mieten. Der Bootsverleih ist ebenso Ausgabestelle des kostenfreien GreenKayak, das für das Sammeln von Müll auf den Kanälen vorgesehen ist. Benötigt wird dafür eine separate Reservierung. Direkt bei der Bootsvermietung befinden sich das Restaurant und ein Weingarten, die Räumlichkeiten können auch für Feiern gebucht werden. Das Unternehmen bietet außerdem eine Bootslagerung an, und nicht zuletzt kann man hier einige gebrauchte Boote käuflich erwerben.

↗ *Kaemmererufer 25, 22303 Hamburg*
www.bootsvermietung-dornheim.de

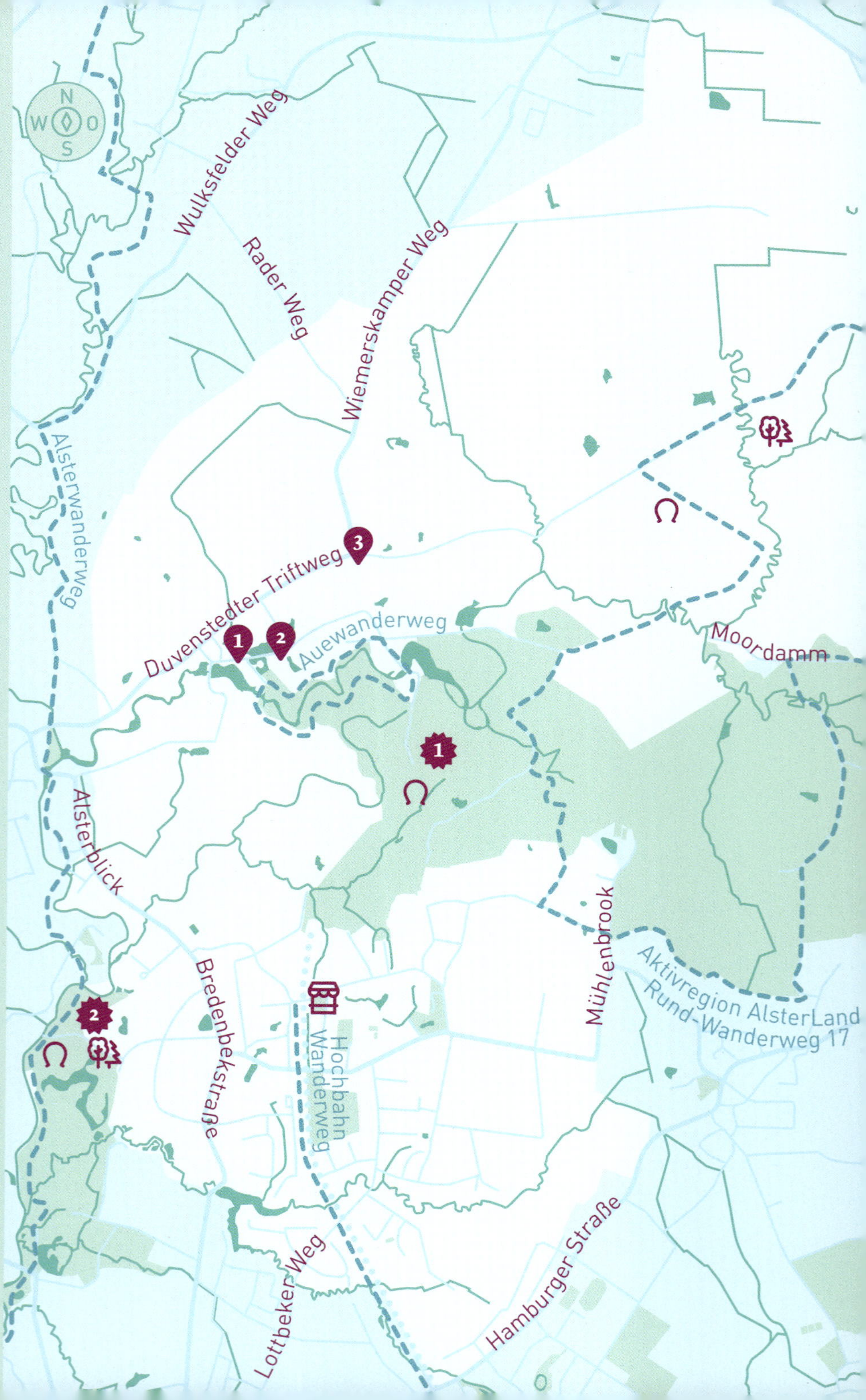
N
W
O
S
Wulksfelder Weg
Rader Weg
Wiemerskamper Weg
Alsterwanderweg
Duvenstedter Triftweg
Auewanderweg
Moordamm
Alsterblick
Bredenbekstraße
Hochbahn Wanderweg
Mühlenbrook
Aktivregion AlsterLand Rund-Wanderweg 17
Lottbeker Weg
Hamburger Straße
1
2
3
1
2

Wohldorf-Ohlstedt *Ausritt in Hamburgs schönste Wälder*

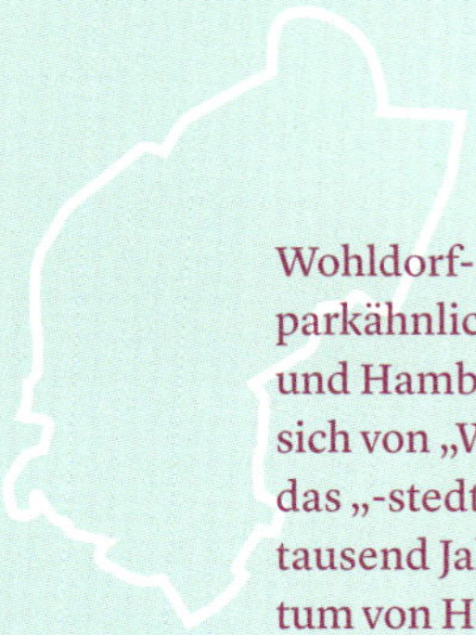

Wohldorf-Ohlstedt verfügt über großzügige Villenanwesen mit parkähnlichen Grundstücken, Reiterhöfe mit weiten Weiden und Hamburgs schönste Wälder. Der Name Wohldorf leitet sich von „Wald“ ab, das „Ohl“ in Ohlstedt kommt von „alt“, und das „-stedt“ deutet auf eine sächsische Siedlung hin, die es vor tausend Jahren hier gab. 1370 gelangte Wohldorf in das Eigentum von Hamburger Bürgern und wurde 1437 in die Hansestadt eingemeindet. Ohlstedt wurde im Jahr in 1391 an Hamburger Bürger verpfändet und fiel 1463 an Hamburg. Erst 1872 erfolgte eine Zusammenlegung beider Orte zu einer Gemeinde, die die Hamburger Walddörfer ergänzte.

Das Wohldorfer Herrenhaus erinnert noch an die Burg Wohldorf, die im 14. Jahrhundert hier stand. Sie diente als Amtssitz und Verteidigungsbastion der Schauenburger Grafen. Die heutigen Teiche sind Reste einer zusammenhängenden Wasserfläche, welche die Wasserburg umgab. Um 1440 wurde dann auf der verfallenen Burg ein Herrenhaus für die Waldherren errichtet. Nachdem Hamburg die Verwaltung der Walddörfer übernommen hatte, wurde es als Feriendomizil von Hamburger Senatoren genutzt. Seit 1996 befindet sich das Herrenhaus in Privatbesitz.

Stadtteilnachbarn sind Duvenstedt, Lemsahl-Mellingstedt und Bergstedt. Ein kleiner Findling ziert Hamburgs nördlichsten Punkt an der Grenze zu Schleswig-Holstein. An der U-Bahn-Haltestelle Ohlstedt befindet sich die Endstation der U1.

Highlights

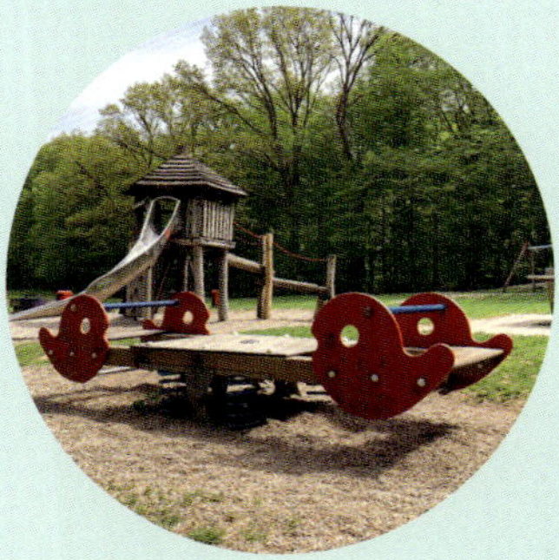

Spielplatz an der Alster

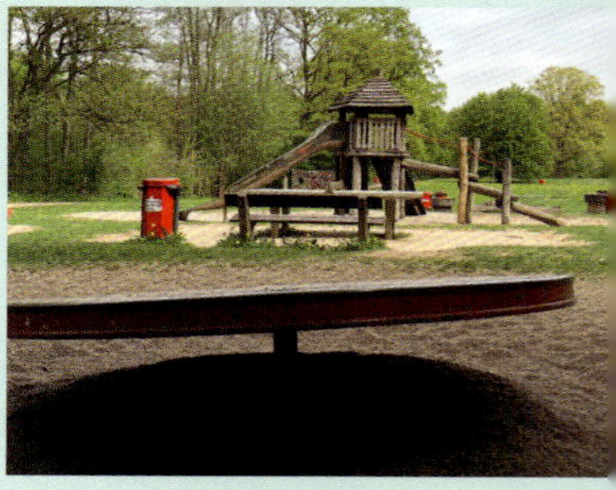

1

Naturschutzgebiet Wohldorfer Wald

Das seit dem Jahr 1770 ausgewiesene Erholungsgebiet gehört nicht nur zu Hamburgs ältesten Forstrevieren, es ist auch der größte zusammenhängende Laubwald der Stadt. Auf fast 300 Hektar konnte sich hier eine ganz besondere Flora und Fauna entwickeln, die fast so etwas wie Urwald-Charakter hat. In der hügeligen Landschaft befinden sich Auenwälder, Erlen- und Buchenwälder sowie Waldgebiete mit Eichen, Eschen und Ahornen. Vierzehn verschiedene Fledermausarten sind hier beheimatet, und mit Glück kann man Fischotter, Eisvögel, Waldschnepfen oder Schwarzspechte beobachten. Reiterwege sind im Wald ausgeschildert. Hunde müssen ganzjährig an der Leine geführt werden.

↗ *zum Beispiel über Kupferredder oder Holländerberg, 22397 Hamburg*

2

Spielplatz an der Alster

Der einzige öffentliche Spielplatz in Wohldorf-Ohlstedt ist der Spielplatz an der Alster beim Haselknick. Direkt am Alsterwanderweg gelegen, bietet der Waldspielplatz auf einer großzügigen Grünfläche viel Platz zum Toben und Spielen. Eine Seilbahn, Rutschen, ein Kletterhaus, eine Drehscheibe, Schaukeln und Wippen sind hier zu finden. Eine Tischtennisplatte, ein kleines Fußballfeld und eine Basketball-Torwand-Kombi umfasst das sportliche Angebot. Auf dem Spielplatz befindet sich außerdem eine kleine Grillfläche, allerdings gibt es nur wenige Sitzmöglichkeiten. Ein Restaurant befindet sich in unmittelbarer Nähe.

↗ *Haselknick 35, 22397 Hamburg*

Wälder, Parks & Naturschutzgebiete

Naturschutzgebiet Duvenstedter Brook

Dieses besonders vielfältige Naturschutzgebiet umfasst Wald und Wiesen, Heidegebiete und landwirtschaftliche Nutzflächen, außerdem Moore und Tümpel. Das fast 800 Hektar große Gebiet beherbergt eine außergewöhnlich reiche Flora und Fauna. Zahlreiche bedrohte Arten sind hier beheimatet. Im Jahresverlauf brüten an die hundert Vogelarten im Brook.
Mit dem Wohldorfer Wald und den auf Schleswig-Holsteiner Territorium gelegenen Flächen Hansdorfer Brook und Ammersbek-Hunnau-Niederung gehört das Gebiet zur größten zusammenhängenden Naturschutzfläche im Raum Hamburg. Beeindruckend ist die Hirschbrunft der Rothirsche, die Anfang September beginnt und etwa fünf Wochen lang dauert. Die Hauptwege im Duvenstedter Brook sind überwiegend eben und auch mit dem Rollstuhl gut befahrbar, einige Wanderwege sind allerdings ausschließlich Fußgängern vorbehalten. Ausgeschilderte Reitwege sind hier außerdem zu finden. Achtung: Im Duvenstedter Brook herrscht ein ganzjähriges Hundeverbot!

↗ *zum Beispiel über den Parkplatz Duvenstedter Brook im Duvenstedter Triftweg 135, 22397 Hamburg*

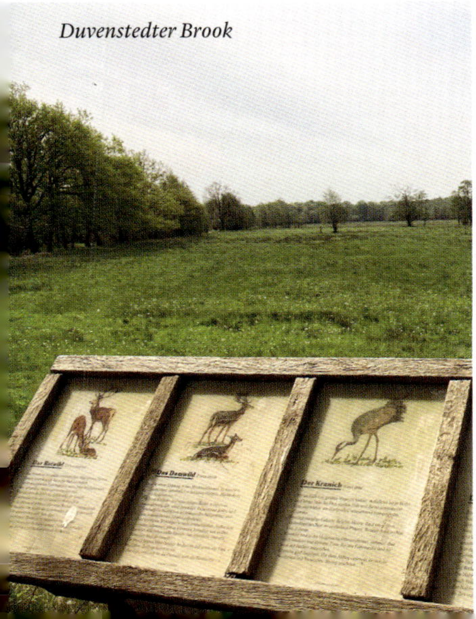

Duvenstedter Brook

Haselknick beim Naturschutzgebiet Rodenbeker Quellental

In direkter Nachbarschaft des Rodenbeker Quellentals liegt der großzügige Grünbereich Haselknick. Hier befindet sich auch Hamburgs ältester Campingplatz, der Ende der 1940er Jahre gegründet wurde und sich zu einem Dauercampingplatz entwickelt hat. Das Alsterufer ist hier ideal für den Kanueinstieg. Die Grünfläche, die direkt am Alsterwanderweg liegt, bietet viel Platz zum Picknicken und Sonnenbaden. Ein kleines Restaurant, einen Waldspielplatz sowie eine Grillfläche gibt es außerdem. Die Leinenpflicht entfällt im Grünbereich für von der Anleinpflicht befreite Hunde.

↗ *Haselknick, 22397 Hamburg*

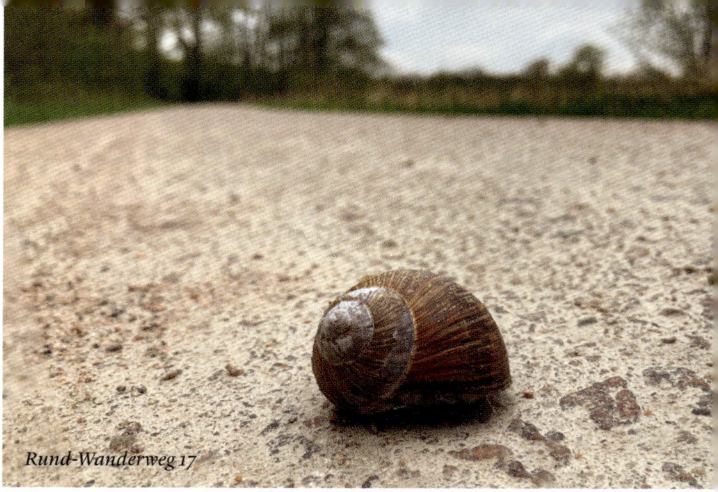

Rund-Wanderweg 17

Wanderwege

Auewanderweg

Der Auewanderweg im Wohldorfer Wald führt an der geschwungenen Ammersbek entlang und ist ideal zum Spazieren im Grünen (auch mit Kindern) geeignet. Der Weg ist sehr unterschiedlich beschaffen, von breit bis schmal und von eben bis steinig. Eine Holzbrücke verbindet beide Ufer des Flüsschens miteinander. Um den Rundweg abzuschließen, geht man am Kupferredder zur Herrenhausallee und anschließend zur Schünenkoppel, wo es zum Auewanderweg zurückgeht. Für den Wanderweg benötigt man etwa dreißig Minuten. Hunde müssen ganzjährig an der Leine geführt werden.

Rund-Wanderweg 17 der AktivRegion Alsterland

Der knapp 16 Kilometer lange beschilderte Rund-Wanderweg „durch Brook, Wald und Auen" führt durch die vielfältigen Lebensräume der Hamburger Naturschutzgebiete Wohldorfer Wald und Duvenstedter Brook sowie durch die Naturschutzgebiete Hansdorfer Brook und Ammersbek-Niederung in Schleswig-Holstein. Zur Hirschbrunft, im September und Oktober, muss wegen Wegsperrungen eine Verlängerung der Strecke eingeplant werden. Betreut wird der Pfad durch die AktivRegion Alsterland. Der Rund-Wanderweg ist auch für Mountainbiker interessant. Hunde sind im Duvenstedter Brook verboten!

Wochenmarkt

Dienstag- und freitagvormittags findet im Brunskrogweg ein Wochenmarkt statt. Wegen fehlender Einzelhandelsgeschäfte hat er für die Einwohner eine große Bedeutung bei der Nahversorgung.

Besondere Orte

Bäckerei Hinze und Gasthaus Zum Bäcker 1

Seit über 200 Jahren wird in der Bäckerei Hinze – und bis heute traditionell – gebacken. Einigermaßen berühmt ist das Hinze-Brot. Das Schwarzbrot entsteht durch eine besonders schonende Verarbeitung des Sauerteigs. Aber auch die Blechkuchen erfreuen sich großer Beliebtheit. Zu der Bäckerei gehört ebenfalls das Gasthaus Zum Bäcker, das in stilvollem Ambiente traditionelle und kulinarisch anspruchsvollere Gerichte serviert. Das Gasthaus verfügt auch über einen Biergarten und einen eigenen Spielplatz. Eine Rollstuhlrampe ist ebenfalls vorhanden.

↗ *Herrenhausallee 90, 22397 Hamburg*
www.zum-baecker.de

Wohldorfer Hof 2

Die Familien Niemeyer und Cordes führen den Hof mit Milchwirtschaft, Ackerbau und Pferdepension. Ein Teil der eigenen Milch wird direkt in der kleinen Landmeierei verarbeitet. So entstehen viele Bioprodukte wie Käse, Quark und Joghurt. Am Milchschrank, der rund um die Uhr zugänglich ist, kann man die frischen Produkte in Selbstbedienung erwerben. Auch frisches Gemüse und Eier gibt es hier zu kaufen. Schulen können mit ihren Klassen beim Ökomarkt e.V. Schule & Landwirtschaft eine Führung über den Wohldorfer Hof buchen.

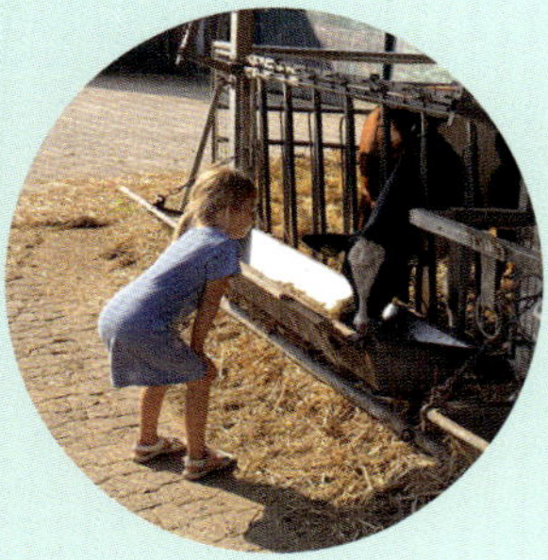

↗ *Herrenhausallee 37, 22397 Hamburg*
www.wohldorfer-hof.de

Duvenstedter BrookHus 3

Das Duvenstedter BrookHus, das vom NABU Hamburg betreut wird, informiert über die vielfältige Tier- und Pflanzenwelt im Duvenstedter Brook. Neben Ausflugstipps gibt es im Infohäuschen auch eine Dauerausstellung, wechselnde Vorträge und Veranstaltungen sowie einen kleinen Shop mit Fachbüchern, Nistkästen und vielen weiteren Artikeln. Das BrookHus ist barrierefrei eingerichtet. Spannende Informationsangebote können von Schulklassen und Kitagruppen ganzjährig gebucht werden, aber auch individuelle Führungen sind auf Anfrage möglich.

↗ *Duvenstedter Triftweg 140, 22397 Hamburg*
www.hamburg.nabu.de/natur-und-landschaft/infohaus-duvenstedter-brook

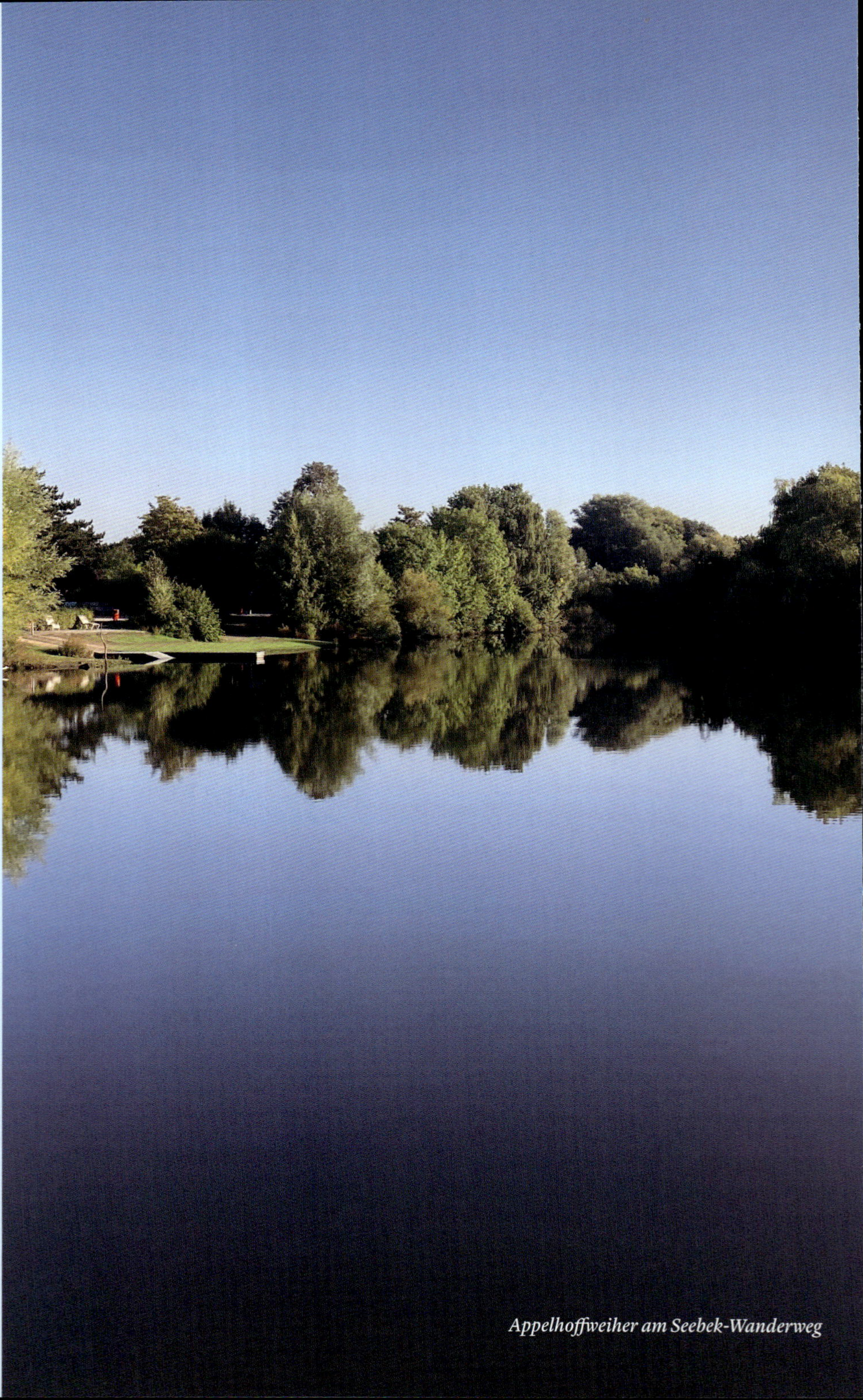

Appelhoffweiher am Seebek-Wanderweg

Wanderwege *Die schönsten Wege quer durch Hamburg*

Wer glaubt, dass man in Hamburg nicht wandern kann, der irrt sich gewaltig. Gerade der Norden bietet viele wunderschöne Wanderwege fernab des geschäftigen Treibens und des Lärms der Großstadt. Die Wege führen oft durch Gebiete, die wie naturbelassen wirken und den Erholungsuchenden mitunter das Gefühl geben, sie befänden sich fernab jeder Zivilisation. Mit Glück kreuzt sogar ein Reh den Weg, ein Feldhase hüpft vorbei oder ein Eisvogel überholt den Wanderer in flottem Tempo. Und vielleicht findet man sogar einen versteckten Stein, der liebevoll bemalt und für Passanten ausgesetzt wurde. Diese Steine dürfen in der Regel mitgenommen und als Souvenir behalten werden.

In diesem Teil werden die längeren stadtteilübergreifenden Wege Hamburgs vorgestellt. Auch wenn es dabei kaum über die Stadtgrenzen hinausgeht, sollte man die Touren auch auf den Teilstrecken nicht unterschätzen und sich für die Wanderung unbedingt etwas zu trinken und einen kleinen Snack mitnehmen. Ein Kiosk liegt nicht immer direkt am Weg. Auch festes Schuhwerk und Sonnenschutz sind immer eine gute Idee. Wenn die Beschreibungen es nicht ausdrücklich erwähnen, sind die Wege nicht nur fußgänger-, sondern auch fahrradtauglich.

Um die Natur zu schonen, sollten natürlich nur die ausgewiesenen Wege benutzt werden, und der Müll, den wir bei unserer Rast produziert haben, sollte wieder mitgenommen werden. Ganz nach dem Motto: „Nimm nur Erinnerungen mit, hinterlasse nichts außer Fußspuren!“

Highlight

1

Alsterwanderweg – Jakobsweg – Hanseatenweg

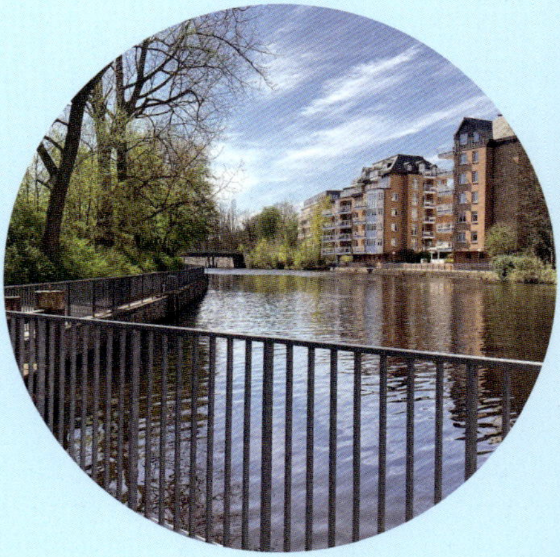

Der schönste Wanderweg Hamburgs führt durch den Norden der Stadt – der Alsterwanderweg. Auf einer Strecke von 32,5 Kilometern geht es von Kayhude bis zur Außenalster, und dies fast nur im Grünen. Wer den ruhigen Teil des Alsterlaufs kennenlernen möchte, sollte von Kayhude aus starten, wo sie noch ein flaches Gewässer ist und der Wulksfelder Wald zu einem ruhigen Spaziergang einlädt. In Duvenstedt trifft die Alster auf Hamburger Gebiet und schlängelt sich dann weiter zum Rodenbeker Quellental. Von hier aus ist sie auch mit dem Kanu befahrbar. Weiter geht es zur Mellingburger Schleuse und durch den Hohenbuchenpark, vorbei am Alsterschlösschen, dem Torhaus Wellingsbüttel und dem Teetzpark. Ab der Fuhlsbütteler Schleuse zeigt sich die Alster dann in ihrer ganzen Pracht, nun geht es praktisch nur noch geradeaus weiter, bis sie am Ende in die Außenalster fließt. Auf dem letzten Wegstück kann es auf dem Alsterwanderweg ziemlich voll werden. Wo der Wanderweg zu beiden Seiten der Alster verläuft, lohnt es sich deshalb, die Seite zu wechseln.
Es ist faszinierend zu beobachten, wie sich das zarte Flüsschen Alster in einen städtischen Hotspot verwandelt. Wer mit seinem Hund wandern möchte, bekommt zwischen Kayhude und Fuhlsbüttel genügend Möglichkeiten, den Hund ans kühle Nass zu lassen, danach wird es stadteinwärts schwieriger. Weil der Alsterwanderweg ebenfalls Teil der Routen des Jakobsweg (Zeichen: gelbe Muschel auf blauem Grund) und des Hanseatenwegs (Zeichen: schwarze Kogge) ist, kann man sich gut an diese beiden Beschilderungen halten. Der Alsterwanderweg eignet sich auch für eine Fahrradtour, an einigen Stellen muss das Rad allerdings kurz geschoben werden. Vom Hohenbuchenpark aus ist auch das Befahren mit dem Rollstuhl möglich. Mehrere Gaststätten und Cafés liegen am Weg.

↗ *Duvenstedt, Lemsahl-Mellingstedt, Wohldorf-Ohlstedt, Bergstedt, Poppenbüttel, Hummelsbüttel, Wellingsbüttel, Fuhlsbüttel, Ohlsdorf, Alsterdorf, Eppendorf, Winterhude*

2. Grüner Ring Hamburg

Hamburgs 2. Grüner Ring führt auf einer Strecke von etwa einhundert Kilometern um die Stadt herum. Der ausgeschilderte Weg quert viele Hamburger Parks, Naturschutzgebiete und Grünflächen und verbindet diese zu einem grünen Band. Ob man den Weg per Fahrrad absolviert oder ihn bewandert, ist ganz dem eigenen Belieben überlassen. Beides bietet sich nämlich gleichermaßen an. Ausgeschildert als „Route 11", geht es durch Obstplantagen, Deichgebiete, Wälder, vorbei an Seen und Flüssen sowie am Ohlsdorfer Friedhof entlang. Wie grün Hamburg eigentlich ist, könnte nicht deutlicher werden als auf dieser Route. Für die Umrundung muss in Teufelsbrück eine Überfahrt mit der Fähre einkalkuliert werden. Die Beschilderung des Wegs ist meist sehr gut erkennbar. Es macht aber trotzdem Sinn, sich die Karte (über Hamburg.de) vorab aufs Handy zu laden. Außerdem sollte ausreichend Verpflegung eingepackt werden, denn die Einkehrmöglichkeiten sind auf der Route nicht gerade üppig. Der Grüne Ring wird einmal im Jahr im Frühling beim 24 Stunden währenden Megamarsch zu einer bei Hobby-Extremwanderern beliebten Wanderstrecke.

↗ *Niendorf, Groß Borstel, Fuhlsbüttel, Ohlsdorf, Steilshoop, Bramfeld*

Umrundung des Hamburger Flughafens

Eine Umrundung des Hamburger Flughafens ist nicht nur für Planespotter spannend, auch Naturliebhaber kommen hier voll auf ihre Kosten, weil die Runde fast ausschließlich über Wanderwege führt. Ob mit dem Buggy, dem Rad oder zu Fuß, der gut ausgebaute 16 Kilometer lange Rundweg, der teilweise sehr dicht entlang des Flughafenzauns verläuft, kann auch sehr gut mit Kindern absolviert werden. Die Umrundung führt zunächst durch den Krohnstiegtunnel, folgt anschließend dem Flussarm der Tarpenbek, dann geht es am Rahwegteich vorbei auf den Friederike-Büschner- und den Otto-Bierstedt-Wanderweg, durch einen Kleingarten-

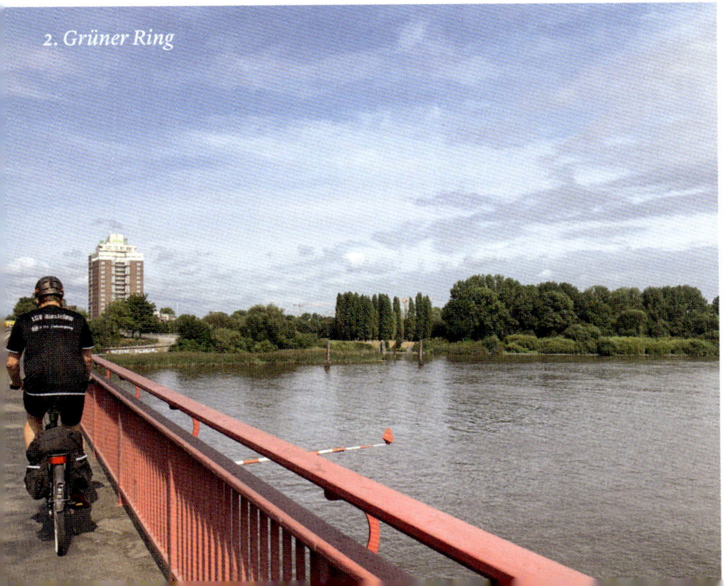

2. Grüner Ring

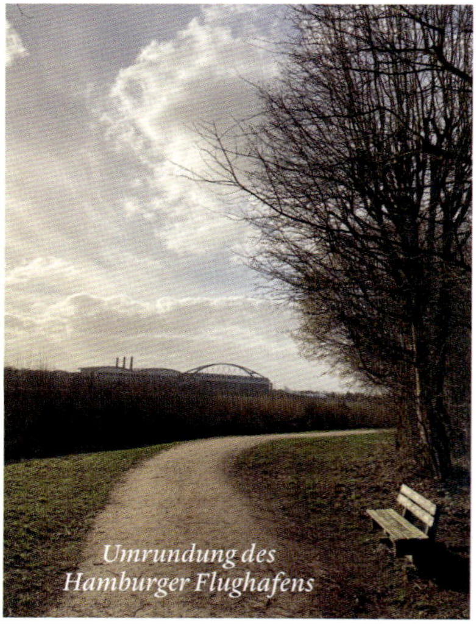

Umrundung des Hamburger Flughafens

verein und anschließend durch den Wald „Borsteler Jäger" (hier verläuft auch ein Abschnitt der Route 11 des 2. Grünen Rings Hamburg). Anschließend geht es an der Hauptstraße Weg beim Jäger bis zur Alsterkrugchaussee weiter. Von hier aus folgt man dem Weg Richtung Zeppelinstraße und gelangt auf einen Wanderweg, der an der Lärmschutzmauer entlangführt. Vorbei am Zaun der Start- und Landebahn und bis zum Café Coffee to Fly, führt das letzte Stück durch das Naturschutzgebiet Rothsteinsmoor. Viele Bänke (mit perfekter Aussicht auf die Flughafenpiste) stehen hier für ein Picknick bereit. Für Läufer ist die Umrundung ebenfalls eine interessante Strecke. Teilweise kann der Weg auch gut mit dem Rollstuhl befahren werden, vor allem im Bereich der Tarpenbek und auf Langenhorner Stadtgebiet.

↗ *Niendorf, Groß Borstel, Fuhlsbüttel, Langenhorn*

Kollau-Wanderweg

Die Kollau markiert die Stadtteilgrenze von Niendorf. Der etwa acht Kilometer lange Kollauwanderweg ist wunderschön und lässt einen vollständig vergessen, dass man in der Großstadt ist. Starten kann man entweder am Vielohweg oder im Vielohwisch (hier liegt der Spielplatz Vielohwisch, und der Weg führt am Vielohgraben entlang). Beim Rückhaltebecken kreuzen sich die beiden Wege. Der Kollauwanderweg führt an Feldern und Pferdewiesen vorbei, durch mehrere Grünstreifen, die Feldmark und das Niendorfer Gehege. Die Kollau ist zu Anfang nur ein kleines Bächlein und wird mit jedem Abschnitt etwas größer. Ab dem Niendorfer Gehege führen auch Gleise am Wanderweg entlang. Das ist aber nicht weiter störend, weil sie höher liegen. Bei der Pulvermühle mündet die Kollau in die Tarpenbek. Von hier aus kann man auf dem Tarpenbek-Wanderweg zurück zum Flughafen gehen oder in die andere Richtung weiter nach Eppendorf. Der Kollauwanderweg ist eine wunderschöne Wanderroute mitten in der Stadt, aber auch mit dem Rad oder dem Rollstuhl gut zu befahren. Ein Stück der Route läuft am

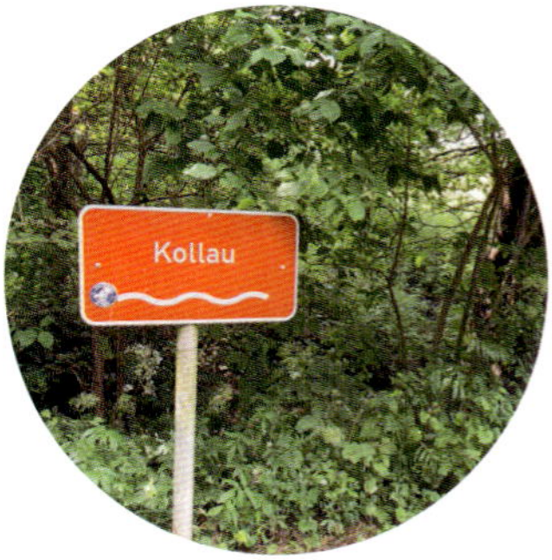

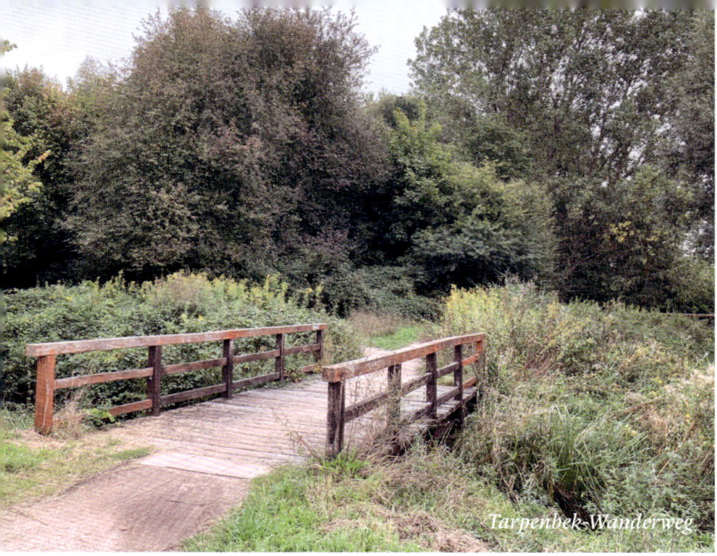
Tarpenbek-Wanderweg

2. Grünen Ring Hamburg entlang. Hunde sind auf dem Wanderweg ganzjährig an der Leine zu führen.
↗ *Schnelsen, Niendorf*

Tarpenbek-Wanderweg

Die Tarpenbek entspringt in Norderstedt, auf Höhe des ARRIBA Erlebnisbads. Hier vereinigt sie sich mit anderen kleinen Nebenflüsschen. Auf ihrem etwa zehn Kilometer langen Weg bis zum Eppendorfer Mühlenteich durchquert sie Parks und einige naturbelassene Gebiete. Ein schöner Wanderweg begleitet die Tarpenbek fast durchgehend, nur im Bereich des Flughafens muss man zweimal auf diese Begleitung verzichten, weil sie die Landebahnen unterquert. Von breiten bis zu schmaleren Wegen variiert die Strecke der Wanderroute stark. Sie mit dem Rollstuhl zu befahren ist vor allem im Bereich der Tarpenbek-Niederung in Norderstedt bis hin zur Straße „Tarpen" in Langenhorn möglich. Hier gibt es teilweise zwei Wege, einen unebenen Naturweg direkt am Fluss und einen ebenen, breiteren Hauptweg. Bei der Straße Tarpen befinden sich eine eingezäunte Hundeauslaufwiese und ein Skatebereich. Der weiter anschließende Weg wird etwas holpriger, wilder und schmaler. Radfahrer müssen hier schieben oder einen Umweg durch die Kleingärten nehmen. Wer genau hinschaut, kann auf diesem Abschnitt einige interessante Baumgesichter entdecken. Der Weg führt zu einem großen Rückhaltebecken, wo auch ein Spielplatz zu finden ist. Von hier an unterquert die Tarpenbek den ersten Flughafenbereich und kommt auf der Niendorfer Seite wieder zum Vorschein. Über den Flughafentunnel und den Bayernweg gelangt man wieder zum Flüsschen. Nun geht es immer weiter geradeaus am Flughafen entlang. Kurz vor dem Ende der Piste unterquert die Tarpenbek den Flughafen ein letztes Mal und zeigt sich dann auf der anderen Seite (bei den Kleingärten) wieder. Von hier an verläuft der Wanderweg eher ruhiger. In Niendorf mündet die Kollau in die Tarpenbek ein, und am Eppendorfer Mühlenteich wird der breit gewordene

Fluss aufgestaut. Hier befinden sich auch ein großer Spielplatz, eine Hundeauslaufzone und das Winterquartier der Hamburger Schwäne. Beim Hayns Park mündet die Tarpenbek anschließend in die Alster.

↗ *Langenhorn, Niendorf, Fuhlsbüttel, Groß Borstel, Eppendorf*

U-Bahn-Wanderweg

Der knapp zwölf Kilometer lange U-Bahn-Wanderweg, auch Hochbahn-Wanderweg genannt, führt an den Gleisen der U1 entlang. Von Wohldorf-Ohlstedt bis nach Volksdorf geht es fast durchgehend geradeaus, vorbei an den vier U-Bahn-Haltestellen Ohlstedt, Hoisbüttel, Buckhorn und Volksdorf. Bei Hoisbüttel führt die Strecke kurz aus dem Hamburger Stadtgebiet heraus, hier geht es ein Stück durch das schleswig-holsteinische Ammersbek. Der Wanderweg liegt mitten in der Natur und wird teilweise von den Bachläufen der Bredenbek und der Lottbek begleitet. Es besteht hier kein Leinenzwang für von der Anleinpflicht befreite Hunde, der Weg is durchgehend barrierefrei. Von der U-Bahn-Haltestelle Ohlstedt führt ein weiterer Weg direkt zum Wohldorfer Wald.

↗ *Wohldorf-Ohlstedt, Volksdorf*

Wanderweg von den Volksdorfer Teichwiesen zum Naturdenkmal Timmermoor

Durch ein wunderschönes Waldgebiet führt dieser kleine Wanderweg mit einer Länge von etwas mehr als zwei Kilometern. Man startet an der Bushaltestelle Rögenfeld, direkt an der Straße Waldweg, und folgt dem Wanderweg geradeaus ins Waldgebiet hinein. Der Wanderweg verläuft parallel zur Straße Rögenfeld und macht dann eine Linksbiegung in den Rögenweg. Bei der nächsten Abzweigung rechts folgt man dem Weg und hält sich anschließend links. Der Wanderweg führt weiter über die Straße Bornwisch und geht dann rechts auf die Hamraakoppel ab. Von hier aus geht es immer weiter geradeaus zum Naturdenkmal Timmermoor. Der Wanderweg ist gut befestigt und eigentlich überall barrierefrei zugänglich. Das Waldgebiet bietet sich auch für andere Spaziergänge an, es führen zahlreiche Wege hier entlang.

↗ *Volksdorf, Bergstedt*

Rundweg um den Kupferteich

Auf 2,22 Kilometern führt ein kleiner Wanderweg direkt um den Kupferteich herum und verbindet die Stadtteile Poppenbüttel und Lemsahl-Mellingstedt miteinander. Besonders schön ist es, wenn der Kupferteich in der Sonne glitzert, während man dem dicht beim Ufer verlaufenden Weg